教育部人文社会科学重点研究基地（中国政法大学诉讼法学研究院）
重大项目"改革和完善我国行政复议制度研究"结项成果

行政复议法的修改与完善研究

以实质性解决行政争议为视角

王万华 著

中国政法大学出版社

2020·北京

图书在版编目（CIP）数据

行政复议法的修改与完善研究：以实质性解决行政争议为视角/王万华著.—北京：中国政法大学出版社，2020.9
ISBN 978-7-5620-9636-8

Ⅰ.①行… Ⅱ.①王… Ⅲ.①行政复议－行政法－研究－中国 Ⅳ.①D922.112.4

中国版本图书馆 CIP 数据核字 (2020) 第 167793 号

出　版　者　中国政法大学出版社
地　　　址　北京市海淀区西土城路 25 号
邮寄地址　北京 100088 信箱 8034 分箱　邮编 100088
网　　　址　http://www.cuplpress.com (网络实名：中国政法大学出版社)
电　　　话　010-58908285(总编室) 58908433（编辑部）58908334(邮购部)
承　　　印　保定市中画美凯印刷有限公司
开　　　本　720mm×960mm　1/16
印　　　张　16.5
字　　　数　260 千字
版　　　次　2020 年 9 月第 1 版
印　　　次　2020 年 9 月第 1 次印刷
定　　　价　69.00 元

以"实质性解决行政争议"为目标修改
与完善《行政复议法》

（代序）

　　随着经济、社会的快速发展，行政争议的类型与数量均发生了巨大变化，维稳成为基层政府沉重的治理负担，需要增强行政复议和行政诉讼化解社会矛盾的能力，将更多行政争议引导进入行政复议和行政诉讼渠道解决。2011年，中央首次提出"充分发挥行政复议作为解决行政争议主渠道的作用"。"解决行政争议主渠道"是对行政复议在行政争议解决体系中的角色定位，这一定位在新《行政诉讼法》[1] 修改过程中进一步得到明确。2020年2月5日，中央全面依法治国委员会第三次会议提出"要落实行政复议体制改革方案，优化行政复议资源配置，推进相关法律法规修订工作，发挥行政复议公正高效、便民为民的制度优势和化解行政争议的主渠道作用"，再次肯定、明确了行政复议"解决行政争议主渠道"的定位。提升行政复议制度化解行政争议的能力，将更多行政争议实质化解在行政复议渠道中，实现行政复议"解决行政争议主渠道"的定位，是修改和完善《行政复议法》需要完成的任务。本书从"实质性解决行政争议"的视角，对全面修改和完善行政复议制度，实现行政复议"解决行政争议主渠道"定位，展开探讨。

　　首先，修法需要调整行政复议的基本属性定位。行政复议的基本属性定位是建构行政复议制度的前提与基础。《国务院关于贯彻实施〈中华人民共和国行政复议法〉的通知》对行政复议的定位为"行政机关内部自我纠正错误的一种监督制度"，这一定位背离了复议活动自身的特点。性质乃事物本身所

---

　　[1]　本书中"新《行政诉讼法》"指2014年修正的《行政诉讼法》。

具备的客观属性，把握行政复议的性质，需要从复议活动本身的特点入手。基于以下三点，行政复议就其基本属性而言，应当是一种"外部性行政争议解决机制"，具有救济公民权利和监督下级行政机关依法行政的双重功能：第一，从复议启动方式看，行政复议关系主要是外部法律关系。行政复议实行不告不理原则，行政复议机关不能依职权针对下级行政机关违法行政行为启动行政复议，必须由公民、法人或者其他组织向复议机关提出复议申请，复议机关才能启动行政复议程序。第二，从申请人启动复议申请的目的来看，其是为了维护自身利益，并非维护客观法秩序。行政复议发生的场景为公民、法人或其他组织认为行政机关的行政行为侵犯其合法权益，申请人基于维护私益提出复议申请。第三，从复议活动内容来看，复议围绕申请人与被申请人之间的争议展开。复议机关的调查活动、被申请人的举证行为、复议机关的审理活动、复议决定的作出等一系列行为，均围绕行政行为是否存在合法性、合理性问题，行政行为是否侵犯了申请人合法权益等问题展开，复议呈现为典型的争议解决活动。

其次，修法有必要引入"实质性解决行政争议"这一源自行政审判实践的命题。"实质性解决行政争议"命题的提出主要基于两点因素：解决实践中存在的行政诉讼程序空转的问题和回应形式法治主义向实质法治主义转型的行政法治发展趋势。就其内涵而言，"实质性解决行政争议"包括两方面内容：其一，行政诉讼程序终结后未再启动新的法律程序，程序获得实质终结；其二，行政实体法律关系经由行政诉讼程序获得实质处理，原告权益获得实质救济。基于行政复议"外部性行政争议解决机制"的基本属性定位，有必要将"实质性解决行政争议"引入《行政复议法》的修改中，重构行政复议制度。第一，契合行政复议近十余年来的改革实际情况。为破解行政复议在实践中面临的困境，国务院法制办近十余年来大力推动以行政复议体制改革和复议程序改革为主要内容的行政复议制度改革，将行政复议制度内部监督机制的定位逐渐调整为行政争议解决机制。第二，行政复议存在更为突出的程序空转问题。尽管复议机关能够同时对行政行为合法性与合理性进行审查，但从复议实践来看，复议机关以具体行政行为合法性审查为核心内容，既不关注也不回应申请人的利益诉求，这使得行政复议中的程序空转问题较行政诉讼更为突出。第三，对应行政复议作为解决行政争议主渠道的功能定位。

以"实质性解决行政争议"为目标修改与完善《行政复议法》（代序）

目前行政纠纷化解实践中的"大信访、中诉讼、小复议"格局与行政复议作为化解行政争议主渠道的定位不相对称。要实现多数行政纠纷能够通过行政复议机制解决的目标，就需要提升行政复议实质化解行政争议的能力，让行政争议在行政复议阶段实现定分止争。第四，行政复议在"实质性解决行政争议"方面更具优势。其优势具体体现为：复议机关是行政行为作出机关的上级行政机关，具备对事实问题进行判断的行政管理经验与专业优势；复议机关与行政行为作出机关之间是领导与被领导的关系，具有更大空间对争议涉及的实体问题作出实体裁判；行政机关有更多资源可供支配，能够更好地回应当事人的合理利益诉求，更有条件化解基于历史原因形成的行政争议。第五，可以更好吸收《行政诉讼法》修法经验。《行政诉讼法》修法所作出的一系列重大制度改革如扩大受案范围、实行立案登记制、引入调解制度、完善判决类型等，无不回应了"解决行政争议"这一新增立法目的。行政复议作为一种外部性行政争议解决机制，制度重构应考虑吸收《行政诉讼法》的修法经验，全面回应"有效解决行政争议"这一现实需求。

再次，以"实质性解决行政争议"为目标全面修改和完善复议制度。"实质性解决行政争议"命题的提出对行政诉讼制度的影响是全方位的，受案范围、审理程序、审理强度、裁判方式莫不与之密切相关。如果《行政复议法》修改以之为目标，行政复议制度亦需要进行全面修改和完善，包括：第一，借鉴《行政诉讼法》，立法目的增加规定"解决行政争议"。第二，行政复议权集中由一级政府行使，保障复议案件审理机构的相对中立性与独立性。在行政复议机关之下直接设置专门的复议机构，复议机构采行政复议委员会模式，并实现行政复议委员会办案实体化。第三，以"行政行为"替代"具体行政行为"，扩大复议范围。包括将行政规范性文件、重大行政决策、行政协议、自治组织作出的部分行为、部分人事处理决定等纳入受案范围。第四，取消书面审查原则，建构公正和效率并重的复议程序。复议案件审理实行直接言词原则，以简易程序为一般程序，听证程序为特别程序，实行案件审理繁简分流。第五，有效化解行政争议，引入调解制度。"实质性解决行政争议"提出的主要目的就是防止程序空转，让行政争议能够通过行政复议得到实质解决。调解是在当事人双方形成合意基础上解决争议的一种方式，较之复议机关决定结案更有利于实质性解决双方争议。第六，直接回应复议请求，完善复议决定类型及其适用条件。对行政复议决定体系进行结构性调整，以更好地回应申请人的请求。基本思路为建构以变更决定和履职决定为核心类型的复议决定体系。

公正、高效的争议解决机制是国家治理体系的重要组成部分，行政复议所具有的技术优势与组织优势一直未能在社会治理中得到很好发挥和体现，关于《行政复议法》修订的呼吁和讨论由来已久，目前既形成诸多共识，亦尚存一系列分歧。立法工作层面，《行政复议法》修法安排历经几番变化。2013 年被作为立法预备项目列入全国人大常委会立法工作计划中，2014 年、2015 年被作为初次审议的法律案列入立法工作计划，2016 年回到预备项目中，2017 年被取消修法安排，2018 年被列入十三届全国人大常委会立法规划，属于本届人大常委会任期内拟提请审议的第一类法律草案项目。2020 年 5 月，行政复议体制改革方案获得中央批准，修改《行政复议法》的工作即将启动。值此修法即将启动之际，本书从"实质性解决行政争议"的视角，提出一己之见，求教于学界和实务部门同仁，也希望能为未来行政复议法的修改和完善提供一种可供批判的主张。

本书为教育部人文社会科学重点研究基地重大项目"改革和完善我国行政复议制度研究"的最终成果。本书得以出版，要感谢一直支持我的中国政法大学出版社的余娟编辑和隋晓雯编辑，感谢她们的辛苦付出。

王万华

二零二零年五月十五日于哥伦比亚大学

简称对照表

全　称	简　称
《中华人民共和国行政诉讼法》	《行政诉讼法》
《中华人民共和国行政复议法》	《行政复议法》
《中华人民共和国宪法》（2018 年）	《宪法》
《中华人民共和国立法法》（2015 年）	《立法法》
《中华人民共和国国家赔偿法》（2012 年）	《国家赔偿法》
《中华人民共和国政府信息公开条例》（2008 年）	《政府信息公开条例》
《中共中央关于全面推进依法治国若干重大问题的决定》（2014 年）	《依法治国决定》
《关于〈中华人民共和国行政复议法（草案）〉的说明》（1998 年）	《草案说明》
《中华人民共和国行政复议法实施条例》（2007 年）	《实施条例》
《最高人民法院关于适用〈中华人民共和国行政诉讼法〉若干问题的解释》（2015 年）	《若干解释》
《最高人民法院关于执行〈中华人民共和国行政诉讼法〉若干问题的解释》（2000 年）	《执行解释》
《最高人民法院关于适用〈中华人民共和国行政诉讼法〉的解释》（2018 年）	《适用解释》
《最高人民法院关于审理行政协议案件若干问题的规定》（2019 年）	《行政协议规定》
最高人民法院《关于贯彻执行〈中华人民共和国行政诉讼法〉若干问题的意见（试行）》（1991 年）	《执行意见》

续表

中共中央、国务院《法治政府建设实施纲要（2015-2020 年）》（2015 年）	《实施纲要（2015-2020 年）》
国务院法制办公室《关于在部分省、直辖市开展行政复议委员会试点工作的通知》（2008 年）	《行政复议委员会试点通知》
国务院《全面推进依法行政实施纲要》（2004 年）	《纲要》
《中国足球协会纪律准则》（2019 年）	《准则》
《上海市高级人民法院关于进一步完善行政争议实质性解决机制的实施意见》（2018 年）	《上海实施意见》

目 录 | CONTENTS

第一章
行政复议制度性质与功能定位的再思考

行政复议制度性质与功能定位是建构和完善行政复议体制和行政复议程序制度的前提和基础。但是，其研究呈现出十分复杂的状况，正如上海市司法局行政复议处处长赵德关在"新时期行政复议制度的定位与展望"一文中梳理的那样，行政复议定位共有行政复议制度定位、性质定位、功能定位、价值定位和目标定位等五种表述。[1]性质为一事物之本质属性，具有客观属性，功能是以事物之性质为基础其所能发挥的作用。研究行政复议制度性质与功能定位需要分清楚行政复议行为性质与行政复议制度性质和功能。后者以前者为基础，但又不完全等同于前者。

行政复议为行政行为的一种，其内容体现为裁决争议，故关于行政复议行为的性质，学界主要从其是一种行政行为还是一种司法行为的角度提出四种学说：行政说、司法说、准司法说、综合说四种。[2]四种学说中，学界认同度最高的是准司法说。准司法说一方面肯定了行政复议权的行使主体为行政机关，其性质为行政权，从而使得行政复议成为与行政诉讼并列的二元行政救济机制；另一方面明确了行政复议的内容为裁决行政争议，不同于一般行政行为，对程序有特别要求，且与行政诉讼之间具有天然联系。

行政复议制度的性质与功能定位以行政复议行为的性质定位为基础，但又不完全等同于行政复议行为的性质。性质乃事物之客观属性，但是功能定

---

〔1〕 参见赵德关："新时期行政复议制度的定位与展望"，载《行政法学研究》2016 年第 5 期。作者认为行政复议定位，是对复议制度本质属性、价值取向、主要目的、制度框架内容、功能以及发展方向等重大问题的认识与选择，是一种制度定位。

〔2〕 关于这四种学说的细致梳理可以参见王青斌：《行政复议制度的变革与重构——兼论〈行政复议法〉的修改》，中国政法大学出版社 2013 年版，第 11~15 页。

位则为立法者之主观活动，立法者可综合考虑多种因素对制度功能定位作出主观选择。《行政复议法》制定之初，立法者将行政复议制度描述为"行政复议是行政机关内部自我纠正错误的一种监督制度"，这一描述兼具对行政复议性质与功能的定位，性质上更倾向于行为角度的行政说，这也是为何行政复议运行带有极强的行政性色彩，在程序上更是刻意避免司法化。

行政复议制度内部监督机制的性质与功能定位造成一系列问题，行政复议运行效果长期以来并不理想，以致 2014 年《行政诉讼法》修法时期望通过复议机关作共同被告这一争议极大的制度来倒逼复议机关提升纠错率。行政复议纠错率过低显示这一制度既未能对内很好发挥内部监督作用，也没能对外发挥有效化解行政争议的作用，"大信访、中诉讼、小复议"格局即是行政复议实践运行面临困境的写照。面对行政复议存在的问题，行政系统自身早已在通过体制改革和程序改革两条路径对立法之初的内部监督机制定位展开纠偏，修法需要总结多年来复议制度改革的经验，对行政复议制度的性质与功能定位作出思考与回答。此外，《行政复议法》的修改历时多年，这期间国家政治、经济社会发展状况、社会矛盾状况等都已发生很大变化，《行政诉讼法》修改带来的复议机关作共同被告制度等相关制度变化也对《行政复议法》修改带来潜在的深刻影响。这些因素都是我们在探讨行政复议制度定位时应当考虑的。

一、立法对行政复议制度性质与功能的原初定位：内部监督机制

立法者对行政复议制度的性质与功能有着清晰的描述，时任国务院法制办公室主任杨景宇在 1998 年 10 月 27 日第九届全国人民代表大会常务委员会第五次会议上所作的《关于〈中华人民共和国行政复议法（草案）〉的说明》（以下简称《草案说明》）中明确提到："行政复议是行政机关内部自我纠正错误的一种监督制度。完善行政复议制度，充分发挥行政复议制度的作用，对于加强行政机关内部监督，促进行政机关合法、正确地行使职权，维护社会经济秩序，维护公民、法人和其他组织的合法权益，维护社会稳定，具有重要意义。"与此制度性质与功能定位相对应，《草案说明》中进一步指出立法所遵循的指导原则之一为"体现行政复议作为行政机关内部监督的特点，不宜、也不必搬用司法机关办案的程序，使行政复议'司法'化。正式

出台的《行政复议法》总则第一条关于立法目的的规定为："为了防止和纠正违法的或者不当的具体行政行为，保护公民、法人和其他组织的合法权益，保障和监督行政机关依法行使职权，根据宪法，制定本法。"其中，"为了防止和纠正违法的或者不当的具体行政行为"被作为行政复议制度的首要功能。与这一功能定位相对应的是复议案件的办理实行严格的职权主义，由设在复议机关内部的复议机构主导进行。案件审理以书面审为原则，复议申请人缺乏渠道参与到复议过程中来，复议过程也不向社会公开。《行政复议法》关于行政复议制度性质与功能的定位是对《行政复议条例》定位的延续，行政复议制度作为行政内部监督纠错机制的功能定位在《行政复议条例》中有更清晰的表述，《行政复议条例》第一条规定：为了维护和监督行政机关依法行使职权，防止和纠正违法或者不当的具体行政行为，保护公民、法人和其他组织的合法权益，根据宪法和有关法律，制定本条例。

关于立法自身对行政复议制度功能所作的定位的提炼与认识，学界亦已形成基本共识，如王周户教授认为从 1990 年《行政复议条例》和 1999 年《行政复议法》中第一条的表述来看，立法意图上所主导的行政复议功能主要或者优先是对行政机关行使职权进行法律上的监督和对具体行政行为违法或者不当的纠错。[1]孟鸿志与王欢、卢护锋、陈尚龙均持相同观点。[2]周子贤认为行政复议法第一条的规定不过是行政复议法"维权、纠错、监督"等作用的规范表述，而非对其功能的定义；基于行政复议制度的主观特性、行政复议功能的发挥需要具备的客观条件和文化传统的影响，行政复议功能应定位于行政机关的内部监督和自我纠错。[3]张晓晴认为行政复议制度主要具有以下六项功能：一是行政救济功能，二是行政监督功能，三是维护秩序功能，四是解决争议功能，五是诉讼减负功能，六是行政效率功能。中国现行行政复议制度的主导功能被定位为监督和纠错，即将行政复议作为行政机关内部

---

〔1〕　参见王周户："行政复议的功能应当是解决行政纠纷"，载《行政管理改革》2011 年第 9 期。

〔2〕　参见孟鸿志、王欢："我国行政复议制度的功能定位与重构——基于法律文本的分析"，载《法学论坛》2008 年第 3 期；卢护锋："论行政复议的功能与构造——历史、现状与改进构想"，载《理论导刊》2011 年第 5 期；陈尚龙："海峡两岸行政复议制度的功能定位比较研究"，载《山东社会科学》2015 年第 S2 期。

〔3〕　参见周子贤："行政复议功能定位略论"，载《江苏警官学院学报》2012 年第 1 期。

重要的层级监督制度，主要用于预防和纠正行政机关违法或不当的行政行为，并据此进行了制度设计。解决争议、行政救济等其他功能则被置于附属地位，其作用的发挥也就自然受到了较大的限制。[1]

赵德关与其他学者的认识不完全一致，认为我国行政复议的定位并不明确，提出从立法指导思想的变迁和理论争议来看，实际上是将行政复议的制度定位作了狭义解读，限缩为功能定位。由是陷入了困境，产生两个倾向：要么强化监督功能，主张行政化和去司法化；要么突出救济和争议化解功能，主张准司法化。事实上，监督、救济和争议化解三种功能之间是具有不可分割的内在联系的，强调哪一种都难免顾此失彼。[2]

二、行政复议改革对行政复议制度功能定位的调整

行政复议实施效果不理想是各方的共识，面对实践中行政复议案件数量总体偏少、纠错率总体过低等问题，从事行政复议工作的实务部门同志对行政复议内部监督机制这一性质定位存在的问题进行了深刻反思。[3]如方军认为将行政复议完全等同于行政系统内部的自我纠正错误制度的缺陷在实践中表现得越来越明显，主要体现在：（1）行政复议机构失去了应有的相对独立性；（2）行政复议程序过于简化；（3）行政复议审查方式不适应公正要求；（4）行政复议终局的范围规定过多，不利于维护相对人的合法权益；（5）对规范用语的过于标新立异的改造，影响了社会对行政复议制度的认知。[4]实践层面，在国务院法制办主导下，对行政复议体制和行政复议程序进行改革，逐渐转向强调发挥行政复议解决行政争议的作用。尽管《行政复议法》尚未修改，但是内部监督机制的立法最初定位在行政复议改革进程中已逐渐发生改变，旨在通过完善行政复议体制和行政复议程序制度，提升行政复议制度

---

[1] 参见张晓晴："论中国行政复议制度的功能定位及其调整与完善"，载《黑龙江社会科学》2013年第4期。

[2] 参见赵德关："新时期行政复议制度的定位与展望"，载《行政法学研究》2016年第5期。

[3] 在周汉华教授主编的《行政复议司法化：理论、实践与改革》一书中，收录了学者和实务部门关于这一问题分析与阐述的一系列文章，在对复议制度内部监督机制定位所造成问题这一问题上学者和实务部门之间并无分歧。

[4] 参见方军："论中国行政复议的观念更新和制度重构"，载《环球法律评论》2004年第1期。

解决行政争议的能力，直至将之打造为"解决行政争议的主渠道"。行政复议制度的性质与功能定位发生变化，出现内部监督机制向行政争议解决机制转型的思路调整。

（一）行政复议制度内部监督机制定位造成的问题分析

作为一项行政内部自我纠错的监督机制，实践中行政复议纠错率偏低，通过行政复议进行纠错的制度功能并没有能够很好实现，同时也使得复议未能够对外发挥有效化解行政争议的作用，难以维护公民、法人或者其他组织的合法权益。如北京市法制办自 2008 年至 2012 年每年复议案件的纠错率在3% 左右，2013 年有所提高，也仅达到 5%。[1]为更好地促使行政复议发挥作用，2014 年修改《行政诉讼法》时，尽管争议很大，立法部门仍然坚持增加规定了复议机关与原行为机关作为行政诉讼共同被告的制度。课题组在调研中也发现行政复议实践状况不尽如人意的原因固然是多方面的，但是，制度建构不合理是其中很重要的一个因素。而行政复议制度建构不合理的基础在于行政复议作为行政内部纠错监督机制的性质定位，这一定位造成行政复议体制、行政复议程序制度、行政复议决定制度等重要制度存在重大缺陷。[2]复议体制方面，主要存在复议体制碎片化，复议机关中立性与专业性缺乏机制保障等问题；复议程序方面，行政色彩过强，欠缺公正基础，复议公正性难以得到当事人和社会认同；复议决定方面，以行政行为合法性评价为核心内容，难以有效回应申请人的实质诉求，未能发挥复议制度优势，实质化解行政争议。

（二）行政复议制度改革对行政复议制度性质与功能定位的调整

面对复议制度在实践中显现出来的困境，行政复议制度改革开始提上日程。改革首先对行政复议制度作为行政机关内部监督机制这一定位进行调整。2006 年中共中央办公厅与国务院办公厅联合发布《关于预防和化解行政争议健全行政争议解决机制的意见》中提出"加强和改进复议工作，在法治轨道中解决行政争议"，其中明确提出"行政复议是引导各个利益主体以合法、理性方式表达利益诉求的重要途径，行政复议作用发挥得好坏，直接关系到行政争议能否在法治轨道中得到妥善解决，要引导、鼓励当事人通过行政复议

---

〔1〕　该数据为课题组 2013 年 12 月 11 日下午在北京市法制办复议处调研时，复议处提供。

〔2〕　关于复议体制、复议程序、复议决定等制度存在的问题的详细分析拟在后面部分展开。

渠道解决行政争议"。在意见中，进一步强调发挥行政复议解决行政争议的作用，引导公民在法治轨道解决行政争议，开始了内部监督机制向行政争议解决机制转型的努力。这一努力主要沿着两条进路展开：

1. 程序改革进路

国务院2007年制定《中华人民共和国行政复议法实施条例》（以下简称《实施条例》），该条例重点完善行政复议程序制度。《实施条例》第一条明确规定："为了进一步发挥行政复议制度在解决行政争议、建设法治政府、构建社会主义和谐社会中的作用，根据《中华人民共和国行政复议法》，制定本条例。"《实施条例》对《行政复议法》的定位和制度进行调整和完善，强调发挥行政复议制度解决行政争议的作用，重点对行政复议程序制度进行细化、完善。一方面对复议程序进行细化，使复议程序具有可操作性，并尽可能与内部办件程序相区分；另一方面提升复议程序公正性，将言词原则引入复议程序中，如《实施条例》突破复议以书面审为原则的规定，规定对重大、复杂的案件，申请人提出要求或者行政复议机构认为必要时，可以采取听证的方式审理，为申请人参与复议程序作出制度安排。课题组在北京市西城区法制办调研了解到西城区人民政府审理行政复议案件并没有局限于重大、复杂的案件，基本采用听证的方式，参观其听证室看到基本参照法院审判庭进行布置。

2. 体制改革进路

2008年9月，国务院法制办下发《关于在部分省、直辖市开展行政复议委员会试点工作的通知》（以下简称《行政复议委员会试点通知》），在北京、黑龙江、江苏、山东、河南、广东、海南和贵州8个省、直辖市开展以相对集中复议权和设置行政复议委员会为内容的试点工作。通知提出试点的目的是"为了进一步完善行政复议体制和工作机制，提高行政复议解决行政争议的质量和效率，增强行政复议制度的公信力，充分发挥行政复议制度在解决行政争议、建设法治政府、构建社会主义和谐社会中的重要作用"。行政复议委员会试点的基本思路是引入行政机关体制外的高校教师、律师、社会人士组成行政复议委员会，参与案件的审理工作，增强复议机关的中立性，有利于更为客观、公正地审理复议案件，从而提高行政复议解决行政争议的质量和效率，增强行政复议制度的公信力。地方在以相对集中行政复议权为基础开展的行政复议委员会试点中积极探索，形成了哈尔滨模式、山东模式、北京模式等不同做法，试点后期出现了义乌复议局模式，形成行政复议委员会与行政复议局两种复议机构模式。

三、"行政复议作为解决行政争议主渠道"的确立

国务院法制办以提升行政复议解决行政争议能力、发挥行政复议解决行政争议作用为面向的行政复议改革思路在之后的中央文件中得到肯定，持续至今。《关于预防和化解行政争议健全行政争议解决机制的意见》中指出，行政复议是解决行政争议的重要渠道，要充分发挥其在解决行政争议、化解人民内部矛盾、维护社会稳定中的作用，力争把行政争议化解在基层、化解在初发阶段、化解在行政程序中。2010年出台的《国务院关于加强法治政府建设的意见》中，行政复议作为第八部分"依法化解社会矛盾纠纷"的内容出现，意见提出"充分发挥行政复议在解决矛盾纠纷中的作用，努力将行政争议化解在初发阶段和行政程序中"。胡锦涛2011年进一步提出"充分发挥行政复议作为解决行政争议主渠道的作用"，这一定位首次将行政复议提升至"解决行政争议主渠道"的高度，得到学界、政府法制部门、立法部门的普遍认同。2014年《行政诉讼法》修订过程中，立法机关的考量依然是"在定位上，应当把行政争议解决的主战场放在行政复议上"[1]。立法机关工作部门撰写的研究报告中进一步论证指出：明确复议主战场地位并不是拍脑袋设计出来的。行政争议不同于民事争议，解决行政争议既要公正，也要考虑行政目的、专业性、行政效率等因素。综观各国，无不在公正与行政特点之间寻求平衡……可以有两个结论性判断：没有一个国家将普通法院作为行政争议解决的主阵地。复议作为主战场的合理性在于：有利于专业化问题的解决；有利于行政目的实现；有利于当事人获得便捷救济渠道；有利于减轻法院负担，法院不宜冲在争议的第一线。[2]这一认识在最终修法中得以体现，在《中华人民共和国行政诉讼法释义》一书中提到"从制度上讲，行政复议具有

---

[1] 参见全国人大常委会法制工作委员会行政法室编：《行政诉讼法立法背景与观点全集》，法律出版社2015年版，第296页。

[2] 参见全国人大常委会法制工作委员会行政法室编：《行政诉讼法立法背景与观点全集》，法律出版社2015年版，第296页。

方便、快捷、成本低等特点，应当是解决行政争议的主渠道"〔1〕。

党的十八届四中全会之后我国法治建设进入全面推进阶段，十八届四中全会通过的《中共中央关于全面推进依法治国若干重大问题的决定》（以下简称《依法治国决定》）中提出"健全社会矛盾纠纷预防化解机制，完善调解、仲裁、行政裁决、行政复议、诉讼等有机衔接、相互协调的多元化纠纷解决机制"，行政复议被视为多元纠纷解决机制的组成部分。2015年中共中央、国务院印发《法治政府建设实施纲要（2015-2020年）》[以下简称《实施纲要（2015-2020年）》]，对完善行政复议制度的具体措施提出明确要求。完善行政复议制度部分的内容放在《实施纲要（2015-2020年）》第二部分"主要任务和具体措施"中的第（六）大类"依法有效化解社会矛盾纠纷"之下，提出"完善行政复议制度，改革行政复议体制，积极探索整合地方行政复议职责。健全行政复议案件审理机制，加大公开听证审理力度，纠正违法或不当行政行为。提高行政复议办案质量，增强行政复议的专业性、透明度和公信力。县级以上地方政府要依法加强行政复议能力建设，推动相关机构设置、人员配备与所承担的工作任务相适应，充分发挥行政复议在解决行政争议中的重要作用。切实提高行政复议人员素质，落实办案场所和有关装备保障，行政复议经费列入本级政府预算"。从纲要所提到的要求内容来看，完善行政复议体制和行政复议程序是完善行政复议制度的重要内容，行政复议体制方面包括相对集中复议权、加强复议机构与复议工作人员专门性、中立性建设等，行政复议程序方面包括加大公开听证审理力度，增强行政复议透明度等，这些举措正是对行政复议作为行政争议解决机制性质定位的回应。

2020年2月5日召开的中央全面依法治国委员会第三次会议审议通过了《行政复议体制改革方案》，这次会议还提出要落实行政复议体制改革方案，优化行政复议资源配置，推进相关法律法规修订工作，发挥行政复议公正高效、便民为民的制度优势和化解行政争议的主渠道作用。行政复议作为"解决行政争议的主渠道"的定位再次得到明确。

行政复议之所以被定位为"解决行政争议的主渠道"，被要求"充分发挥

---

〔1〕 参见信春鹰主编：《中华人民共和国行政诉讼法释义》，法律出版社2014年版，第73页。

行政复议在解决行政争议中的重要作用"，有以下几方面的因素：

第一，社会转型时期我国社会矛盾和社会纠纷呈现出日益增多的态势，尤其是征地拆迁引发的群体性行政纠纷的数量在城市化快速推进过程中上升很快。因此需要增强行政复议和行政诉讼化解社会矛盾的能力，将更多争议引导进入行政复议和行政诉讼渠道解决。如何提升行政复议制度化解社会矛盾和解决行政争议的能力成为行政复议工作的重心，强化了对行政复议作为纠纷化解机制这一特性的认识。行政复议因个人维护自身利益而启动，更好地为公民面对行政权力提供有效的救济是行政复议首先需要面对的问题。近十年来，无论是行政复议领域，还是行政诉讼领域，都在通过改革努力推进实质解决行政争议。提升行政复议和行政诉讼化解行政争议、解决社会矛盾的能力是国家治理能力的重要组成部分，近十年来的行政复议改革旨在通过完善行政复议制度，提高行政复议案件办理质量，修改《行政复议法》应当在此基础上进一步完善行政复议制度。

第二，行政复议具有自身制度优势。与行政诉讼相比较，行政复议作为一项来自上级行政机关的救济机制具有诉讼所没有的制度优势，包括：（1）专业性强，能够更好解决现代行政管理面临的分工日益精细的问题。法官熟悉法律，但不熟悉行政管理的专业工作，而复议机关作为行政机关的组成部分，熟悉行政管理的实际情况，能够更准确地对行政行为涉及的事实问题、裁量权行使问题作出判断。（2）程序简便、高效，既更方便公民、法人或者其他组织获得救济，也能够更高效地解决纠纷。（3）复议机关作为行为机关的上级机关，二者之间是领导与被领导的关系，此种组织架构使得行政复议对行政行为的审查强度和深度都更大，法院在行政诉讼中所受到的司法权与行政权关系的约束，在行政复议中不存在，复议机关有更大空间在复议决定中直接调整行政法律关系，不需要再行启动行政程序。此外，行政复议机关享有更多行政资源，有更强的能力解决争议背后的社会问题，实质化解争议。

四、对行政复议制度性质与功能定位的再思考

（一）关于行政复议性质与功能定位的学说梳理

学界对行政复议制度性质与功能的认识迥异于立法，在行政法学体系中，行政复议与行政诉讼制度、国家赔偿制度均归属行政救济法部分。学界对立

法关于行政复议制度性质与功能的定位展开了长期、持续批判，这其中，尤以周汉华教授旗帜鲜明提出的行政复议司法化改革影响最大。[1]

就内容而言，学者对行政复议制度的性质与功能定位的研究存在的分歧只是相对意义的分歧，并无过大差异，即基本都承认行政复议的多元功能，其差异仅仅在于以何种功能为主，制度建构应当主要发挥何种功能，并不存在非此即彼的绝对化观点。以此为前提，学者对行政复议制度性质与功能定位的主张主要有以下几种观点：争议化解说、权利救济说、内部监督说、权利救济与监督兼具说等，认为行政复议应该突出权利救济功能的观点为多数学者持有。与性质和功能相对应，在行政复议制度建构取向上则有行政说、司法说、准司法说等争论。《实施条例》第一条采用模糊方式淡化《草案说明》中关于行政复议制度是行政内部自我纠错监督机制的定位，突出强调发挥行政复议解决行政争议的作用，争议化解性质说因而日益得到学者的广泛认同。如孟鸿志和王欢认为能够融合内部监督功能和权利救济功能二者的，应当是由独立、公正、无所偏私的裁决者不偏不倚地解决纠纷。尽管层级监督与内部纠错依然是行政复议制度的重要功能，但其基本目标应当定位为解决行政主体与行政相对方之间的行政纠纷。这也符合《实施条例》第一条规定的基本目的。在实现功能转型之后，应当进行以下制度重构：设置独立的行政复议主体、补充司法性程序规则、引入和解与调解手段。[2]余凌云教授认为行政和准司法之争、层级监督和救济之争，都只是面相，应当用裁决机理重构行政复议，建立混合型的、介于司法和行政之间的行政复议制度。[3]学界的诸多观点可以归纳为三种学说：

1. 争议解决性质加权利救济功能说

争议解决性质加权利救济说在主张行政复议是争议解决制度性质的同时，认为行政复议的主要功能或者首要功能是为公民提供权利救济。此种学说并不否定行政复议同时具有对行政机关进行纠错监督的作用，但将权利救济作

---

[1] 参见周汉华："我国行政复议制度的司法化改革思路"，载《法学研究》2004 年第 2 期；周汉华主编：《行政复议司法化：理论、实践与改革》，北京大学出版社 2005 年版。

[2] 参见孟鸿志、王欢："我国行政复议制度的功能定位与重构——基于法律文本的分析"，载《法学论坛》2008 年第 3 期。

[3] 参见余凌云："论行政复议法的修改"，载《清华法学》2013 年第 4 期。

为行政复议制度更主要的作用。如刘莘教授在"行政复议的定位之争"一文中认为以"自我监督"的性质对行政复议制度进行制度设置，是本末倒置的。行政复议是一种纠纷解决机制，认可这一点，就应当承认行政复议制度由此应当具有司法的秉性。在制度设计上应当以行政复议的准司法性为主，以更好地为行政复议申请人提供权利救济作为行政复议制度设计的出发点和归宿，这才是行政复议制度的真正出路。[1]赵德关认为行政复议应当定位为"替代性行政争议裁决制度"，这一定位可以从两方面来理解：首先，明确行政复议是行政争议的裁决制度。明确行政复议的裁决属性，有利于保障行政复议在化解争议的同时，救济权利和监督依法行政，因而与行政复议的功能并不矛盾。其次，行政复议应当成为最主要的争议解决机制。[2]陈尚龙提出借鉴我国台湾地区对诉愿制度的功能定位，明确把大陆的行政复议制度定位为行政纠纷的化解机制，突出其行政救济功能，使行政复议实现从自我纠错、内部层级监督为主向人民权益救济、化解行政争议为主的根本转变。[3]方宜圣、陈枭窈在"行政复议体制改革'义乌模式'思考"一文中认为，应把行政复议打造成独立的专职化解行政争议的机制。一方面，行政复议以化解争议为本、监督为辅。另一方面，行政复议不等同于司法，是差异化司法，是与司法并行的纠纷解决机制。[4]黄永忠认为保护行政管理相对人的合法权益应当成为行政机关行使行政权力的首要职责，防止和纠正行政机关违法或者不当的行政行为，保障并监督行政机关依法行使职权，从根本上讲只是维护行政管理相对人合法权益的手段。鉴于此，《行政复议法》第一条应当修改为："为保护公民、法人和其他组织的合法权益，防止和纠正违法或者不当的具体行政行为，维护和监督行政机关依法行使职权，根据宪法，制定本法。"[5]

基于行政复议与行政诉讼二元并立的争议解决机制，并不存在行政复议完全司法化的主张，行政复议司法化的积极倡导者周汉华教授所主张的司法

---

〔1〕 参见刘莘："行政复议的定位之争"，载《法学论坛》2011 年第 5 期。

〔2〕 参见赵德关："新时期行政复议制度的定位与展望"，载《行政法学研究》2016 年第 5 期。

〔3〕 参见陈尚龙："海峡两岸行政复议制度的功能定位比较研究"，载《山东社会科学》2015 年第 S2 期。

〔4〕 参见方宜圣、陈枭窈："行政复议体制改革'义乌模式'思考"，载《行政法学研究》2016 年第 5 期。

〔5〕 参见黄永忠："关于《行政复议法》若干问题的思考"，载《行政法学研究》2005 年第 4 期。

化亦是相对意义上的司法化，而非与司法制度同质。[1]在行政复议制度建构的行政性抑或司法性取向方面，争议解决性质加权利救济功能说主张行政复议制度为准司法性制度，在保障复议公正解决争议基础上发挥行政复议专业、便捷、高效的优势。行政复议制度建构应符合争议解决机制所应具备的最低限度公正要求，包括复议机构应当具备一定的中立性、独立性，复议程序制度应当符合程序公正的基本要求。

2. 争议解决功能说

争议解决功能说将争议解决作为行政复议制度功能予以认识，争议解决、权利救济与内部监督均为复议制度之功能，但争议解决与其他两项功能之间存在层次差异。如王周户教授认为应当将行政复议主要功能定位于解决行政纠纷，对公民、法人和其他组织的合法权益提供救济和保护是行政复议的价值功能，监督行政机关依法行政和对错误行政行为进行纠正属于行政复议的客观功能。定分止争功能下的行政复议制度，应当在复议案件范围、复议主管机关及管辖、复议案件裁决、复议机关作为被告等方面进行修改与完善。[2]湛中乐教授认为，行政复议的功能不应是单一的，而应是解决纠纷、内部监督与权利救济的有机结合。行政复议的第一要务应当是"积极地、动态地"实现纠纷解决，在解决纠纷的过程中，实现行政系统内部的自我监督。而解决纠纷和内部监督的根本或曰最终目的在于保护公民、法人或者其他组织的合法权益。纠纷解决、内部监督和权利救济之间存在如下不可切割的联系：权利救济是对内部监督的一种监督，是对依法行政的束缚，监督行政机关依法行政是权利救济的保障，而监督行政机关依法行政和保护公民、法人或者其他组织的合法权益是借助定分止争的过程实现的。[3]沙金提出应将争

---

[1] 周汉华教授认为：行政复议制度的司法化，应该包含三个方面的内容：首先，它是指行政复议组织应该具有相对的独立性，行政复议活动不受任何外来干预，以保证复议过程的公正性。其次，它是指行政复议程序的公正性与准司法性。最后，它是指行政复议结果应该具有准司法效力，进入诉讼程序以后，司法机关应该对行政复议决定给予相当程度的尊重。应当以复议制度的司法化为目标，对现行的复议制度与行政诉讼制度进行比较系统的联动改革，以增强行政复议制度的独立性与公正性，如增加复议机构外部独立委员、设立行政复议委员会，实现复议机构的独立。参见周汉华："我国行政复议制度的司法化改革思路"，载《法学研究》2004年第2期。

[2] 参见王周户："行政复议的功能应当是解决行政纠纷"，载《行政管理改革》2011年第9期。

[3] 参见湛中乐："论我国《行政复议法》修改的若干问题"，载《行政法学研究》2013年第1期。

议解决功能定位为行政复议的首要功能，理由有三：首先，解决行政争议有利于监督行政机关依法行使职权。其次，解决行政争议有利于保障行政相对人的合法权益。最后，解决行政争议有利于发挥行政复议制度的价值。[1]卢护锋认为将行政复议的功能定位于纠纷解决至少存在着如下优势：其一，有利于行政相对方权利的救济；其二，有利于法院负担的减轻；其三，有利于公共政策的平衡。功能定位转变后，行政复议的构造也应该做出以下转变：第一，复议机构独立性之凸显；第二，复议程序司法性之渗透；第三，多元化解纷方式之引入。[2]

黄学贤和马超虽然不赞成将权利救济作为行政复议的主要功能，因为如果将"权利救济"作为行政复议的主要功能，那么行政复议处于信访与行政诉讼的双重夹击之下，"生存空间"日趋狭窄。但他们仍主张应当将"保护公民、法人和其他组织的合法权益"提升为《行政复议法》的首要目的，把为相对人提供权利救济作为复议制度的首要功能。原因在于，在法治社会中，每一部法律都应当是由权利者的权利所构成，并由法律这种外在形式而加以表现。只有当公民权利遭受侵犯能够获取有效救济时，"纸面上"的权利才能转化为"活生生"的权利。行政复议的理想价值取向应在于"效率"与"公正"之间，制度设计应最大限度地调和这两种基本价值。现行制度过于偏重"效率"取向，忽视"公正"追求，使得其急需以"有限独立化"为方向进行相应改革。[3]

争议解决功能说与第一种观点"争议解决性质加权利救济功能说"的区别除了将争议解决作为功能而非性质这一形式差别之外，二者并无实质差别，在制度建构的行政性抑或司法性取向方面亦并无不同。

3. 内部监督说

内部监督说为少数学者所主张。如杨海坤教授和朱恒顺在"行政复议的理念调整与制度完善——事关我国《行政复议法》及相关法律的重要修改"

---

〔1〕 参见沙金："行政复议法修改及其司法化改革"，载《内蒙古社会科学（汉文版）》2015年第6期。

〔2〕 参见卢护锋："论行政复议的功能与构造——历史、现状与改进构想"，载《理论导刊》2011年第5期。

〔3〕 参见黄学贤、马超："行政复议：制度比较、功能定位与变革之途"，载《法治研究》2012年第6期。

一文中认为，当下完善行政复议制度的根本途径在于强调其行政性和效率性，并在此前提下补充或增强其"司法性"。行政复议制度既有解决行政纠纷的功能，又有其行政监督的功能，两者并无冲突，"司法性"是工具，而"行政性"是目的，它是通过带有"司法性"的复议机制，实现行政目标。行政复议首先要体现出行政机关自我监督、自我纠错功能，这与其解决行政纠纷功能绝对是并行不悖、融为一体的，而其最终目的就是实现行政目标，为保护和发展人民的利益服务。正因如此，行政复议的行政性与其一定程度的准司法程序应该内在契合，不能也不必完全用"司法性"全部替代行政复议制度的行政性，恰恰需要用一定程度的"司法性"来补充行政性，使行政复议的行政监督、自我纠错功能发挥得更好、更极致，丢掉行政性的优势恰恰丢掉了行政复议制度的优势。[1]

（二）对行政复议制度性质与功能定位的再思考

1. 行政复议制度是外部性行政争议解决机制

救济与监督均为行政复议制度所发挥的作用，无论是将之定性为行政救济制度，还是定性为行政内部监督纠错机制，均是从行政复议的主要功能出发定位制度的性质。学者对行政复议所持行政救济制度定位并不否定这项制度同时具有监督行政机关依法行政的功能，而立法者对行政复议所作的行政机关内部自我纠正错误的一种监督制度的定位也并不排除这项制度"维护公民、法人和其他组织的合法权益"的作用。行政复议所具有的双重功能使得根据功能去定位制度性质易引起歧义，容易产生承认行政复议是行政救济制度就否定其监督作用的发挥、承认行政复议是监督制度就否定其救济功能的发挥之问题，因而从功能角度定位性质并不合理，认识行政复议性质应当从行政复议活动本身的特性去把握。根据《行政复议法》的规定，行政复议是指公民、法人或者其他组织认为具体行政行为侵犯其合法权益的，向行政复议机关申请对该具体行政行为的合法性和适当性进行审查并作出决定的活动。对于行政复议活动形态的描述并不存在分歧，如姜明安教授将行政复议定义为"行政复议是指行政相对人认为行政主体实施的行政行为违法和侵犯其合

―――――――――

〔1〕 参见杨海坤、朱恒顺："行政复议的理念调整与制度完善——事关我国《行政复议法》及相关法律的重要修改"，载《法学评论》2014年第4期。

法权益，申请有法定管辖权的行政复议机关对被申请行政行为的合法性和适当性进行审查，并作出决定的行政救济制度"[1]。性质乃事物本身所具备的客观属性，把握行政复议的性质应当从复议活动自身，包括复议启动方式、申请人启动复议目的、复议活动内容等方面予以把握。基于以下两点，行政复议就其属性而言应当是一种外部性行政争议解决机制。

第一，从复议启动方式看，行政复议关系主要是外部法律关系。行政复议的启动与行政诉讼相同，实行不告不理的原则，行政复议机关不能依职权针对下级行政机关的违法行政行为启动行政复议，必须由公民、法人或者其他组织向复议机关提出复议申请，复议机关才能启动行政复议程序。复议程序启动后，在复议机关与复议申请人、复议被申请人之间形成行政复议法律关系。无申请则无复议决定了行政复议首先是一种外部法律关系。

比较行政复议与审计、行政监察等内部监督机制，可以看到后者由行政机关主动启动，而非如行政复议那样应公民之诉求而启动。内部监督机制涉及的是行政机关之间的关系，行政复议中复议机关与申请人之间是一种外部行政法律关系，将之作为内部监督机制不符合其特性。现行《行政复议法》将复议制度定性为内部监督机制，围绕复议机关与行政行为作出机关之间的关系展开制度安排，忽略了复议机关与申请人、申请人与被申请人这两组法律关系，申请人自提出复议申请后，在复议过程中欠缺进入复议程序的制度安排，依外部主体启动的复议程序完全转化为内部法律关系，外部制度供给严重不足，造成复议决定难以获得申请人和社会公众认同。

第二，从申请人启动复议申请的目的来看，是为了维护自身利益，并非维护客观法秩序。复议发生的场景为申请人认为行政机关的具体行政行为侵犯其合法权益，向行政复议机关提出申请，请求撤销具体行政行为。此时，复议申请人与被复议机关之间围绕行政行为合法性、合理性，行政行为是否侵犯了申请人合法权益等问题，产生争议。申请人向复议机关提出复议申请，希望复议机关解决其与被复议机关之间形成的行政争议，进而维护自己的主观利益。因此，行政复议就其内容而言，应当是一项解决行政争议的制度，通过解决行政争议，对行政行为合法性及合理性、是否损害公民权益作出裁

---

[1]　参见姜明安：《行政法》，北京大学出版社2017年版，第576页。

断，为公民提供权利救济，监督行政机关依法行使职权。

行政复议制度是一种外部性行政争议解决机制的性质定位明确了行政复议制度改革的方向：

第一，行政复议不同于一般执法活动，复议体制与复议程序均应当与一般行政执法有所区别。行政复议是由行政机关作出，但不同于行政执法活动，并非针对行政管理事务直接作出决定的活动，而是一种争议解决机制，其制度建构包括体制与程序均应与一般的行政执法活动有所区别。如果不将之与普通行政活动区分开来，体制与程序仍然保持科层制行政体制运行的特点，则与其作为争议解决机制的特性不相匹配。

第二，行政复议制度应当契合争议解决机制的一般原理予以重构，修法要能够保障提升行政复议解决行政争议的能力。包括复议体制改革应实现在复议权集中行使基础上保障复议机构的相对中立和专业能力；复议范围制度要发挥复议优势，尽可能将更多行政争议纳入进来；复议程序制度要实现最低限度正当程序的基本要求；复议决定制度应当尽可能回应申请人的诉求等。

第三，行政复议制度要处理好外部法律关系。核心问题为在复议过程中保障申请人和第三人的复议权利，包括阅览卷宗、向复议机构陈述自己意见、与被申请人展开辩论等。同时，作为一种外部性争议解决机制，行政复议制度改革还需要解决获得社会认同的问题，如复议过程应当透明、公开，公众可以旁听；再如逐步推行复议决定公开制度等。

2. 行政复议制度的首要功能是为公民提供权利救济

行政复议兼具公民权利救济与监督行政机关依法行政双重功能，功能定位所要解决的问题是这两项制度功能以何者为首要功能。以何者为首要功能将直接影响复议体制、案件受理范围、案件审理程序、复议决定类型等制度的具体建构。性质为事物的本质属性，功能定位则为立法者希望借此制度所发挥作用的主观选择，但立法者的主观选择并非率性而为，需要综合考虑行政复议制度的性质、行政争议状况及行政复议制度在行政争议解决制度体系中的定位、行政复议制度发展趋势等因素予以确定。偏离行政复议制度特性的功能定位即使立法规定了，也很难在实践中实现，行政复议制度实践状况不如意很大程度源于内部监督制度定位偏离了行政复议为行政争议解决机制这一本质特性。基于以下几点因素考虑，行政复议制度以公民权利救济为其首要功能更为适宜：

第一，由行政复议的性质所决定。行政复议是解决行政争议的活动，因公民、法人或其他组织维护个人受损害的权益而启动，复议机关需要对申请人的复议请求是否成立予以回应，也唯有回应个体主观利益诉求才能实质化解行政争议，做到案结事了。如果行政复议不回应申请人的诉求，而是通过申请人之诉求启动程序实现行政机关内部监督，申请人可以继续启动行政诉讼程序，复议机关作共同被告制度进一步将复议机关也纳入行政诉讼程序之中。因此，在权利救济与监督行政双重功能中，行政复议首先应当考虑如何回应申请人的利益救济诉求，在权利救济过程中实现监督功能，监督功能的实现可谓行政复议的副产品。[1]

第二，全面推进依法治国战略背景下行政复议制度被期待更好地发挥其高效化解社会矛盾的优势，并能与行政诉讼制度之间形成合理分工与有效衔接。行政复议与行政诉讼共同构成公民权利事后救济体系，二者各有自身优势与不足。行政复议的优势在于争议解决机关为行政机关，一方面具有专业优势与行政经验，能够更好地对事实问题作出认定；另一方面行政机关有更多可支配资源因而能够实质满足申请人的利益诉求，有利于案件案结事了。此外，简便的复议程序较之对抗式司法程序能够更迅速化解争议，效率更高。随着社会矛盾在社会转型之际日益增多，以及党的十八届四中全会确定的全面推进依法治国战略的推进，为扭转"信访不信法"的局面，如何更好地发挥行政复议与行政诉讼等制度化程度更高的机制在化解社会矛盾中的作用，是修改《行政诉讼法》《行政复议法》时为立法机关关注的问题。而在行政争议化解诸多机制中，行政复议被期待发挥更大作用，被定位为化解行政争议的主渠道，这一点在《行政诉讼法》修改过程中再次得到明确。在信春鹰主编的《中华人民共和国行政诉讼法释义》一书中提到"从制度上讲，行政复议具有方便、快捷、成本低等特点，应当是解决行政争议的主渠道"[2]。与之相对应，新《行政诉讼法》规定了复议机关作共同被告制度，意在倒逼行政复议制度提升纠错率，将更多争议化解在行政复议中。新《行政诉讼法》

---

[1] 参见章志远："行政复议困境的解决之道"，载《长春市委党校学报》2008年第1期。
[2] 参见信春鹰主编：《中华人民共和国行政诉讼法释义》，法律出版社2014年版，第73页。

第二十六条第二款规定"经复议的案件，复议机关决定维持原行政行为的，作出原行政行为的行政机关和复议机关是共同被告"。该制度通常被称为复议机关作共同被告制度，尽管这一制度在修法之时就充满争议，尤其受到学界的强烈反对，但是立法者仍然将之写进了法律之中。之后，在 2015 年《最高人民法院关于适用〈中华人民共和国行政诉讼法〉若干问题的解释》（以下简称《若干解释》）中，第七条规定：原告只起诉作出原行政行为的行政机关或者复议机关的，人民法院应当告知原告追加被告。原告不同意追加的，人民法院应当将另一机关列为共同被告。《若干解释》进一步强化了复议机关作共同被告制度，行政复议机关成为行政诉讼法定共同被告，排除了原告的诉权选择。[1]复议机关作共同被告制度是对原法所作的重大修改，对此，立法者解释"之所以作这样的修改，主要是解决目前行政复议维持率高，纠错率低的问题"[2]。中国人民大学莫于川教授提出的建议稿中也持该方案，理由主要为："这一方案主要考虑到了复议机关作为上级行政机关的特殊资源、审查便利、解决力度和特殊效果等诸多因素。……这种立法模式并没有域外的立法例，可以说是具有中国特色的一次尝试。"[3]从这些表述中可以看到复议机关作共同被告制度带有很强的功能主义色彩，试图解决复议维持率过高的问题。

行政复议之所以维持率过高，并非因为行政机关依法行政水平提高了，而是这一制度存在的问题造成其纠错功能没有得到发挥，部分应当撤销的行政行为没有被撤销，部分应当变更的行政行为没有被变更。正如课题组在北京市某区调研时区法制办主任感慨的，政府法制工作机构在行政机关内部属于弱势部门。复议机关作共同被告制度尽管存在很大争议，但是这一制度客观上对复议机关形成倒逼机制，也对复议制度改革提出更高要求。如果复议制度不能有效发挥公民权利救济的作用，申请人将继续向人民法院提起行政诉讼。由于实行法定共同被告制度，复议机关同样需要应诉，不仅行政复议

---

〔1〕 2018 年发布的《最高人民法院关于适用〈中华人民共和国行政诉讼法〉解释》第二十六条第二款规定为：应当追加被告而原告不同意追加的，人民法院应当通知其以第三人的身份参加诉讼，但行政复议机关作共同被告的除外。

〔2〕 参见信春鹰主编：《中华人民共和国行政诉讼法释义》，法律出版社 2014 年版，第 73 页。

〔3〕 参见莫于川等：《新〈行政诉讼法〉条文精释及适用指引》，中国人民大学出版社 2015 年版，第 70 页。

程序空转未能发挥解纷作用造成制度资源浪费，复议机关应诉也造成二次资源浪费。如何提升复议制度更好地为公民提供权利救济的能力应当成为复议制度改革首先应当考虑的问题。

第三，新《行政诉讼法》五年来的实施情况表明，加强公民权利救济能够更好地监督行政机关依法行政。修法之前，行政诉讼制度带有很强的客观诉讼制度色彩，强调司法对行政行为的合法性监督。但是，当《行政诉讼法》修改聚焦于解决三难问题之时，行政诉讼制度已经开始从以客观法秩序维护为主要制度取向转向以公民权利救济为主要制度取向的制度转型。[1]新法实施以来我们也看到越来越多的行政审判庭法官在探索如何为公民提供无遗漏的法律保护。与新法加大对公民权利救济保护力度相对应，实践中，行政机关越来越重视法院对行政执法中某一问题的态度和认识，避免败诉风险。反观行政复议，尽管将行政复议制度定性为内部监督机制，但是，较为普遍存在的复议纠错率偏低现象显示通过行政复议对下级行政机关进行纠错的制度目的并没有实现。《行政复议法》修法何去何从，《行政诉讼法》无疑是最好的参照体系。

第四，韩国等国家行政复议制度发展趋势为日益强调发挥国民权利救济功能。韩国与我国一样，均重视发挥行政复议的作用，其复议制度对我国完善行政复议制度具有很强的借鉴意义。韩国行政复议制度[2]日益强调发挥"国民的权利救济"职能，其经验亦可为我国定位行政复议制度功能所参考借鉴。我国的行政复议在韩国称为行政审判（我国的行政诉讼在韩国也称为行政诉讼），是一种国民权利救济制度，泛指行政机关行使的行政法纠纷的审理、裁决程序。行政审判的职能包括以下几点：（1）行政的自我控制和监督。（2）通过行政审判，充分适用专门知识，从而补充司法职能。（3）通过行政审判救济权利，从而减轻司法负担。（4）权利救济的迅速性和经济性等。在行政审判的诸多职能中，更多强调"国民的权利救济"这一职能。由于行政

---

〔1〕《行政诉讼法》第一条规定："为保证人民法院公正、及时审理行政案件，解决行政争议，保护公民、法人和其他组织的合法权益，监督行政机关依法行使职权，根据宪法，制定本法。"取消了旧法中对行政机关依法行使职权的"维护"。

〔2〕本书关于韩国行政复议制度的介绍来源于2014年5月22日在北京京仪大酒店召开的中韩行政法论坛上韩国法制研究院研究委员李世静博士提交的会议文字材料《韩国行政审判制度》。

审判裁决时间比法院短，且不需要任何费用，在韩国，行政审判请求数量呈现增加趋势。韩国于1984年废止《诉愿法》后，制定了《行政审判法》，至2017年4月18日，韩国《行政审判法》已经修改了12次。[1] 韩国修改行政审判制度的过程，是一个行政审判工作不断趋向准司法化的过程，以行政复议机构设置为例，2008年修法时，韩国取消行政复议机关的概念，直接由行政审判委员会以自己的名义进行审理和裁决，以保障其专门裁决行政纠纷，更好地为国民提供权利救济。

3. 行政复议兼具监督行政机关依法行政的功能

行政复议的审理对象是行政争议，而行政争议因行政机关作出行政行为或者没有履职影响公民、法人或者其他组织的合法权益而产生。依法行政是行政机关行使行政权应遵循的基本原则，因此，行政复议在审理行政争议进而解决行政争议时，首先要对行政行为是否符合依法行政原则进行审查判断，并在此基础上对行政争议作出裁判。复议机关经审查认为行政行为违法的，予以撤销，从而实现对公民、法人或者其他组织因为行政行为遭受损害的合法权益进行救济。行政行为被撤销后，不再具有法律效力，对于作出该行政行为的行政机关，在以后的行政执法中需要防止再发生相同情形，通过纠错，复议发挥了监督行政机关依法行政的作用。行政复议涉及三方主体，对于申请人而言，通过行政复议使自己因行政行为而遭受的损害获得救济；对于行政机关而言，通过行政复议接受上级行政机关的监督。因此，行政复议兼具监督行政机关依法行政的功能。

---

[1] 参见曹鎏："五国行政复议制度的启示与借鉴"，载《行政法学研究》2017年第5期。

第二章

以"实质性解决行政争议"为目标
修改和完善行政复议法

　　《行政复议法》的修改于2013年作为立法预备项目列入全国人大常委会当年立法工作计划中，2014年、2015年作为初次审议的法律案列入立法工作计划，但2016年回到预备项目中，2017年的全国人大常委会立法工作计划中没有《行政复议法》（修改）的安排，修法陷入沉寂状态。2018年，《行政复议法》（修改）再次恢复列入全国人大一类立法项目中，属于十三届全国人大常委会任期内拟提请审议的第一类法律草案项目。《行政复议法》修改历经几番起起落落，痛失《行政复议法》和《行政诉讼法》两法修法共同推进以建构更为合理的行政救济体系之良机。在《行政复议法》修改再次列入立法计划后，需要结合当前行政争议类型多样、成因复杂的实际情况，与新《行政诉讼法》之间形成有效制度衔接，建构结构合理的二元行政救济机制，以更好地化解行政争议。近年来，为解决诉讼程序空转问题，以更好地通过诉讼渠道为公民、法人或者其他组织提供实质救济、化解社会矛盾，最高人民法院提出"实质性解决行政争议"这一命题。与行政诉讼制度一样，行政复议制度同样面临程序空转的问题，且这个问题更为突出。行政复议制度作为内部监督机制的性质定位经过复议体制改革与复议程序制度改革已经调整为行政争议解决机制，"实质性解决行政争议"这一司法命题同样适合引入《行政复议法》修改之中。此外，2011年，中央首次提出"充分发挥行政复议作为解决行政争议主渠道的作用"[1]，这一定位在新《行政诉讼法》修改过程中进一步

---

　　〔1〕 2011年3月，胡锦涛在中央政治局第二十七次集体学习时讲话指出：要在深入研究把握新形势下社会矛盾纠纷的特点和成因的基础上，更加注重依法化解社会矛盾纠纷。特别要完善行政复议制度，加大复议纠错力度，充分发挥行政复议作为解决行政争议主渠道的作用。

得到明确。[1]提升行政复议化解行政争议能力，实现其作为解决行政争议主渠道的功能定位，成为修法需要完成的主要任务。梳理文献发现"实质性解决行政争议"命题尚未引起学界充分关注，其内涵尚待进一步挖掘；而长期以来，学界关于《行政复议法》修改与完善的探讨，主要从解决行政争议的视角展开，少有从"实质性解决行政争议"的角度切入，关于复议体制、复议审理模式、复议决定等制度的探讨尚有空间。此外，2018 年国务院法制办与司法部合并组建了新的司法部，地方层面改革也陆续到位，机构改革之后，行政复议体制如何修改成为当前急待解决的问题。本章拟在对"实质性解决行政争议"内涵进行解读的基础上，就《行政复议法》修改引入这一命题的必要性及修法如何具体体现这一目标展开探讨。

一、"实质性解决行政争议"的提出背景

"实质性解决行政争议"的提法源自行政审判实践。[2]最高人民法院近十年来通过发布司法解释、出台司法文件、发布指导性案例等多种途径持续推进行政诉讼实质化解行政争议。[3]山东省高院、云南省高院等地方法院亦对行政诉讼中如何实质化解行政争议展开了探索研究。法院系统持续展开的努力在 2014 年修订的《行政诉讼法》中得到体现，新《行政诉讼法》第一条新增"解决行政争议"这一立法目的。新《行政诉讼法》实施后，地方法院

---

〔1〕 2014 年《行政诉讼法》修订过程中，立法机关的考量依然是"在定位上，应当把行政争议解决的主战场放在行政复议上"。参见全国人大常委会法制工作委员会行政法室编：《行政诉讼法立法背景与观点全集》，法律出版社 2015 年版，第 296 页；信春鹰主编：《中华人民共和国行政诉讼法释义》，法律出版社 2014 年版，第 73 页。

〔2〕 最高人民法院前副院长江必新在"论行政争议的实质性解决"中提到："实质性解决行政争议是最高法院最近几年特别强调的一个命题，围绕这个命题进行了一系列的制度创新和工作机制的改革和完善。回想一下，近年来最高法院出台的有关行政审判的司法解释以及指导性规范文件都是围绕这个命题展开的。"参见江必新："论行政争议的实质性解决"，载《人民司法》2012 年第 19 期。

〔3〕 如《最高人民法院印发〈最高人民法院关于为构建社会主义和谐社会提供司法保障的若干意见〉的通知》（法发〔2007〕2 号）、《最高人民法院印发〈最高人民法院关于加强和改进行政审判工作的意见〉的通知》（法发〔2007〕19 号）、《最高人民法院关于行政诉讼撤诉若干问题的规定》（法释〔2008〕2 号）、《最高人民法院印发〈关于依法保护行政诉讼当事人诉权的意见〉的通知》（法发〔2009〕54 号）、《最高人民法院印发〈关于扩大诉讼与非诉讼相衔接的矛盾纠纷解决机制改革试点总体方案〉的通知》（法〔2012〕116 号）、《最高人民法院印发〈关于进一步保护和规范当事人依法行使行政诉权的若干意见〉》（法发〔2017〕25 号）、《最高人民法院关于适用〈中华人民共和国行政诉讼法〉的解释》（法释〔2018〕1 号）等文件中都有加强行政争议实质性解决的精神或规定。

进一步持续推进完善实质性解决行政争议的具体机制，上海市高院、安徽省高院于 2018 年分别修改完善、出台了专门的关于推进行政诉讼实质性解决行政争议的意见。[1]应当说，"实质性解决行政争议"的命题已在实践当中积累了不少经验，取得了一定的积极效果。但在学理层面，"实质性解决行政争议"的命题还没有获得充分解读。尤其是，"实质性解决行政争议"中的"实质性"一词语义模糊，对其内涵的理解直接影响具体机制建构。有必要结合该命题的提出背景，对其内涵进行充分的阐释和挖掘。

（一）回应"行政诉讼程序空转"问题

"实质性解决行政争议"命题的提出，是对行政审判实践长期面临的"行政诉讼程序空转"问题作出的回应。当前我国正处于社会剧烈转型时期，行政纠纷日益增多，案件涉及的利益关系日益复杂。由于法院对行政案件的审理与裁判以行政行为的合法性审查为中心展开，案件虽已审理终结，原告的实际利益诉求未能得到解决的情形十分常见。这种"案结事未了"的现象，是导致我国行政审判实践长期存在上诉率高、申诉率高、信访率高等问题的主要原因。[2]行政诉讼中存在的上诉率高等现象被称为"行政诉讼程序空转"，具体是指行政诉讼程序终结后，行政争议并未得到解决，当事人持续启动、引发后续法律程序。既包括一审程序结束后启动二审程序、再审程序，也包括法院判决作出之后行政机关再次启动行政执法程序，行政执法程序的再次启动很可能又会引发新一轮行政复议与行政诉讼。[3]出现程序空转现象的原因主要有以下两点：

第一，司法权威不足，在个案层面和制度层面均容易受到行政权的制约。司法机关的人财物均由行政系统决定，法院在处理个案时有时难以独立作出实

---

〔1〕 上海市高院于 2018 年 5 月制定《上海市高级人民法院关于进一步完善行政争议实质性解决机制的实施意见》，并成立了行政争议多元调处中心；安徽省高院在 2018 年 12 月出台了《关于完善行政争议实质性解决机制的意见》。

〔2〕 例如 2015 年全国中级以上法院新收二审案件与一审结案的比率为 10.48%，其中刑事二审案件与其一审结案的比率为 13.03%，民商事二审案件与其一审结案的比率为 9.59%，行政二审案件与其一审结案的比率为 39.24%。数据来源于 "2015 年全国法院司法统计公报"，载 http://gongbao.court.gov.cn/Details/27e1cd92304feeeffd132e8244441a.html，最后访问日期：2019 年 9 月 8 日。

〔3〕 笔者曾经参与讨论一起因为土地权属争议裁决引发的行政案件，该起案件历经三次行政裁决、三轮行政复议与行政诉讼，历时五年一直得不到解决，不仅耗费当事人精力，也浪费行政资源和国家纠纷解决资源。

质裁判。在制度层面，尽管我国行政诉讼制度由民事诉讼制度分离而来，[1]但其制度建构的目的取向迥异于民事诉讼，更侧重于处理好司法权与行政权之间的关系，疏于发挥通过诉讼化解双方当事人权利义务争议的主观性质功能。与此种目的取向相应，行政诉讼制度的建构重点被放在如何在司法权对行政权的维护与监督中寻求平衡，避免在法院与行政机关之间形成过强的对抗关系。这种思路在1989年《行政诉讼法》第一条关于立法目的的表述中体现得非常明显。该条将行政诉讼的立法目的确定为"维护和监督行政机关依法行使职权"，而"维护"和"监督"之间显然存在矛盾和冲突。立法者一方面希望行政诉讼制度能在公民权利遭到行政行为侵犯时为公民提供救济，另一方面又极力避免在司法与行政之间形成对立关系。此种国家权力结构和制度安排之下，行政诉讼定分止争、为公民提供司法救济的应有功能必然会受到抑制。

第二，行政诉讼主观诉讼启动方式与客观诉讼审理裁判方式之间存在内在紧张关系，难以有效回应行政争议类型多样的实际情况。根据《行政诉讼法》的规定，公民、法人或者其他组织认为自己合法权益受到行政行为损害，方能向法院提起行政诉讼。从起诉人的角度看，公民向法院提起行政诉讼的目的是希望法院对其受到损害的合法权益予以救济。然而，诉讼程序启动后，根据行政行为合法性审查原则，法院的主要职能是对行政行为的合法性进行全面审查并作出裁判，或对合法的行政行为予以维持，或对违法的行政行为予以撤销，并不对原告的诉讼请求是否成立、应否支持直接作出裁判。法院在严格适用法律完成对行政行为的合法性审查之后，其任务即宣告终结，至于原告的诉求是否真正得到解决，则不构成法院审理和判决的核心内容。基于此，1989年《行政诉讼法》所建构的行政诉讼制度以撤销之诉为核心内容，这一基本格局在2014年《行政诉讼法》中仍未得到实质调整。然而，实践中行政案件类型丰富多样，在行政不作为、民行交叉、民生给付、城市房屋拆迁补偿等类型的行政案件中，法院对行政行为展开的合法性审查并没有触及案件的实质争执点，很难真正解决当事人的利益诉求。一些案件中，原告看似赢了官司，问题却没有得到实际解决，历经一审、二审、再审，原告手拿胜

---

[1] 我国行政诉讼制度早期发展历史可以参见王万华："新中国行政诉讼早期立法与制度——对104部法律、行政法规的分析"，载《行政法学研究》2017年第4期。

诉判决,却发现行政法律关系并没有发生根本变化。法律程序空转徒费国家司法资源,浪费当事人的人力、物力,不仅无法解决行政争议,还有可能激发当事人对法院的不满,引发新的社会矛盾,在原有争议的基础上叠加当事人与司法系统之间的冲突,使得行政纠纷与涉诉涉法信访交织在一起。面对社会转型时期日益增长的社会矛盾,法院在对行政行为的合法性进行审查的基础上回应原告的实质利益诉求,有效化解社会矛盾,成为司法必须解决的问题。[1]

(二) 回应形式法治主义向实质法治主义转型

"实质性解决行政争议"命题的提出,是对实质法治主义在行政法治领域的新发展作出的回应。形式法治主义向实质法治主义转型,为"实质性解决行政争议"命题提供了理论基础。近年来,实质法治主义为我国行政法学界所关注。例如,何海波对形式法治与实质法治展开了系统论述,提出要寻求司法判决的实质合法性;[2]张红结合证券执法和解对行政执法和解制度展开了研究;[3]江必新分析了形式法治主义向实质法治主义转型的必然性,提出实质法治主义强调纠纷的实质性解决。[4]行政诉讼因行政行为引发争议而启动,行政诉讼对于"实质性解决行政争议"的追求源于行政执法理念和制度从形式法治向实质法治的转型。根据依法行政原则要求,行政机关严格遵循法律的规定,忠实执行法律,其行为即具备正当性,此即美国行政法学者斯图尔特所描述的"传送带模式"。[5]20世纪以来,随着行政权力大力扩张,行政国家出现,严格的形式法治已难以适应复杂的行政实践。一方面,立法机关难以针对复杂的行政管理实践提供明确的法律规范,被迫将大量裁量权

---

〔1〕 山东省高级人民法院、云南省高级人民法院在研究中也明确提出,探索实质化解行政争议的目的是希望在实现行政诉讼法律效果的同时实现社会效果,解决行政案件上诉率、申诉率过高,当事人反复上访、申诉等问题。参见山东省高级人民法院行政庭课题组:"关于行政诉讼实质性解决争议情况的调研报告",载《山东审判》2016年第5期;严剑漪:"行政争议实质性解决,钥匙在哪里?——上海铁路运输法院行政集中管辖改革四个月纪实",载《人民法院报》2016年12月8日,第5版。

〔2〕 参见何海波:《实质法治——寻求行政判决的合法性》,法律出版社2009年版。

〔3〕 参见张红:"破解行政执法和解的难题——基于证券行政执法和解的观察",载《行政法学研究》2015年第2期。

〔4〕 参见江必新:"论实质法治主义背景下的司法审查",载《法律科学(西北政法大学学报)》2011年第6期。

〔5〕 参见〔美〕理查德·B.斯图尔特:《美国行政法的重构》,沈岿译,商务印书馆2016年版,第5页以下。

授予行政机关，由行政机关根据具体情形在个案中作出具体裁断；另一方面，行政执法事务日益繁多，而执法资源总是有限的，无论是大陆法系的德国、日本，还是英美法系的美国，均尝试应用行政执法和解、行政指导、行政合同等机制弱化行政的高权色彩。为回应日益复杂的行政管理实践，实现对公共事务的有效治理，个案裁量正义、行政效率、行政执法资源有限等一系列关键词成为行政执法必须综合考量的因素，相应地，法律规范之外的诸多因素也进入到行政行为正当性构成体系之中。

生动丰富的社会生活与机械严格的形式法治之间存在紧张关系，使得法官如严格适用法律对行政行为进行合法性审查，将只能在法律规范层面解决行政行为合法性问题，实现的是客观公法秩序，无法触碰到争议的核心内容及原告实体权益。复杂的社会现实因素对个案审判所应达成的目标提出了新的要求，"化解行政争议是行政诉讼的最终目的。一个诉讼制度如果不能够定分止争，这个制度注定是不能走远的"，"在审理和裁判过程中，要选择最有利于纠纷解决的审理和裁判方式，实质化解行政争议"。[1]产生于行政审判实践的"实质性解决行政争议"命题，是对以行政行为合法性审查为核心的传统行政诉讼制度的反思与调整，是实质法治主义观在行政审判活动中的体现。

二、"实质性解决行政争议"的内涵解读

2014年《行政诉讼法》虽将"解决行政争议"作为新增内容写入立法目的，但法条中并未出现"实质性"这一概念。"实质性"应当如何理解？江必新认为，实质法治主义之下纠纷的实质性解决包含三层意思：一是案件已经裁决终结，二是当事人之间的矛盾真正得以解决，三是通过案件的审理，明晰了此类案件的处理界限。[2]贾亚强参考了钱弘道、吴亮提出的纠纷解决目的[3]，主张行政争议实质性解决包含三层内容，即纠纷解决的妥善性、一

〔1〕 参见郭修江："监督权力 保护权利 实质化解行政争议——以行政诉讼立法目的为导向的行政案件审判思路"，载《法律适用》2017年第23期。

〔2〕 参见江必新："论实质法治主义背景下的司法审查"，载《法律科学（西北政法大学学报）》2011年第6期。

〔3〕 钱弘道、吴亮提出"纠纷解决目的"可归纳为三层含义：第一层是纠纷解决的妥善性，第二层是纠纷解决的一次性，第三层是纠纷解决的迅速性。参见钱弘道、吴亮："纠纷解决与权力监督的平衡——解读行政诉讼法上的纠纷解决目的"，载《现代法学》2008年第5期。

次性和迅速性。[1]其中,"妥善性"是对处理案件实体问题所要达到的社会效果的描述,"一次性和迅速性"是对案件在程序上得以终结的效果描述。上述观点尽管能为我们认识实质性解决行政争议的内涵带来启发,但"当事人之间的矛盾得到真正解决""妥善性""迅速性"等表述仍带有一定模糊性,"实质性"的内涵仍有必要进一步挖掘。

以"实质性解决行政争议"命题的产生背景为前提,结合诉讼活动的程序性特点与行政争议的实体性特点,"实质性"理当包含"行政诉讼程序终结后未再启动新的法律程序"和"行政实体法律关系经由行政诉讼程序获得实质处理"两方面内容。其中,行政诉讼程序终结后未再启动新的法律程序,意味着程序获得实质终结;行政实体法律关系经由行政诉讼程序获得实质处理,意味着原告权益获得实质救济。

(一)未再启动新的法律程序

诉讼程序为法律程序之一种,争议获得实质性解决首先应体现为程序实质终结,即经由法院对行政争议作出裁判或者主持调解结案后,没有再启动新的法律程序处理案件涉及的实体问题。具体体现在两个方面:

第一,行政诉讼程序终结后,未启动更高审级诉讼程序或再次启动诉讼程序。具体包括:(1)一审程序终结后,当事人没有提起上诉,即一审终结后法律程序即告终结,这是最为理想的程序终结情形;(2)一审结束后当事人提起上诉,二审程序终结后,当事人没有申请再审,也没有到法院信访,法律程序终结;(3)当事人申请再审,案件不符合再审启动条件,再审程序没有启动。

第二,行政诉讼程序终结后,未再启动行政执法程序作出行政决定。此种情形主要是指经由法院审理裁判之后,行政机关与行政相对人之间在行政法上的权利义务关系经由诉讼得到确定,不需要再行启动行政程序。如法院在司法裁判权范围内,通过变更判决直接变更行政行为、在责令履职判决中直接明确行政机关履行原告请求的职责等方式直接明确了行政法律关系的内容,则不需要行政机关再行启动行政程序对原告实体权利义务作出处分。

---

[1] 参见贾亚强:"论行政诉讼实质性解决行政争议的实现——以争讼行政法律关系的确定为研究进路",载《法律适用》2012 年第 4 期。

（二）行政实体法律关系得到实质处理

行政诉讼本因原告认为自己的合法权益受到行政行为损害而向法院提起，诉讼启动后，法院的审理和裁判活动却转向对行政行为合法性进行审查，忽视了原告与被告之间行政法律关系的形成与调整，由此引发行政诉讼程序空转的问题。因此，要从根本上解决行政诉讼程序空转问题，就应当在诉讼程序中对行政实体法律关系作出处理，保障原告获得实质权益救济。在诸多纠纷解决机制中，诉讼机制被认为是最重要的，原因在于其是实现个人权益救济的最终堡垒、最终屏障。"实质性解决行政争议"的核心要求，应体现为经由行政诉讼程序使原告权益获得实质救济。与之相对应，法院审理和裁判重心应由行政行为合法性审查转向行政法律关系的形成与调整。

第一，法院在司法审查权限范围内直接调整行政法律关系，原告合法权益经由行政诉讼获得实质救济。行政争议是行政机关与行政相对人围绕行政法上权利义务而形成的争议，要实质性解决行政争议，就需要法院的审理裁判活动以当事人双方行政法上的权利义务为中心展开，最终经由法院裁判活动直接调整行政法律关系，具体包括两种情形：（1）直接形成行政法律关系。直接形成行政法律关系主要针对行政机关不履行法定职责的案件。如果行政机关应当履职的事实已经查清，履职内容可以确定，法院应当直接在履职判决中明确行政机关所应履行的法定职责，不应仅确认行政机关构成不作为，泛泛责令其在指定期限内履职。[1]（2）直接变更行政法律关系。直接变更行政法律关系，是指法院对被诉行政行为已建构的行政法律关系直接进行变更，形成新的行政法上的权利义务关系。对于违法的行政行为，法院在其司法审查权限范围内能够直接变更行政法律关系的，不宜撤销之后发回行政机关重新作出新的行政行为，否则原告很可能再次面临需要提起诉讼的困境。

第二，法院在查明案件事实的基础上综合各种因素形成最终裁判，实现个案实质正义。行政案件的裁判除了具有化解个案争议的功能，还能发挥对客观公法秩序的释明及对行政机关和社会公众未来行为的引导功能。因此，

---

〔1〕《适用解释》第91条将《行政诉讼法》第72条规定的履职判决区分为两种情形：原告请求被告履行法定职责的理由成立的，被告违法拒绝履行或者无正当理由逾期不予答复的，判决被告在一定期限内履行原告请求的法定职责；只有尚需被告调查或者裁量的，才判决被告针对原告的请求重新作出处理。

"实质性解决行政争议"并不简单意味着求得原告、被告息诉,而是要由法官在查明案件事实的基础上,综合考虑法律规定、争议形成的历史因素与社会背景、原告的实际状况等诸多因素,选择合适的审理与裁判方式,使争议得到妥善解决,达到定分止争的目的。这主要包括:(1)法律规范本身不完善时,由法官突破实定法的规定适用行政法基本原则,能动实现个案正义。依法行政是行政行为应当遵循的基本原则,但当行政法律规范本身为恶法或者存在立法缺位等问题时,机械遵循依法行政原则反而会对个案当事人的权益造成实际损害,此时需要法官在个案裁判中发挥能动性,弥补实定法存在的问题,为原告提供实质救济。如在田永诉北京科技大学和刘燕文诉北京大学等案件中,法官均适用了未在实定法中加以规定的正当法律程序原则,不仅实现了个案实质正义,也使原告获得了实质救济。(2)考量行政争议形成的社会因素,通过调解为原告提供实质救助,使争议得到妥善解决,达到定分止争的目的。合法性审查以行政行为是否具备合法要件为基本内容,但很多行政争议的形成根源于复杂的历史因素和社会条件,仅对当下作出的行政行为的合法性进行判断,不足以解决问题。例如,有的"违建"并非当事人故意所为,而是由于规划部门不作为不发证造成的;有的"违建"已经存在多年,因城市创卫等原因而被要求拆除,导致居住在违建里的当事人面临居无定所的困难处境。对于这一类行政纠纷,如果仅根据行政行为合法还是违法作出简单处理,不仅容易激化已有社会矛盾,还有可能引发新的矛盾,需要法官综合考量法律规范之外的社会因素,不能简单驳回原告请求,也不宜简单一撤了之。

三、"实质性解决行政争议"引入行政复议的契机和理据

"实质性解决行政争议"作为源自行政审判实践的重大命题,关系到行政诉讼制度在目的层面的定位,要求法院在宪法和法律关于司法权与行政权关系的规定框架下,将审理和裁判的重心由行政行为合法性审查转向行政实体法律关系的形成与变更。该命题的提出对行政诉讼制度的影响是全方位的,受案范围、审理程序、审理强度、裁判方式莫不与之密切相关。"实质性解决行政争议"的提出,在行政审判实践的个案层面有利于保障公民、法人或者其他组织获得实质救济,在制度层面有利于提升行政诉讼化解矛盾纠纷的能力,实现法律效果与社会效果的统一。2014年修订的《行政诉讼法》已在立

法目的中突出强调了"解决行政争议"。行政复议作为"化解行政争议的主渠道",有必要吸纳这一政策理念,将"实质性解决行政争议"引入《行政复议法》的修改中,重构行政复议体制、复议程序和复议决定制度。具体而言,相关必要性体现在如下几个方面。

(一)契合行政复议制度的性质

现行《行政复议法》将行政复议制度的性质定位为内部监督机制,[1]学界对于行政复议制度的性质则存在多种认识。对于行政复议制度性质的研究与功能研究交织在一起,不同学说关于复议制度功能的认识不存在绝对分歧,均承认复议制度能够发挥多元功能。以复议制度首要功能为标准,可以将行政复议制度的性质归纳为内部监督说、争议解决功能说、争议解决性质加权利救济功能说三种观点。内部监督说肯定行政复议首先要体现出行政机关自我监督、自我纠错功能,这一功能与其解决行政纠纷功能是并行不悖、融为一体的。[2]争议解决功能说将争议解决作为行政复议制度的首要功能予以认识,主张争议解决、权利救济与内部监督均为复议制度之功能,但争议解决与其他两项功能之间存在层次差异。[3]争议解决性质加权利救济功能说在主张争议解决是行政复议制度性质的同时,认为行政复议的主要功能或者首要功能是为公民提供权利救济。此种学说并不否定行政复议的纠错监督功能,但将权利救济作为行政复议制度更主要的功能。[4]学界对于行政复议制度性质这一基础性问题的研究,由于与功能研究交织在一起,无法形成清晰认知,直接影响了行政复议制度的建构。[5]

---

〔1〕 时任国务院法制办公室主任杨景宇在 1998 年 10 月 27 日第九届全国人民代表大会常务委员会第五次会议上所作的《关于〈中华人民共和国行政复议法(草案)〉的说明》中明确提到:"行政复议是行政机关内部自我纠正错误的一种监督制度。完善行政复议制度,充分发挥行政复议制度的作用,对于加强行政机关内部监督,促进行政机关合法、正确地行使职权,维护社会经济秩序,维护公民、法人和其他组织的合法权益,维护社会稳定,具有重要意义。"

〔2〕 参见杨海坤、朱恒顺:"行政复议的理念调整与制度完善——事关我国《行政复议法》及相关法律的重要修改",载《法学评论》2014 年第 4 期。

〔3〕 参见王周户:"行政复议的功能应当是解决行政纠纷",载《行政管理改革》2011 年第 9 期。

〔4〕 参见刘莘:"行政复议的定位之争",载《法学论坛》2011 年第 5 期。

〔5〕 其复杂性正如赵德关对行政复议定位的梳理,行政复议定位共有行政复议制度定位、性质定位、功能定位、价值定位和目标定位五种表述。参见赵德关:"新时期行政复议制度的定位与展望",载《行政法学研究》2016 年第 5 期。

性质为事物之本质属性,功能是事物所能发挥的作用。性质具有客观属性,行政复议制度的性质应从复议活动的客观特性出发予以把握,结合复议启动方式和启动缘由,本课题第一章中系统论述了行政复议应当是外部行政争议解决机制,而非行政机关内部监督机制。将"实质性解决行政争议"引入行政复议法修改,与行政复议制度作为外部性行政争议解决机制的性质相契合,有助于应用争议解决机制原理重构行政复议制度,提升复议制度有效化解社会矛盾的能力。

(二) 契合行政复议改革趋势

针对实践中行政复议案件数量总体偏少、纠错率总体过低等问题,学界与实务部门对行政复议作为内部监督机制这一性质定位进行了深刻反思。[1]为破解复议制度面临的困境,行政复议制度改革开始提上日程。改革首先对行政复议制度作为行政机关内部监督机制这一定位进行调整。2006年中共中央办公厅与国务院办公厅联合发布《关于预防和化解行政争议健全行政争议解决机制的意见》,其中明确提出"行政复议是引导各个利益主体以合法、理性方式表达利益诉求的重要途径,行政复议作用发挥得好坏,直接关系到行政争议能否在法治轨道中得到妥善解决,要引导、鼓励当事人通过行政复议渠道解决行政争议"。之后,国务院法制办通过复议程序改革与复议体制改革将行政复议制度内部监督机制的定位逐渐调整为行政争议解决机制。因而,将"实质性解决行政争议"的政策理念引入当前《行政复议法》的修改,契合了十余年来行政复议改革的实际情况。

(三) 行政复议存在更为突出的程序空转问题

在《行政复议法》制定之初,由于立法者极力强调其作为内部监督机制的性质定位,行政复议不得不与行政诉讼制度保持距离,制度运行相应带有极其浓厚的内部行政色彩。尽管复议机关能够同时对行政行为合法性与合理性进行审查,但从复议实践来看,复议机关以具体行政行为合法性审查为核心内容,既不关注也不回应申请人的利益诉求,这使得行政复议中的程序空转问题较行政诉讼更为突出。例如,2018年全国行政复议案件审结情况为:

---

[1] 学者和实务部门关于这一问题的分析与阐述,可参见周汉华主编:《行政复议司法化:理论、实践与改革》,北京大学出版社2005年版;方军:"论中国行政复议的观念更新和制度重构",载《环球法律评论》2004年第1期。

维持决定占 50.8%，驳回决定占 12.06%，撤销决定占 9.91%，确认违法决定占 3.03%，变更决定占 0.21%，责令履行决定占 1.96%，调解结案比例为 10.05%。[1]维持决定与驳回决定共占 62.86%，变更决定、责令履行决定共占 2.17%。变更决定能够直接改变行政法律关系，不需要行政机关重新启动行政程序再次作出决定，直接回应申请人的诉求，但是变更决定的适用比例一直非常低。据统计，2018 年行政复议中的变更决定比例仅为 0.21%，2017 年为 0.24%，2016 年为 0.3%，2015 年为 0.33%，2014 年为 0.45%。[2]

与行政诉讼相比较，行政复议程序空转带来的问题更为复杂。行政复议程序空转不仅不能化解原行政争议，还会在原争议的基础上增加新的行政争议。因为行政复议并非解决行政争议的终局程序，公民、法人和其他组织不服行政复议决定的，可以向人民法院就原行政行为和复议决定提起行政诉讼，且除须在法定期限内提出申请外，相对人起诉并不需要具备任何实质条件。这一状况表明，如果行政复议不能发挥其专业、便捷、高效化解纠纷的优势，从而有效化解行政争议，其不仅无法实现与行政诉讼的合理分工，本身还将成为新的争议产生渠道，加剧国家纠纷化解资源的浪费。将"实质性解决行政争议"作为《行政复议法》的修改目标，提升行政复议化解行政争议的能力，从解决复议程序空转问题的角度看，也是大有必要。

（四）对应行政复议作为解决行政争议主渠道的功能定位

面对社会转型时期行政争议数量不断增长上升的实际情况，基于行政复议相较于行政诉讼所具有专业性强、程序简便、高效快捷、行政机关资源配置能力更强等优势，2011 年，中央将行政复议确定为"化解行政争议的主渠道"。[3]在 2014 年修订《行政诉讼法》的过程中，立法机关进一步对这一定位予以明确，提出"在定位上，应当把行政争议解决的主战场放在行政复议

---

〔1〕 数据源于中国政府法制信息网，载 http://www. chinalaw. gov. cn/art/2016/5/9/art_ 28_ 34955. html，最后访问日期：2019 年 9 月 9 日。

〔2〕 数据源于中国政府法制信息网，载 http://www. chinalaw. gov. cn/art/2016/5/9/art_ 28_ 34955. html，最后访问日期：2019 年 9 月 9 日。

〔3〕 关于"行政复议作为解决行政争议主渠道"定位的详细阐述请见本书第一章。

上"〔1〕。如《行政诉讼法》规定复议机关作共同被告制度的重要理由之一正是基于这一定位,意在通过这一制度倒逼行政复议实质解决行政争议。〔2〕2020年2月5日召开的中央全面依法治国委员会第三次会议审议通过了《行政复议体制改革方案》,要求"发挥行政复议公正高效、便民为民的制度优势和化解行政争议的主渠道作用",行政复议作为"解决行政争议的主渠道"的定位再次得到明确。

将行政复议作为化解行政争议主渠道是对行政复议与行政诉讼在行政案件处理上作出的分工,回应了日益增长的行政案件数量与司法资源配置不足、诉讼制度争议解决效率不高之间的紧张关系。这一定位的目的是希望发挥行政复议的优势,将更多行政纠纷化解在行政复议程序中,为司法系统减轻案件负担,能够集中有限的司法资源重点解决对保障公民权利和推动依法行政有重大意义的案件。目前行政纠纷化解实践中的"大信访、中诉讼、小复议"格局与行政复议作为化解行政争议主渠道的定位不相对称。要实现多数行政纠纷能够通过行政复议机制解决的目标,就需要提升行政复议实质化解行政争议的能力,让行政争议在行政复议阶段实现定分止争。

(五)行政复议在"实质性解决行政争议"方面更具优势

"实质性解决行政争议"要求纠纷裁决机关对行政实体法律关系进行调整,以保障公民、法人或者其他组织的合法权益获得实质救济,但法院在实现这一目标的过程中经常受限于司法权与行政权的分工关系。基于复议机关与行政行为作出机关之间领导与被领导关系的组织属性,源自行政审判实践的"实质性解决行政争议"在行政复议中获得实现的空间更大。日本学者本多滝夫认为这是行政不服审查制度较之行政诉讼制度的优势之一。〔3〕

首先,复议机关是行政行为作出机关的上级行政机关,具备对事实问题

---

〔1〕 参见全国人大常委会法制工作委员会行政法室编:《行政诉讼法立法背景与观点全集》,法律出版社2015年版,第296页。

〔2〕 参见信春鹰主编:《中华人民共和国行政诉讼法释义》,法律出版社2014年版,第73页。

〔3〕 日本学者本多滝夫认为行政不服审查制度与行政诉讼制度相比较,具有以下优点:程序简易,成本低廉,救济迅速,不服申诉的审理也涉及不合理性,因此各种内容的不服都可以得到救济,该制度相对于行政诉讼制度而言,具有竞争的优势。参见〔日〕本多滝夫:"日本行政系统的转换和行政不服审查法的'现代化'",江利红译,载《行政法学研究》2015年第3期。

进行判断的行政管理经验与专业优势。[1]专业优势是复议相较于行政诉讼具有的特别优势。现代行政管理涉及的领域广、事务复杂，很多管理领域带有极强的专业性，如环境保护、专利确权、安全生产、食品安全保护、危险物品管制等。法官在对事实问题进行判断时，专业知识可能存在不足，而复议机关作为行政机关，熟悉行政管理，对案件涉及的专业性问题有更强的判断能力。

其次，复议机关与行政行为作出机关之间是领导与被领导的关系，相比之法院，具有更大空间对争议涉及的实体问题作出实体裁判。法院司法审查的强度和深度均需在《宪法》《行政诉讼法》及司法解释所设定的关于司法权与行政权关系的框架内展开。根据《行政诉讼法》的规定，法院只能审查行政行为合法性和裁量权行使是否存在明显不当。在作为违法案件中，法院仅在有限范围内适用变更判决；在不作为案件中，对尚需行政机关进行调查或者裁量的，法院只能判决被告针对原告的请求重新作出处理。而复议机关与行政行为作出机关之间是领导与被领导的关系，具有更大空间对行政法律关系直接进行调整。复议机关既审查行政行为的合法性，也审查行政行为的合理性；在复议决定权方面，《行政复议法》与《实施条例》关于变更决定适用情形的规定较之法院的变更判决要宽泛得多，如行政行为认定事实不清、证据不足，经行政复议机关审理查明，认为事实清楚、证据确凿的，复议机关可以直接变更行政行为，不需要再行启动行政程序重新作出决定。而同样情形之下，法院只能作出撤销判决并责令行政机关重新作出行政行为，不能直接作出变更判决。

最后，行政机关有更多资源可供支配，能够更好回应当事人的合理利益诉求，更有条件化解基于历史原因形成的行政争议。行政争议的形成因素很复杂，有些争议背后有着复杂的经济、社会发展因素，仅对被诉行政行为合法与否作出裁判，无助于争议的解决。复议机关作为行政机关，特别是政府

---

〔1〕 余凌云应用了 Peter Cane 的"决定等级"理论来解释为何复议范围较之行政诉讼范围要广，审查程度更深。该理论也同样适合解释行政复议为何具有更大空间实现实质性解决行政争议这一目标。决定等级理论认为，行政机关上下级机关之间构成一个决定等级，在这一等级序列里，上级可以撤销、变更下级的决定，因为它们都行使着近似的权能，有着相同的资质、经验和能力。参见余凌云："论行政复议法的修改"，载《清华法学》2013 年第 4 期。

作为复议机关，较之法院有更多行政资源可以配置，更有条件通过调解给予相对人一定的救助或者帮助其解决具体困难，进而妥善化解社会矛盾。

（六）可以更好吸收《行政诉讼法》修法经验

《行政复议法》未能与《行政诉讼法》同步修改，基于行政复议与行政诉讼制度的关系，在《行政诉讼法》修改完成之后，《行政复议法》修改不可避免会直接受其影响。如在《行政诉讼法》取消"具体行政行为"这一概念之后，行政复议不宜再使用"具体行政行为"。在行政复议作为解决行政争议主渠道这一功能定位仍然不变的情况下，《行政诉讼法》为实现这一目的而做出的制度努力是修改《行政复议法》不能忽略的。《行政诉讼法》修改实施以来，行政案件出现大幅上升态势。2015 年全国新收行政一审、二审和再审案件 299 765 件，上升 55.13%；审结 272 882 件，上升 51.46%。其中，新收行政一审案件 220 398 件，上升 55.34%；行政二审案件 77 988 件，上升 56.03%；行政再审案件 1379 件，上升 0.22%。[1]2016 年，全国各级法院审结一审行政案件 22.5 万件，同比上升 13.2%。地方法院以北京为例，2016 年全年新收行政案件 19 403 件，同比上升 25.6%；审结行政案件 19 187 件，同比上升 38.1%。[2]从这些数据中可以看出，新法实施后，行政诉讼案件增长幅度很大。与行政诉讼案件相对比，2015 年，省区市受理行政复议案件 141 968件，国务院部门受理行政复议案件 5728 件，共计 147 696 件。2016 年，省区市受理行政复议案件 157 660 件，国务院部门受理行政复议案件 6530 件，共计 164 190 件。[3]2015 年为新《行政诉讼法》实施第一年，行政复议案件数量较之行政诉讼新收行政一审案件数量少 66 974 件，行政复议案件比行政诉讼案件大约少 30%。《行政诉讼法》修改后不仅受理案件数量大幅增长，实体裁判率、行政机关败诉率等亦有很大提高。行政诉讼制度改革的经验可为《行政复议法》修改所吸收借鉴。

---

〔1〕 参见"2015 年全国法院审判执行情况"，载 http://www.court.gov.cn/fabu-xiangqing-18362.html，最后访问日期：2018 年 1 月 25 日。

〔2〕 参见卞建林主编：《中国诉讼法治发展报告（2016）》，中国政法大学出版社 2017 年版，第 103 页。

〔3〕 数据源于中国政府法制信息网，载 http://www.chinalaw.gov.cn/art/2016/5/9/art_28_34955.html，最后访问日期：2018 年 1 月 25 日。

《行政诉讼法》修法以解决"立案难""审理难""执行难"三难问题为出发点完善行政诉讼制度，修法所作出的一系列重大制度改革如扩大受案范围、对规范性文件一并审查制度、实行立案登记制、引入调解制度、一并审理民事争议制度、取消维持判决、增加给付判决、完善其他类型判决等，无不回应了"解决行政争议"这一新增立法目的。[1]当更多行政争议进入行政诉讼渠道，法院在为公民提供更多的司法救济的同时，也加大了对行政机关的监督力度。实践中有的行政机关在行政执法中特别注重研究法院的相关案例，希望避免未来面临被诉和败诉的风险。新《行政诉讼法》以解决行政争议为目的的修法导向在提升行政诉讼实质化解行政争议能力的同时，也能更好地实现对公民的权利救济和对行政机关依法行政的监督。行政复议作为一种外部性行政争议解决机制，制度重构应考虑吸收《行政诉讼法》修法经验，全面回应有效解决行政争议这一现实需求。

四、以"实质性解决行政争议"为目标全面完善复议制度的设想[2]

（一）立法目的增加规定"解决行政争议"

耶林的法律哲学的核心概念是目的，认为"目的是全部法律的创造者。每条法律规则的产生都源于一种目的，即一种事实上的动机"[3]。我国学者也认为"法之目的，犹如指导法学发展的'导引之星'，其在法学中的地位，犹如北极星之于航海者"[4]。立法者经过价值选择，确定符合客观需要的立法目的，并通过自觉的、有意识的活动，制定符合其要求的规则。在修订《行政复议法》工作中，修法目的构成重构和完善行政复议制度的前提和基础，以"实质解决行政争议"为目标修改《行政复议法》首先需要在立法目的中借鉴《行政诉讼法》增加规定"解决行政争议"这一立法目的。新《行政诉讼法》第一条增加规定了"解决行政争议"这一立法目的，明确了行政

〔1〕 参见郭修江："监督权力 保护权利 实质化解行政争议——以行政诉讼法目的为导向的行政案件审判思路"，载《法律适用》2017年第23期。

〔2〕 本章关于基本设想的论述为统领后面各章的集中阐述，后面各章将逐章展开相关内容的讨论。

〔3〕 参见［美］E. 博登海默：《法理学——法哲学及其方法》，邓正来、姬敬武译，华夏出版社1987年版，第104页。

〔4〕 参见梁慧星：《民法解释学》，中国政法大学出版社1995年版，第65页。

诉讼不仅仅是实现对行政行为的合法性审查，更重要的是要在诉讼中回应原告的诉求，解决原告与被告之间的行政争议。与这一立法目的相对应，《行政诉讼法》重构和完善了一系列制度。明确"解决行政争议"为《行政复议法》立法目的之后，与之相对应，行政复议范围、行政复议体制、行政复议程序、行政复议裁判方式和决定体系等基本制度，均需要回应如何解决行政争议这一立法目的。

将"解决行政争议"写入《行政复议法》并非简单照搬《行政诉讼法》，而是对已有行政复议改革成果的吸收和固化，已经有很好的实践基础。由原国务院法制办主导进行的复议体制和复议程序改革均推动了复议制度由内部监督机制向行政争议解决机制转型，为确立"解决行政争议"这一立法目的打下坚实制度基础。修法是在吸收已有改革成果基础上，将"解决行政争议"这一目的吸收在《行政复议法》修订中。

（二）集中行政复议权，对复议体制作出重大调整

行政复议制度建立迄今已近二十年，但是并不为社会公众所熟悉，很重要的一个原因就是因为复议权过于分散而无法建立专门复议机构。复议权过于分散不仅仅使得行政复议形式上缺乏可视载体，更重要的是直接影响行政复议的公正性和公信力，进而影响行政复议有效解决行政争议的能力。复议体制属于上游问题，牵一发而动全身，对复议范围、复议程序等制度改革均有直接影响。复议体制改革也是复议制度改革着力最大的领域，从 2008 年开始的以相对集中复议权为基础的行政复议委员会改革到 2015 年开始出现的浙江义乌行政复议局模式，均引起学界和社会的广泛关注。

复议体制是《行政复议法》修改中最为人们关注的问题。2018 年，国务院法制办与司法部合并，地方相应也陆续进行了法制机构与司法行政机关的机构合并，机构改革后形成的新的司法行政体制对复议体制改革直接产生影响。复议体制改革作为复议制度改革的核心问题和源头问题，应当以实质化解行政争议为目标展开，针对分散复议体制带来的一系列问题，将复议权分散行使调整为集中由一级政府行使，在此基础上引入体制外的审议力量。复议机构采用行政复议委员会模式而非行政复议局模式，提升复议机关的社会公信力，以更好实质化解行政争议。

（三）回应实质性解决行政争议，扩大复议范围

"实质性解决行政争议"的要求之一是通过行政复议尽可能多地解决行政争议，正如《关于预防和化解行政争议健全行政争议解决机制的意见》中提到的那样，"要引导、鼓励当事人通过行政复议渠道解决行政争议"。以具体行政行为为核心的复议范围已经远远不能适应目前的行政管理实践，大量行政争议按照现行复议范围规定无法进入行政复议渠道予以解决，扩大复议范围才能更好地回应实质性解决行政争议的要求，将客观存在的大量新出现的行政争议纳入复议渠道解决。

（四）取消书面审查原则，建构公正复议程序

复议程序改革是《行政复议法》修改的核心问题。作为一项争议解决机制，没有公正的复议程序制度作基础，复议结果不可能得到争议双方的认同，更难获得社会的认同，可以说没有公正的复议程序制度保障，实质解决行政争议就是无源之水。《行政复议法》制定时立法者刻意与行政诉讼程序保持距离，造成复议程序基本等同于行政机关普通办案程序，忽略了解决争议对复议程序的特殊要求。过度行政化、封闭运行的复议程序造成复议决定既得不到申请人认同，也得不到社会认同。复议程序较之诉讼程序简便、高效并不意味着程序能省就省，复议程序需要契合公正解决争议对程序的基本要求。修改《行政复议法》重构公正复议程序制度是行政复议实质性解决行政争议的重要制度保障。

（五）有效化解行政争议，引入调解和解制度

"实质性解决行政争议"提出的主要目的就是防止程序空转，让行政争议能够通过行政复议得到实质解决。调解和解均是在当事人双方形成合意基础上解决争议的一种方式，较之复议机关决定结案更有利于实质解决双方争议。《实施条例》规定了调解和解制度，部分地方在《实施条例》规定基础上进一步扩大了调解和解的案件范围，复议实践也显示调解和解机制很好化解了一部分存在复杂社会原因的行政争议，简单的行政行为合法性审查并不能解决当事人的真正诉求，修法可以在总结已有经验基础上引入调解和解制度。随着行政执法和解机制的不断发展，严格形式法治主义向实质法治主义发展，调解引入行政纠纷解决机制的理论障碍得到突破，新《行政诉讼法》也增加规定了调解制度，理论与制度的推进均为《行政复议法》修改引入调解和解

制度创造了条件。修法如果能够引入调解和解制度，对于提升行政复议解决行政争议的能力将发挥积极作用。

（六）直接回应复议请求，完善复议决定类型及其适用条件

现行复议决定制度是以具体行政行为合法性审查为基础建构的，复议决定主要是对具体行政行为合法性作出回应，而非以申请人的复议请求为核心作出回应。"实质性解决行政争议"要求复议决定应当以回应申请人的复议请求能否成立为基础作出，这对复议决定的种类及其适用条件将直接产生影响，行政复议决定体系需要作出结构性调整，以更好回应申请人的请求。如对于行政机关不作为的复议案件，复议决定中不应简单确认行政机关不作为违法，而应尽可能明确行政机关应当履行的法定职责的内容。

第三章

以行政复议权集中行使为基础重构行政复议体制

　　行政复议体制改革自 2008 年迄今已经十余年，以行政复议权相对集中为基础开展的行政复议委员会改革，以及 2015 年 9 月在浙江开启的义乌行政复议局模式，均面临无授权而改变现行行政复议权配置的合法性困境及由此带来的改革不彻底性。[1]十余年试点，其周期之长早已突破试点机制底线，复议体制何去何从困扰地方，以相对集中行政复议权和设置行政复议委员会为核心内容的行政复议体制改革能否写入《行政复议法》遂成为《行政复议法》修改中最关键的问题。

一、行政复议体制改革进程梳理

　　2008 年 9 月，为提升行政复议的公正性和公信力，提高行政复议有效解决行政纠纷的能力，国务院法制办下发《行政复议委员会试点通知》，在北京、黑龙江、江苏、山东、河南、广东、海南和贵州 8 个省、直辖市开展相对集中复议权、设置行政复议委员会的试点工作。2010 年《国务院关于加强法治政府建设的意见》中提出"探索开展相对集中行政复议审理工作，进行行政复议委员会试点"。2013 年 11 月，党的十八届三中全会通过的《中共中央关于全面深化改革若干重大问题的决定》中提出"改革行政复议体制，健全行政复议案件审理机制，纠正违法或不当行政行为"的具体要求。2015 年，

---

　　〔1〕　关于行政复议委员会改革的合法性质疑与担忧的讨论可参见王瑞雪："对我国行政复议委员会试点的省思"，载《天津行政学院学报》2014 年第 4 期；黄学贤："关于行政复议委员会的冷思考"，载《南京社会科学》2012 年第 11 期；吴志红、蔡鹏："浅议我国行政复议委员会制度改革的困境与出路"，载《西南政法大学学报》2010 年第 6 期；方宜圣、陈枭窈："行政复议体制改革'义乌模式'思考"，载《行政法学研究》2016 年第 5 期。

中共中央、国务院发布的《实施纲要（2015—2020 年）》对完善行政复议制度的具体措施提出明确要求。纲要提出："完善行政复议制度，改革行政复议体制，积极探索整合地方行政复议职责。健全行政复议案件审理机制，加大公开听证审理力度，纠正违法或不当行政行为。提高行政复议办案质量，增强行政复议的专业性、透明度和公信力。县级以上地方政府要依法加强行政复议能力建设，推动相关机构设置、人员配备与所承担的工作任务相适应，充分发挥行政复议在解决行政争议中的重要作用。切实提高行政复议人员素质，落实办案场所和有关装备保障，行政复议经费列入本级政府预算。"行政复议体制改革依然构成完善行政复议制度的主要内容。

《行政诉讼法》修改完成后，《行政复议法》修改成为修法重点。在《行政复议法》修改中，行政复议体制改革走向一直是学界和实务部门广泛关注的焦点问题。如 2016 年 12 月 10 日发布的第四届"中国法治政府奖"十项入选项目中"珠海市法制局公平公正公开的全方位行政复议综合改革""安徽省黄山市相对集中行使行政复议权改革""上海市政府法制办行政复议委员会案审会制度"三项均与行政复议体制改革相关，获得提名奖的"浙江省义乌市行政复议局设立实体复议机构行政复议局"也与行政复议体制改革相关。目前，地方复议体制改革探索仍在持续中，但是由于《行政复议法》修法进程滞后，复议体制改革定位并不明朗，地方差异化改革在进一步加剧，出现了义乌模式对行政复议委员会模式的调整。另一方面，新《行政诉讼法》新增复议机关作共同被告制度之后，有的复议机关更为重视法院对相关案件的认识和意见而弱化了行政复议委员会作用的发挥。诸多因素一方面显示需修法尽快明确行政复议体制的紧迫性，另一方面也显示实务部门在这一问题上存在认识上的分歧，无疑增加修法的难度。

2018 年 3 月，中共中央发布《深化党和国家机构改革方案》，决定重新组建司法部。具体方案为将司法部和国务院法制办公室的职责整合，重新组建司法部，作为国务院组成部门。新的司法部主要职责是：负责有关法律和行政法规草案起草，负责立法协调和备案审查、解释，综合协调行政执法，指导行政复议应诉，负责普法宣传，负责监狱、戒毒、社区矫正管理，负责律师公证和司法鉴定仲裁管理，承担国家司法协助等。不再保留国务院法制办公室。国务院法制办与司法部于 2018 年完成合并，下设行政复议与应诉局。地方层面机构改革之后陆续推进,目前已经基本完成,如新组建的北京市司法局于 2018 年 11 月 16 日正式挂牌。由于复议工作由复议机关法制工作机构承担,司法部门与政府法制办公室的重组对行政复议体制改革产生直接影响,《行政复议法》关于行政复议体制的规定需要在机构改革的基础上展开。[1]2020 年 2 月 5 日召开的中央全面依法治国委员会第三次会议审议通过了《行政复议体制改革方案》。2020 年 5 月 11 日,浙江省行政复议咨询委员会正式成立并召开第一次会议。[2]

二、行政复议体制运行存在的问题分析

行政复议体制包括行政复议机关、行政复议机构、行政复议工作人员三个方面的内容,行政复议机关与行政复议机构为行政复议权的组织安排,行政复议工作人员为行政复议权行使的人员安排,主要涉及任职资格与保障机制。学者和实务部门对现行行政复议体制特点及存在的问题的认识基本一致,一般认为行政复议体制的特点和问题主要包括:行政复议组织的非独立性、从属性、分散性及行政复议工作人员的专业化水平不高、职业保障不足等;[3]

---

[1] 2019 年 10 月 27 日下午,"行政复议的实践与发展"研讨会在北京京仪大酒店召开,会议由中国行政法学研究会主办,中国政法大学法治政府研究院承办。此次会议上,司法部行政复议与应诉局陈富智局长发表"《行政复议法》修改的重点和难点问题"的主题演讲。在演讲中,陈富智局长提到:"我们研究认为,行政复议法修订的核心内容是行政复议体制的调整,有必要将改革和修法分步骤实施。按此思路,我们拟定了行政复议体制改革方案,已经中央政法委同意,并报请国务院批准后,按程序报中央全面依法治国委员会审批,在此基础上,对行政复议制度做全面的修改完善。"

[2] 浙江省司法厅党委书记、厅长马柏伟在成立大会上指出:省行政复议咨询委员会的成立,既是贯彻落实中央《行政复议体制改革方案》、奋力打造全国行政复议"重要窗口"的举措,也是深化行政复议体制改革、提升案件质效、强化政府复议权威、助推法治政府建设的重要保障。载 http://sft.zj.gov.cn/,最后访问日期:2020 年 5 月 1 日。

[3] 相关论述可以参见石佑启、王成明:"论我国行政复议管辖体制的缺陷及其重构",载《环球法律评论》2004 年春季号;黄红星:"对我国现行行政复议体制的两点反思",载《法学研究》2004 年第 2 期;杜宝国、陈欢欢:"我国现行行政复议体制的缺陷分析",载《法学研究》2004 年第 2 期;黄永忠:"关于《行政复议法》若干问题的思考",载《行政法学研究》2005 年第 4 期;张洪波:"改革我国行政复议体制的法律思考",载《云南大学学报(法学版)》2007 年第 2 期;王起翔:"深化行政复议体制机制的改革创新是保护弱势群体合法权益的必然选择",载《中国法学会行政法学研究会 2010 年会论文集》;刘莘:"行政复议改革之重——关于复议机构的重构",载《行政法学研究》2012 年第 2 期;贺奇兵:"论行政复议机构设置的模式选择——以行政复议有限司法化为逻辑起点",载《政治与法律》2013 年第 9 期;湛中乐:"论我国《行政复议法》修改的若干问题",载《行政法学研究》2013 年第 1 期;王万华:"以行政复议权集中行使为基础重构行政复议体制",载《财经法学》

"复议机构不超脱、不中立、不独立，也不能自主作出复议裁决，是问题关键所在。"[1]为更好地了解行政复议体制的实际运行情况，课题组采用实地调研、访谈复议工作人员、查询网上资料等方式，对北京市、哈尔滨市、济宁市、珠海市、海门市、义乌市等地方的行政复议委员会试点情况进行了调研。当前，行政复议体制在复议机关、复议机构设置和复议人员上主要存在以下问题，妨碍了行政复议制度作用的发挥。

（一）行政复议权配置过于分散，一方面造成复议资源配置不合理，另一方面削弱了行政复议作用的发挥

受行政复议作为行政机关内部监督机制的功能定位影响，行政复议机关设在行政机关系统内，不设置专门的复议机关，行政复议权由各级政府及一定层级的政府工作部门分散行使，一般情形下由申请人选择确定提出申请的复议机关。行政复议权配置过于分散削弱了这一制度权能的发挥，同时造成复议资源配置的不合理。《行政复议法》实施二十多年了，相当一部分老百姓还不知道这一制度的存在，妨碍了行政复议制度功能的发挥。造成这一现象的原因在一定程度上与欠缺专门的复议机关有直接关联。行政复议权分散配置体制之下，县级以上政府和政府相关部门都具有行政复议职权，根据全国人大常委会行政复议法执法检查报告，全国目前仅地方行政复议机关就有30 450个，其中政府3281个，部门27 169个。行政复议资源过于分散，资源配置效率偏低。有的复议机关复议案件多，"无人办案"；有的复议机关没有案件，"无案可办"。少数地方甚至从《行政复议法》实施以来没有办理过复议案件，但这些县每年信访数量少的三四百件，多的上千件。[2]

行政复议权配置过于分散之后带来复议案件分散受理，复议机关分散受理造成复议案件数量偏少，案件数量偏少造成相当数量复议机关的复议机构不健全。《行政复议法》明确规定，负责法制工作的机构具体办理行政复议事

（接上页）2015年第1期；方宜圣、陈枭窈："行政复议体制改革'义乌模式'思考"，载《行政法学研究》2016年第5期。

　[1] 刘莘："行政复议改革之重——关于复议机构的重构"，载《行政法学研究》2012年第2期。

　[2] 参见2013年12月23日第十二届全国人民代表大会常务委员会第六次会议审议的《全国人民代表大会常务委员会执法检查组关于检查〈中华人民共和国行政复议法〉实施情况的报告》。

项，但不少县级政府法制机构是政府办公室内部挂牌机构，约 38.2% 的县级政府没有设立法制机构或者只挂牌无编制，平均每个县级政府专职行政复议人员不到 1 人，[1]人员素质、经费保障、办公场所等普遍不能满足办理行政复议案件的需要。行政复议权配置过于分散还给老百姓申请复议带来极大不便。由于缺乏专门的复议机关，老百姓不知该向哪个机关提出复议申请，多头复议造成有时数个有管辖权的复议机关之间相互推诿，申请人无所适从。

（二）复议机构在行政系统内地位偏低，难以有效发挥复议制度监督功能

复议机构是行政复议机关内具体承办复议工作的机构。行政复议机关内由负责法制工作的机构具体办理行政复议事项，不设置专门的复议机构承办复议案件。关于复议机构的名称及其地位相关立法有所不同，反映出不同阶段的立法政策。《行政复议条例》明确使用复议机构这一名称，《行政复议条例》总则第四条第二款规定："本条例所称复议机构，是指复议机关内设的负责有关复议工作的机构。"就复议机构的主体地位而言，它是复议机关的内设机构之一，不是政府法制工作机构的下设部门，组织上可以由复议机关根据具体情况设定。实践中，由于复议工作的法律属性，在政府或者政府工作部门法制工作机构内设置专门的行政复议机构，即在法制工作机构内设置行政复议处（科），成为比较普遍的复议机构设置模式。而有复议职能但复议案件较少的复议机关，则采用赋予法制工作机构内其他处（科）复议职能的方式。

《行政复议条例》的规定对于保障复议机构专门办理复议案件有积极意义，遗憾的是《行政复议法》取消了关于复议机构的专章规定，名称上也不再明确使用复议机构概念，第三条规定"行政复议机关负责法制工作的机构具体办理行政复议事项"，之后的法律条文中，一直使用"行政复议机关负责法制工作的机构"这一表述，没有使用"复议机构"这一名称。当然，这并不影响实践中大家仍然习惯将承担具体复议工作的机构称为"复议机构"。应当说《行政复议条例》更强调复议机构的专门性与法律属性的结合，除要求确立专职复议人员外，还在明确复议机构及其职责之后，规定复议机构设在

---

〔1〕 参见王胜俊：《全国人民代表大会常务委员会执法检查组关于检查〈中华人民共和国行政复议法〉实施情况的报告》，载 http://www.npc.gov.cn/zgrdw/npc/xinwen/2013-12/24/content_1819964.htm，最后访问日期：2020 年 9 月 6 日。

政府法制工作机构内或者与政府法制工作机构合署办公。《行政复议法》则淡化了复议机构的专门性，突显其法律属性，但是由于复议工作的内容体现为裁决争议，不同于行政机关内的其他执法工作，需要工作人员具有更高的法律业务能力，程序上需要遵循《行政复议法》的规定，不同于执法决定内部办件流程，需要复议机构具有更高的专业性。为更好保障行政复议工作的有效进行，《实施条例》第二条恢复使用"行政复议机构"概念，规定"各级行政复议机关应当认真履行行政复议职责，领导并支持本机关负责法制工作的机构（以下简称行政复议机构）依法办理行政复议事项，并依照有关规定配备、充实、调剂专职行政复议人员，保证行政复议机构的办案能力与工作任务相适应"。

从复议机构在行政机关系统内的地位来看，由于法制工作部门在行政系统内部地位不高，复议机构不敢作撤销决定、作了撤销决定也得不到重视的现象并不少见，造成复议纠错率偏低、维持率偏高。行政复议是裁决行政争议的活动，要对被申请复议的行政决定的合法性与合理性作出裁判，这就意味着复议工作可能是对被复议机关作出否定性评价的工作。调研中复议工作人员普遍认为复议机构地位不高，复议工作很难开展。如有的工作人员认为办理行政案件类似办文办会，法院也不把复议当回事。有的委办局不尊重复议决定，具体行政行为被撤销之后，其重做的行为与之前的差不多；有的认为"法制办与其他机关是平级的，我们无法要求他们配合。有的机关不重视复议机构，提交证据总是拖延"。

（三）复议机构在行政系统内封闭运行，存在自身难以克服的天然公正性缺失的问题

行政复议机关与被申请复议机关一般存在上下级关系，公正性存在一定问题，特别是对于部门作为复议机关的情形，有的执法决定有时就是在请示上级机关之后作出的，很难不让申请人对其能否居中裁判产生怀疑。复议机构是复议机关的普通内部工作机构，在人员配备和权力行使方面都不具备独立性，有可能存在很难真正做到依法独立办案的情况。正如有的学者指出的那样，"从行政复议机关中派生出来的行政复议机构，不论在经费保障、干部任免上，还是在考核、奖惩甚至机关福利上，都离不开行政复议机关的支持

和帮助，都受到行政复议机关主管领导意见的影响"〔1〕。

（四）复议机构专门性不足，同时承担行政复议工作之外的其他工作，影响复议案件的审理质量

实践中很多复议机构不专门办理复议案件，在办理复议案件的同时还承担大量法制工作机构的其他事务，直接影响了复议案件的审理质量。复议机构不是作为复议机关的内设机构，而是作为复议机关法制工作机构的下设部门，如在北京市法制办，复议机构包括四个处：复议案件办理一处、复议案件办理二处、复议立案处、复议应诉调解指导处，区法制办设复议科办理复议案件。作为各级政府法制办的一个部门，复议机构并不能将全部时间、精力投入复议案件办理中，还要承担大量其他事务，有的情况下，复议案件的办理反而成了副业。如北京市朝阳区复议科除办理复议案件之外，还承担以下工作：区政府为被告的诉讼案件应诉、案卷评查、信访、行政调解、临时交办的其他事项；西城区还承担以下工作：区政府被复议被诉讼的案件应诉、拆违案件的审核、征收决定申请执行、国家赔偿等。复议机构不能专门办理复议案件直接影响了复议案件的审理质量，案件办理过程中复议人员通常没有时间对案件的事实问题进行必要的调查，绝大多数案件只能实行书面审，这就使得复议人员对案件事实的认定基本以被申请复议机关提交的证据为基础，很难组织开庭审理，一定程度上造成复议决定维持率偏高。

（五）复议工作人员专业性不足，任职条件、职业保障等方面欠缺制度保障，难以满足复议工作的要求

行政复议的优势本是可利用行政的专业性优势更好解决行政争议，但是实践中复议工作人员的专业性缺乏制度保障，与从事行政案件审判的法官相比较，行政复议工作人员整体专业水平还存在一定差距。

第一，复议工作人员人数偏少，造成有案无人办，或者难以保证办案质量。作为法制办的下设部门，复议机构人员配备受制于严格的编制限制，人数偏少，通常为2~4人。以朝阳区为代表的部分区县由于复议案件近年来成倍增长，难以适应爆发式增长的案件数量，复议案件的审理质量相应难以保障。调研中，有的复议工作人员反映，由于人数过少，不敢宣传复议工作，

---

〔1〕 参见黄红星："对我国现行行政复议体制的两点反思"，载《法学研究》2004年第2期。

害怕案件数量上升过快，难以审理。

　　第二，2017 年修法之前，复议工作人员任职条件没有要求，行政复议人员的资格、条件、标准没有专门的规定，准入门槛较低，导致行政复议人员的水平参差不齐。多数在基层从事行政复议工作的人员未上过大学，更没有经过法律专业的学习，有些地方是一般工作人员轮流办案。复议工作人员专业性不强造成复议案件审理质量不高，较之法院有较大差距。这一状况随着 2017 年 9 月 1 日全国人民代表大会常务委员会公布的《关于修改〈中华人民共和国法官法〉等八部法律的决定》的实施有所改善，根据决定，在《行政复议法》第三条中增加一款，作为第二款："行政机关中初次从事行政复议的人员，应当通过国家统一法律职业资格考试取得法律职业资格。"但是，这一规定对于在基层从事行政复议工作人员而言，实施难度很大，具有法律职业资格的人很少选择在基层从事行政复议工作。

　　第三，复议工作人员缺乏职业保障。根据《行政复议法》的规定，复议工作需要严格按照法律规定开展。复议工作人员在办理复议案件时，需要保持客观、中立，由于缺乏职业保障机制，难以做到依照事实和法律开展复议工作。此外，复议工作人员与行政机关其他工作人员之间并无差别，由于复议部门地位低，工作繁重，工作难开展，很多复议工作人员工作几年后就报考到其他行政机关，或者内部流动，造成复议工作人员流动性很强，人才流失现象较为严重，难以培养能够长期从事复议工作的队伍。

三、地方相对集中行政复议权及行政复议委员会改革试点

　　为提升行政复议的公正性和公信力，提高行政复议有效解决行政纠纷的能力，学界很早就开始呼吁开展集中行政复议权和设置行政复议委员会的改革。[1]实践层面，2008 年 9 月，国务院法制办下发《行政复议委员会试点通

---

　　[1]　相关建议可参见彭书清："关于建立统一行政复议机关的思考"，载《行政法学研究》1997 年第 2 期；石佑启、王成明："论我国行政复议管辖体制的缺陷及其重构"，载《环球法律评论》2004 年第 1 期；崔红："专门行政复议机构的设置与管辖体制的完善"，载《沈阳师范大学学报（社会科学版）》2007 年第 6 期；刘刚、刘助建："论我国行政复议机构的重构"，载《广东交通职业技术学院学报》2007 年第 3 期；孟鸿志、王欢："我国行政复议制度的功能定位与重构——基于法律文本的分析"，载《法学论坛》2008 年第 3 期；章志远："行政复议困境的解决之道"，载《中共长春市委党校学报》2008 年第 1 期等。

知》，在北京、黑龙江、江苏、山东、河南、广东、海南和贵州 8 个省、直辖市开展相对集中行政复议权、设置行政复议委员会的试点工作。此次改革的基本思路是将部门的行政复议权集中到政府，并通过设置行政复议委员会的组织形式引入行政机关外的社会人士作为复议委员参与到行政复议工作中来，通过引入外部力量加强复议机构的中立性，进而提升行政复议的公正性和公信力，更好获得当事人和社会的认同。

国务院法制办在推进行政复议委员会改革过程中没有对行政复议委员会的组织模式、运行机制等作出具体规定，而是鼓励地方先行先试，积极探索"建立政府主导、社会专家学者参与"的行政复议工作机制，为国家层面统一改革积累经验。从实践发展来看，各地结合地方特点，形成各具特色的行政复议委员会制度，在行政复议权集中模式、行政复议委员会功能定位、组织模式、运行机制等方面都存在较大的差异。

（一）行政复议权集中的三种模式

在相对集中行政复议权和设置行政复议委员会的改革实践中，全国逐渐形成了三种做法：

第一种，全部集中。即将原来分散于政府各部门的行政复议权，全部集中到政府统一行使。山东省采取了这一做法，如济宁市自 2011 年 4 月 1 日起，市级行政复议权由济宁市人民政府集中行使，市政府工作部门、直属事业单位、法律法规授权的组织，以及省以下垂直管理的行政机关、直属事业单位、法律法规授权的组织，都不再行使行政复议权。将行政复议权由部门全部集中到一级政府的优势在于力度大，效率高，整合资源一步到位，符合试点工作的基本意图和发展方向，也能有效避免因改革措施不到位而带来的过渡性问题。

将部门行政复议权全部集中到政府统一行使，在行政复议权能的集中上又存在两种做法：一种是将行政复议的受理、审理、决定三项复议职能都集中到政府行使，如山东省实行"集中受理、集中审理、集中决定"的"三集中"模式，厦门市实行行政复议"统一受理、统一审查、统一决定"的"三统一"模式。另一种是集中全部部门的部分权限，即行政复议委员会集中行使受理、审查等行政复议权限，决定权限依然保留在政府部门，只是在行政复议环节上进行"集中式"改造。如黑龙江省哈尔滨市试点工作采取集中受理、集中调查、集中议决、以各法定行政复议机关名义分别作出行政复议决定的"三统一、一分散"模式。

第二种，部分集中，少数部门除外。指除海关、金融、国税、外汇管理等实行垂直领导的行政机关和国家安全机关之外，市级政府工作部门的行政复议权集中到市政府统一行使，如义乌市。江苏省海门市将除国税以外的部门复议权集中到市政府行政复议委员会集中行使。黄山市自 2013 年 1 月 1 日起开始集中行政复议权改革，纳入相对集中行政复议权的共有 45 个市政府组成部门、直属机构、工作部门及法律法规授权的组织和 9 个垂直管理的具有行政职能的部门、法律法规授权的组织，不包括人行、银监、海关、国税、国安等部门。[1]

第三种，不集中。即保持现行行政复议体制不变，通过吸收外部人士组成行政复议委员会，对重大疑难案件进行集体研究，以表决的方式形成案件处理建议意见，供行政复议机关在裁决时参考。如北京市政府、上海市政府。

(二) 行政复议委员会功能定位

行政复议委员会的功能定位目前有议决机构和议事咨询机构两种情形。

第一种，议决机构。议决机构模式之下行政复议委员会的审议意见为最终审议结论，行政机关按审议结论作出行政复议决定。采用议决机构定位的典型地方试点有哈尔滨市、海门市、厦门市等。《哈尔滨市行政复议规定》第四条规定"市人民政府行政复议委员会依照本规定履行市人民政府受理的行政复议案件的议决职责"；海门市把行政复议委员会定位为经市政府授权、负责审议市政府行政复议案件的复议议决机构，其宗旨是通过行政复议案件的办理，实现化解行政争议、提高案件审理质量和维护当事人合法权益的目的。

将行政复议委员会定位为议决机构是对复议体制作出的重大调整，行政复议委员会取代原来的复议机构成为案件的实质审理、决定机构，复议机关负责人原则上应当尊重复议委员会形成的议决结果。对旧体制调整越大，面临的问题就会越多。议决机构模式会影响到一些政府部门的职责权限，导致实践中一些垂直管理部门基于体制原因不愿集中，一些案件数量多且管理职

〔1〕　参见"黄山市 45 部门行政复议集中由市政府行使"，载 http://news.sina.com.cn/o/2012-12-10/134325774537.shtml，最后访问日期：2018 年 2 月 5 日。

能较强的部门因其特殊性很难集中或者不愿意行政复议委员会以他们的名义作出行政复议决定等。此外，在《行政复议法》尚未修订前还存在法律依据不足的问题。因此，议决机构模式的推进及其效果更依赖较强的领导。

第二种，议事咨询机构。议事咨询机构模式之下行政复议委员会委员参加案件审理时虽然对案件进行表决，但表决结果仅作为复议机关作出复议决定的参考意见。北京市政府行政复议委员会目前采用这一模式。根据《北京市人民政府办公厅关于设立北京市人民政府行政复议委员会的通知》及《北京市人民政府行政复议委员会工作规则》的规定，"行政复议委员会是市人民政府负责审理行政复议案件、指导本市行政复议制度建设工作的审议机构"。行政复议委员会不承担议决功能，复议机关不是必须依照复议委员会形成的案审会意见作出复议决定。

议事咨询机构对现有复议体制调整很小，是一种工作机制的调整，带来的影响小，面临的问题少。但是当出现行政复议委员会的意见与复议机关负责人的意见不一致时，很难保证复议委员会的结果成为最终复议决定，行政复议委员会难以避免虚化的质疑。此种模式会抑制行政复议委员会作用的发挥，如北京市政府仅仅将部分疑难案件提交行政复议委员会审议，行政复议委员会的实行对旧有的复议体制并没有带来实质变化。

（三）行政复议委员会组织形式及其职责

根据《行政复议委员会试点通知》的要求，县级以上人民政府设立行政复议委员会，集中行使本级政府工作部门的行政复议权。行政复议委员会下设办公室，与行政复议机构合署办公，具体负责受理、审查行政复议案件以及办理行政复议委员会的其他日常工作。由于行政复议委员会功能定位存在差异，地方赋予行政复议委员会及其办公室的职责存在较大的差异。

第一种类型，与行政复议委员会议决功能定位相对应，以行政复议委员会及行政复议委员会办公室替代原来的复议机构组织，并在行政复议委员会及行政复议办公室之间按照复议案件繁简进行职权配置。如哈尔滨市将原市政府法制办行政复议应诉处分设成行政复议案件调查处和立案应诉与指导处两个业务处，作为行政复议办公室具体工作机构，承办行政复议具体事项，由市政府法制办统一管理。立案应诉与指导处对外挂市行政复议受理办公室的牌子，统一接收、转送全市范围内的行政复议申请，监督全市行政复议机关办理行政复议事项。

哈尔滨市确定了"政府主导、社会参与、专业保障、民主决策"的行政复议委员会组织模式。市行政复议委员会是直接对政府主要领导负责的行政复议案件议决机构，行政复议办公室是对行政复议委员会负责的具体办事机构，负责行政复议案件的调查和落实行政复议委员会议决事项等具体工作。[1]行政复议委员会实行调查权与议决权相分离的原则，复议委员会办公室行使复议案件的调查权，复议委员会行使案件议决权。在案件分工上，适用简易程序的案件直接由复议办公室办理。厦门市规定一般复议案件的全部复议工作由行政复议办公室负责，重大、疑难、复杂案件由行政复议办公室负责前期受理、调查、初审，行政复议委员会负责最后审议。[2]

第二种类型，对应复议委员会的议事咨询功能定位，行政复议委员会及复议委员会办公室依托旧有复议机构设置，复议委员会及其办公室职责相对较小。根据《北京市人民政府行政复议委员会工作规则》的规定，行政复议委员会是市人民政府负责审理行政复议案件、指导本市行政复议制度建设工作的审议机构，主要职责是审议市人民政府重大疑难行政复议案件、研究本市行政复议工作中的重大问题。行政复议委员会办公室是行政复议委员会的办事机构，设在市人民政府法制办公室。[3]

（四）行政复议委员会的组成

《行政复议委员会试点通知》中提出探索建立"政府主导、社会专家学者

---

〔1〕 哈尔滨市行政复议办公室的主要职责包括：受理行政复议申请；调查案件的基本事实；定期向委员会提报需要议决的行政复议案件调查和初审报告；具体办理行政复议委员会议决事项；主持行政复议调解工作；按照《哈尔滨市行政复议规定》的规定直接办理适用简易程序的行政复议案件；开展行政复议方面的调查研究等工作。

〔2〕 厦门市规定，行政复议委员会的职责包括：研究制定行政复议工作制度，审议重大、疑难、复杂的行政复议案件，研究行政复议工作中的重大问题及其他相关工作。行政复议委员会办公室的职责包括：受理行政复议申请，组织行政复议案件调查、听证，审理行政复议案件，提出行政复议案件初审意见，组织行政复议委员会会议，负责行政复议委员会其他日常工作；对有事实认定存在较大争议，依据适用存在重大分歧，涉及公共利益，群体性或社会影响较大等情形的案件界定为重大、疑难、复杂案件，由行政复议委员会办公室审理并提出初审意见后提请行政复议委员会审议。

〔3〕 北京市行政复议委员会办公室的主要职责是：（1）联系行政复议委员会委员；（2）印发行政复议委员会组成人员调整名单；（3）组织承办行政复议委员会全体会议和行政复议案件审理会议；（4）制作行政复议委员会全体会议《会议纪要》；（5）向行政复议委员会报告年度工作情况；（6）办理行政复议委员会交办的其他工作。

参与"的行政复议工作机制。根据《行政复议委员会试点通知》的指导性规定，行政复议委员会可以由主任委员、副主任委员和一般委员组成。主任委员原则上应当由本级政府领导担任，副主任委员由本级政府法制机构负责人担任，一般委员可以由经遴选的专职行政复议人员和专业人士、专家学者等外部人员担任。外部人员担任行政复议委员会成员是行政复议委员会改革的最大亮点，旨在通过外部中立力量的引入，提升复议工作的专业性和公正性，弥补自身公正性不足的天然缺陷。

地方基本按照《行政复议委员会试点通知》提出的人员构成组建行政复议委员会，一般采用主任委员、副主任委员、常任委员、非常任委员的人员构成结构。如珠海市第一届行政复议委员会主任由市长担任，副主任由市委常委、常务副市长担任，常任委员 10 名、非常任委员 13 名。其中常任委员主要是此前有行政复议受理权的部门"一把手"，包括副市长、市公安局局长、市信访局局长、市人社局局长等。非常任委员主要来自人大代表、政协委员、市政府法律顾问、大学教授等。北京市政府行政复议委员会成立于2007 年，第二届行政复议委员会委员 43 名，由主任委员 1 名、常务副主任委员 1 名、副主任委员 1 名、常任委员 10 名、非常任委员 30 名组成。非常任委员一般由政府之外的人员担任，非常任委员的人选、所占比例等方面各地有所不同。如哈尔滨市政府行政复议委员会 35 名专家委员来自人大、政协、高校法学院、党委、律师事务所等部门。北京市第二届行政复议委员会 30 名非常任委员中，28 名来自北京高校、科研机构、律师事务所，2 名来自国家部委，非常任委员占全部委员的 70%。北京市海淀区政府行政复议委员会于2009 年成立，主任委员由主管法制工作的副区长担任，副主任委员由区法制办主任担任，区法制办负责复议工作的主管领导和区职能部门的正职领导任常任委员。非常任委员 7 名，其中大专院校专家学者 4 名，律师（多为人大代表、政协委员）3 名。

（五）行政复议委员会运行机制

《行政复议委员会试点通知》中将运行机制的探索作为试点内容之一，提出"要充分体现行政复议案件办理质量和效率的要求，区别轻重缓急，探索不同案件的不同运行模式"。行政复议委员会是在尚未修改《行政复议法》的前提下对行政复议体制和机制展开的创新改革，推进过程中需要平衡好依法复议与行政复议改革之间的关系，特别是要处理好行政复议委员会与法定复议机关之间的关系，处理好发挥行政复议委员会作用与行政机关首长负责制之间的关系。从各地实践来看，行政复议委员会运行机制呈现以下几种情形：

　　第一种，哈尔滨实行的行政复议委员会集中受理、集中调查、集中议决，以各法定行政复议机关名义分别作出行政复议决定的"三统一、一分散"模式。哈尔滨市按照分权制衡、民主决策的理念设计了行政复议委员会的运行程序，包括四个方面：（1）实行立案权与调查权相分离。行政复议受理中心负责受理复议申请，案件调查处负责调查案件事实。（2）实行调查权与议决权相分离。通过政府规章《哈尔滨市行政复议规定》区分调解程序、简易程序和一般程序，确定了三种结案方式，兼顾了公平与效率。简易程序和调解结案以外的一般程序案件全部由行政复议委员会议决，案件调查权在市政府法制办案件调查处，议决权在行政复议委员会。调查处要在议决会议召开的5日前将案件相关材料通过电子信息系统发给委员研究。（3）少数服从多数表决形式确定行政复议决定意见。行政复议委员会每半月召开一次案件议决会议，会议按照委员名单顺序和与案件业务研究范围有关联委员优先原则，选择5至9名单数委员参会。委员在听取案件调查情况并就有关问题提问后，各自填写表决票，现场统计，以少数服从多数原则确定每起案件的议决意见，形成决定书文稿报市长签发。（4）决策权的相互制衡。为体现行政复议的政府最终决策权的理念，这项机制赋予了市长对委员会议决意见的否决权，即市长可以拒绝签发复议决定书，由行政复议委员会召集三分之二以上委员参加的会议重新议决，市长再次拒签复议决定的，必须提交市政府常务会议集体表决。据哈尔滨市政府法制办同志介绍，市长没有否决过行政复议委员会的议决意见。

　　哈尔滨的复议委员会运行方式既对复议资源进行了整合，同时又在《行政复议法》规定的法定复议机关框架内保留了法定复议机关的决定权，兼顾了复议资源整合与《行政复议法》现行规定相协调，实现了可能与现实的平衡。此种运行方式由于仍然带有一定过渡性，一方面存在因部门对案件存在不同看法或者担心本系统案件被撤销变更而在履行签发等手续时消极怠慢的情形；另一方面由于行政复议案件的实际议决机构是行政复议委员会，而名义上作出行政复议决定的机关是有关部门，在发生行政诉讼时应诉责任难以落实。

第二种，"统一受理、统一审理、统一决定"的"三统一"模式，也称"三集中"模式。这一模式与哈尔滨模式的区别在于行政复议委员会直接统一行使案件的决定权。采用此种模式的如厦门市、珠海市。厦门市实行的行政复议统一受理、统一审查、统一决定的"三统一"运行机制。在厦门市，行政复议申请由市政府行政复议委员会办公室统一受理；案件受理后，由市政府行政复议委员会办公室统一审理，进行调查取证、组织听证，提出初步处理意见，对于重大、复杂、疑难行政复议案件，提请市政府行政复议委员会审议；行政复议案件经审理形成处理意见后，由市政府统一作出行政复议决定。这一运行机制实行一个窗口对外、一支队伍办案、一个机关决定，从实质上将行政复议审理权真正集中由市政府行政复议委员会统一行使，体现了行政复议的专业性、权威性。根据《厦门市人民政府行政复议委员会组织规程》和《厦门市人民政府行政复议委员会案件审议规则》的规定，厦门市行政复议委员会通过召开案件审议会议审议重大、疑难、复杂案件，行政复议委员会案件审议会议由行政复议委员会主任或授权副主任召集并主持，应当有5名以上单数行政复议委员会委员参加。参加行政复议委员会案件审议会议的委员名单，由行政复议委员会办公室根据案件性质、委员专业特长等情况确定。行政复议委员会案件审议会议审议行政复议案件时，实行合议制，审议意见以过半数表决通过。

珠海于2013年底启动行政复议改革，实施三大核心改革：相对集中复议权，市直部门复议权统一收归市政府行使；设立行政复议委员会，吸纳体制外专家议决案件；创新审理程序，实行开庭审理。珠海市政府行政复议委员会统一受理、统一审理、统一决定除公安系统外的行政复议案件，行政复议案件的决定推行复议委员会委员票决制。行政复议案件受理后，由行政复议委员会办公室统一进行案件调查，按照简易程序和一般程序审理案件。适用简易程序处理的案件主要有7种，如"对公民处以警告、暂扣许可证或执照、1万元以下罚款或者没收违法所得、没收非法财物标的额在3万元以下处罚的"，等等。适用简易程序审理的案件，由工作人员对案件的事实依据和法律依据进行调查，形成调查结论和案件处理意见，并拟制行政复议决定书文稿，由行政复议委员会办公室主任报行政复议委员会主任或主任授权副主任签发。

适用简易程序的案件比例在 60% 至 70%。适用简易程序之外的其他案件适用一般程序，也就是较为复杂的案件，这部分案件的比例大概占 30% 至 40%。适用一般程序审理的案件，由调查小组通过听证方式对案件的事实依据和法律依据进行调查。调查完毕后，由调查小组形成调查结论和初步处理意见，提请行政复议委员会召开议决会议。每个案件的议决会议，由委员会办公室主任或其指定的人员主持，按照委员名单顺序和专业特点，选取5~9名单数委员参会，其中非常任委员应当占参加会议委员的半数以上。议决会议按少数服从多数原则形成议决意见，由委员会办公室主任报委员会主任或主任授权副主任签发。委员会副主任或主任对行政复议委员会议决意见进行否决的，交由行政复议委员会重新审议。而如果委员会主任或经主任授权的副主任仍不同意重新议决意见，则需要报请市政府常务会议研究作出决定。

第三种，黄山市实行的四个集中：集中受理、集中审理、集中决定、集中执行。黄山市的创新之处是在"三集中"基础上进一步将集中执行进行统一安排，涵盖复议案件自启动到执行的全流程。根据《黄山市开展行政复议委员会（相对集中行政复议权）试点工作实施方案》的规定，以提高行政复议案件办理质量和效率为目标，采取行政复议案件立案权、调查权、议决权相分离的运作方式，对市级行政复议机关的行政复议案件实行"集中受理、集中审查、集中决定、集中执行"。

一是集中受理。市行政复议委员会办公室负责行政复议申请的立案受理工作，依法受理市政府及除人行、银监、海关、国税等全国垂直领导的行政机关和国家安全机关以外的市政府各部门管辖的行政复议申请。市政府各部门（含省以下垂直管理部门）不再受理行政复议申请，如收到行政复议申请应及时转送市行政复议委员会办公室，仍继续受理行政复议案件的，作出的行政复议决定无效。

二是集中审查。行政复议案件立案受理后，市行政复议委员会办公室组织行政复议工作人员组成案件审查组，负责案件的承办工作，通过书面审查、组织听证、现场勘验、调查询问等审理方式，形成行政复议案件审查报告。

三是集中决定。行政复议案件审查终结后，以市政府的名义作出行政复议决定。对于事实清楚、案情简单、法律责任明确的行政复议案件，由市行政复议委办公室审查，提出处理意见，拟写行政复议决定书，由市行政复议委员会办公室主任审核后，报市行政复议委员会副主任签发；对于涉及公共利益、社会影响较大、法律关系复杂、专业性较强、难度较大的行政复议案件，在案件承办人员初步审查并提出审查意见的基础上，由市行政复议委员会办公室对被申请人作出的具体行政行为进行审查，提出审查意见交由市行政复议委员会进行审核并提出裁决意见，市人民政府按照市行政复议委员会的裁决意见作出行政复议决定。

四是集中执行。行政复议决定送达后，被申请人不履行或者无正当理由拖延履行行政复议决定的，由市行政复议委员会责令其限期履行，并由市监察局等部门依法追究有关部门负责人和其他直接责任人员的行政责任。

第四种，北京市实行的行政复议委员会仅对重大疑难案件进行审议运行机制。北京市制定了《北京市人民政府行政复议委员会工作规则》和《北京市人民政府行政复议委员会行政复议案件审理会议议事规则》两个规范性文件，对行政复议委员会的运行规则作出规定。根据这两个规范性文件的规定，行政复议委员会通过召开行政复议委员会全体会议和行政复议案件审理会议开展工作。全体会议负责研究本市行政复议工作中的重大问题；复议案件审理会议负责审议重大疑难行政复议案件。

四、试点后期出现的义乌市行政复议局模式

（一）复议局模式的组织体制

2015 年 9 月，义乌市行政复议局成立，这是国内首个成立的专门行政复议机构。[1]由于行政复议局的人员全部来自行政机关内部，不包括其他地区行政复议委员会模式中的外部人员如高校教师、律师和社会贤达人士等，因而被视为行政复议委员会之外的复议体制改革的新路径，称"义乌模式"。浙江省以义乌试点为起点，逐渐在全省范围内渐次推开，2016 年 7 月 12 日，浙

---

〔1〕 2016 年 12 月 10 日，"浙江省义乌市行政复议局设立实体复议机构行政复议局"项目获第四届"中国法治政府奖"提名奖，对其介绍为：2015 年 8 月，以"复议权集中行使、让专业人员办专业事情"为导向的复议权义乌改革试点正式启动。改革一年多来，大量行政争议被解决在初发阶段、解决在萌芽状态、解决在行政程序当中，复议收案数的大幅增长、案结事了率不断提高，复议已逐渐成为化解行政争议的主渠道。参见"第四届'中国法治政府奖'终评暨颁奖典礼成功举行"，载 http://fzzfyjy. cupl. edu. cn/info/1051/6176_1. htm，最后访问日期：2018 年 2 月 4 日。

江省行政复议局举行揭牌仪式，宣告成立省级行政复议局。2017年12月13日，台州市行政复议局挂牌成立，成为浙江省首个设区市挂牌的行政复议局，并实现台州市行政复议局全域覆盖。行政复议局的设置努力在浙江省内至今仍在持续中，2018年1月22日，嘉兴市行政复议局挂牌成立。

义乌市政府行政复议局挂牌在义乌市政府法制办下，除海关、金融、国税、外汇管理、国家安全机关等部门之外，其他部门的行政复议职能统一由义乌市政府行使。行政复议局的办公经费统一由本级财政单独列支，核定行政编制8名，为专职复议工作人员，专职办理复议、应诉工作。义务行政复议局改革的特点是"复议权集中行使、让专业人员办专业事情"，复议权集中行使后，提升行政复议工作的"专业性、专门性、相对独立性"成为其组织建设的核心内容，具体包括三点核心内容：其一，复议局组成人员全部为行政机关工作人员，不包括社会人士，在行政机关内部形成专职复议工作队伍。其二，复议局专职办理复议案件，不承担市政府其他职能，复议工作人员能够专心办案，从而提升案件办理质量，避免副业影响主业。其三，给予行政复议局单独财政列支，保障其独立审理复议案件，不受其他行政机关的干预和影响。义乌市政府法制办2015年全年行政复议案件数量280件，9~12月复议局成立之后的立案数为133件，占全年47.5%，2016年1~3月立案80件，同比增长明显。[1]

行政复议局与行政复议委员会模式的最大区别是其复议人员全部由行政机关工作人员担任，不吸收机关外的人员参与，在行政机关内部形成专职复议人员队伍，专门负责复议案件的办理。复议局模式的出现是对行政复议委员会面临的一些实际困难的回应。行政复议委员会普遍采用行政机关人员担任常任委员、社会人士担任非常任委员的构成方式，由于非常任委员为具有一定学术地位和社会影响力的人士，本职工作通常比较繁忙，很难保证全身心投入复议案件办理中，有的地方特别是基层则面临合适人选不足的问题。正如方宜圣、陈枭窈在"行政复议体制改革'义乌模式'思考"一文中提到的，行政复议委员会在实践运作中更接近于一种"外脑"的存在，仅呈现出

---

〔1〕　参见方宜圣、陈枭窈："行政复议体制改革'义乌模式'思考"，载《行政法学研究》2016年第5期。

一种咨询性的作用；而且行政复议委员会的运作需要律师、专家、学者等充分的人力资源保障，这在基层、在山区、在部分偏远地区往往难以实现。[1]而行政复议局全部由行政机关人员担任，能够避免社会人士担任非常任委员带来的操作层面的困惑与问题。

（二）行政复议局模式下的复议运行机制

义乌市行政复议局分为复议受理科、复议审理科、行政应诉科三个科，一个窗口对外，集中受理、集中审理行政复议案件。行政复议局不行使复议决定权，复议局拟定复议决定，由行政首长签署后以市政府名义对外发文，与哈尔滨模式相似，但以市政府名义对外发文。2016年7月8日，《浙江省行政复议局集中承办省级部门行政复议案件工作办法》开始实施，该办法对浙江省行政复议局与省级部门之间关于行政复议申请、受理、审理、文书送达、行政应诉等的职责分工与相互衔接作了全面的规定。根据《浙江省行政复议局集中承办省级部门行政复议案件工作办法》第三条之规定，浙江省行政复议局集中承办省级部门作为行政复议机关的行政复议案件，实行"分别接收、统一受理、统一办理、统一送达、分别应诉"的工作机制，省级部门配合省行政复议局做好相关工作。省行政复议局和省级部门各确定一名联系人，具体负责日常有关工作衔接、协调、联络等事宜。

一是申请与受理环节。在具体工作中，省级部门与省行政复议局交接行政复议申请时，应填写工作交接单，由双方交接经办人签字。交接单记载有关收案时间、申请人和被申请人、案件事由、材料清单等内容。省行政复议局和省级部门每月应就行政复议申请接收、移送情况进行核对、沟通。省行政复议局应对省级部门移交的行政复议申请进行登记，审查是否符合行政复议受理条件，并以省级部门名义决定是否受理或作出补正材料等相应处理。行政复议申请审查处理过程中，发现属于信访处理范围或投诉举报的，省行政复议局在作出不予受理或驳回行政复议申请决定的同时，函告省级有关部门做好后续工作。

二是审理环节。省行政复议局负责集中审理省级部门行政复议案件和处

---

[1] 参见方宜圣、陈枭窈："行政复议体制改革'义乌模式'思考"，载《行政法学研究》2016年第5期。

理相关附带审查、行政赔偿等事项。行政复议期间，有关通知被申请人答复、停止具体行政行为执行、调查、听证、申请人查阅复议材料、延长审理期限、中止审理、调解、和解、终止审理等事项，均由省行政复议局以省级部门名义办理，其中停止具体行政行为执行应事先商省级部门。

三是决定及其执行环节。行政复议决定由省行政复议局以省级部门名义作出，行政复议决定文本以及电子文档应同时送省级部门。行政复议决定作出前，省行政复议局视情征求省级部门意见。省行政复议局集中承办省级部门行政复议案件涉及的复议法律文书，统一加盖省级部门行政复议专用章，由省行政复议局负责发送或送达。行政复议专用章由省行政复议局保管、使用。省级部门原有行政复议专用章的，由省行政复议局统一集中后，交省政府办公厅回收。对被申请人拒不履行行政复议决定的，由省行政复议局依法督促，必要时由省政府行政复议办公室责令其限期履行。对申请人拒不履行行政复议决定，需依法由行政复议机关强制执行或申请人民法院强制执行的，由省级部门负责办理。

四是应诉环节。以省级部门为共同被告的，由省级部门负责应诉，省行政复议局将该复议案件审理情况说明、复议案卷移送省级部门并协助做好应诉工作。以省级部门为单独被告的，由省行政复议局负责应诉，省级部门配合做好行政机关负责人出庭及应诉手续办理工作。

五、域外行政复议机构设置的经验考察

英国、美国、德国等西方国家更重视法院在行政争议解决中的作用，来自行政系统的行政救济机制相较于司法救济制度得不到重视，日本、韩国等东亚国家则与中国的情形相同，很重视来自行政系统的救济机制的建构和完善，特别是韩国的行政审判委员会制度对完善我国的行政复议体制借鉴意义更大。

一是韩国的行政审判委员会。[1]韩国于1984年废止《诉愿法》后，制定了《行政审判法》，至2017年4月18日，韩国《行政审判法》已经修改了

---

〔1〕 本书关于韩国行政审判委员会的介绍来源于2014年5月22日在北京京仪大酒店召开的中韩行政法论坛上韩国法制研究院研究委员李世静博士提交的会议文字材料《韩国行政审判制度》。

12 次。[1]韩国修改行政审判制度的过程，是一个行政审判工作不断趋向准司法化的过程，在行政复议机构设置方面，无论是政府还是部门作为行政复议机关，行政复议机构都在本级政府之下统一设置，部门不再另设行政复议机构。2008 年修法时，韩国取消行政复议机关的概念，直接由行政审判委员会以自己的名义进行审理和裁决。国务总理行政审判委员会从政府法制部门独立出来，与国民苦衷处理委员会和国家清廉委员会一起，在保留原有机构和名称基础上合并重组为国民权益保护委员会。根据 2010 年修法，韩国行政审判机关分为中央行政审判委员会与地方行政审判委员会。中央行政审判委员会设在国民权益委员会，由少于 50 名的委员构成，设委员长 1 名，常任委员由法定公务员担任，少于 4 名，从而保障行政审判委员会委员主要由外部专家构成；地方行政审判委员会为市、道知事所属，由包括 1 名委员长在内的 30 名以内的委员构成。韩国行政审判委员会的发展是一个不断凸显其独立性、确立其作为中立裁决者地位的过程，也是一个与政府法制部门逐渐分离的过程，以保障其专门裁决行政纠纷，更好地为国民提供权利救济。

二是英国的行政裁判所制度。[2]英国的行政裁判所制度历经百余年的发展，2007 年出台的《裁判所、法院和执行法》对行政裁判所的属性和地位、组织体系、程序规则、监督救济等重要制度都作出了明确规定。《裁判所、法院和执行法》对行政裁判所的组织特性作出司法属性的定论。行政裁判所的组织经历了产生初期依附于行政机关，到后来逐步独立、脱离行政机关的控制、人员任命和后勤保障不受行政部门影响的变化。行政裁判所的管理经历了多诺莫尔委员会时期各个行政裁判所各自为政、随意设置、无序发展；到弗兰克斯委员会设立行政裁判所委员会试图统一行政裁判所的组织体系；再到里盖特委员会将行政裁判所划分为两个层级进行管理；到 2008 年建立上下两级的行政裁判所组织体系；最终到 2011 年由女王法院与裁判所服务局统一管理法院和裁判所的运行的变化。保障行政裁判所的独立是英国行政裁判所改革的重要内容。如目前行政裁判所的经费来源和物质保障完全由司法部负

---

[1] 参见曹鎏：“五国行政复议制度的启示与借鉴”，载《行政法学研究》2017 年第 5 期。

[2] 关于英国行政裁判所制度的介绍来自王建新副教授提交的本课题研究成果“英国行政裁判所制度发展报告”。

责，与法院相类似。《裁判所、法院和执行法》也规定了大法官大臣负有保障、管理和维护行政裁判所正常运行所需的办公场所、办公设备、办公设施和办公经费的职责。

三是美国的行政法法官制度。[1]美国的行政法法官在行政机关中扮演的是行政决定初步决定者的角色，并非行政决定作出之后的争议裁决者。行政法法官体现了行政机关内部调查与决定职能分离的组织原则。美国行政法法官制度对我们完善行政复议制度的借鉴意义在于如何加强复议工作人员的任职资格、职业保障，以保证行政复议工作人员能够相对独立于被申请复议机关和所在复议机关负责人的意志影响，能够根据事实、法律作出复议决定。美国行政法法官由同时具有行政管理经验和律师执业经验的人担任，他们独立于所在的行政机关，薪酬、任免等统一由文官事务委员会管理。行政法法官行使职权不受所在行政机关影响，能够独立主持听证，并作出初步决定。行政法法官作出初步决定只具有建议性质，根据美国《联邦行政程序法》第557条的规定，"如果初步决定被上诉或者被申请复议，行政机关拥有与初次决定时同样全面的权力"。行政机关首长有权对行政法法官作出的初步决定的事实、法律、裁量权行使等进行全面审查。

四是法国对复议案件审理主体的改革。[2]法国行政诉讼制度异常发达，在行政争议解决机制中居于绝对主导地位，这在一定程度上抑制了行政复议的发展。然而，面对日益加剧的行政审判压力，最近十几年，法国开始重新审视行政复议制度建设问题，并着手进行了一些改革，取得了一定的成效，这其中就包括针对人员专业化程度不高的问题，在行政复议案件审理中引入专业性团体以增强行政复议案件审理的专业性。在多数情况下，复议申请由行政首长指派处理相关行政实体业务的公务员再次审查。第二次世界大战以后，随着行政事务专业化程度的提高，法国开始出现合议制机构参与复议案件审理的情形，包括各省土地整治委员会、职业记者证件管理高等委员会、全国商业调整委员会、大学选举监督委员会、签证拒签申诉委员会、医生职

---

〔1〕　关于美国行政法法官制度的介绍来自王静副教授提交的本课题研究成果"美国行政复议的精髓和要点——行政法法官制度"。

〔2〕　关于法国行政复议制度改革的介绍来自张莉教授提交的本课题研究成果"法国行政复议制度述评"。

业公会全国委员会和大区委员会、法国奥林匹克体育委员会等。这些委员会法律性质各异，有的具有公法人资格，有的属于私法上的协会、团体，它们为了履行公务使命而被法律授予一定公法特权。这些委员会利用自身的专业优势，为行政复议机关处理纠纷提供咨询意见。从实际效果看，在这些机构参与的情况下，行政复议机关更容易改变立场。这不仅是因为这些机构享有独立的法律地位、在人员组成上更具专业性和多方利益代表性，从而起到专业提醒和调和矛盾的作用，还由于这些机构的公信力较强，其在公开发表的报告中披露典型案件的做法，令行政复议被申请人有被点名批评的感觉，从而形成了自觉及时改正错误的制度性社会压力。

纵观域外行政复议机构的设置，尽管各有其特点，但仍呈现出很多共性之处，可以作为改革和完善我国行政复议机构设置的他山之石予以借鉴，具体包括：

第一，行政复议机构的设置应与行政复议性质相匹配，要有助于行政复议制度构建目标的达成。行政复议在域外是作为弥补司法解决行政争议之缺陷与不足发展起来的一种行政争议解决机制，其优势在于较之司法更熟悉行政管理专业事务，程序更为便捷、灵活，能够更为及时地解决行政争议。域外在行政复议机构的设置定位上，都力求与行政复议性质相匹配，从组织、人员方面保障行政复议制度目标的实现。如公正是纠纷解决机制需要满足的基本要求，域外在复议机构设置上都强调赋予其相对独立的法律地位，如韩国的行政审判委员会制度，英国则将行政裁判所归属于司法系统，完全独立于行政系统。再如行政复议较之行政诉讼更具行政专业优势，有利于解决行政专业性问题，域外在复议人员的任职资格、任职以后的任职保障方面都有具体要求和规定，如美国的行政法法官从既有行政机关工作经验、又从事一定时间律师工作的人员中产生。

第二，成立专门的复议机构，重视行政复议机构人员的专业化。行政复议是裁决行政争议的活动，专业性和技术性强，既涉及法律问题，也涉及行政管理专业问题，难度大、要求高，应由专门的裁判机构承担，这也是加强复议人员专业化建设的组织基础。从域外的经验看，都成立了专门的行政争议裁判机构，如英国的行政裁判所、韩国的行政审判委员会。这些复议机构专司复议职责，其人员专门从事复议工作，人员固定，熟悉法律和复议工作，保证了复议结果的正确。如韩国成立了专门的行政审判委员会,根据层级不同对其任职人员的行政经验和法律专业素养做了明确规定,突出了人员的专业性,各级行政审判委员会的任期、身份保障等法律都有明文规定。再如美国在司法法官之外专设行政法法官,行政法法官独立于所在的行政机关,由文官事务委员会统一管理。

第三,赋予行政复议机构相对独立的法律地位。行政复议是解决行政争议的活动,复议机构作为中立的裁决者是公正作出复议决定的基础。由于行政复议是来自行政内部的争议解决机制,为公正解决行政争议必须赋予复议机构独立地位,但又不可能如法院那样完全独立于行政机关。因此,从域外经验看,除英国外,都采取折衷做法,赋予复议机构相对独立的法律地位,即复议机构设在行政机关内,但是复议机构作复议决定时不受行政首长意志影响,如韩国通过各级行政审判委员会的建立,提升了复议机构的独立性,划清了与被申请复议的行政机关的隶属关系,真正做到案件独立审理、意见合议表决。

六、机构改革后完善行政复议体制改革的设想与思考

复议体制是对行政复议权进行配置的组织制度安排。复议体制改革需要考虑三点:其一,行政复议为行政司法行为,内容为解决公民、法人或者其他组织与行政机关之间形成的行政争议,与复议作为争议解决机制的性质相对应,复议体制建构应当符合公正解决争议对裁决机关的基本要求,为公正解决行政争议提供组织保障。其二,行政复议是在行政系统内解决行政争议,与行政诉讼并行,共同形成行政与司法二元行政争议解决机制,因而,行政复议机关及行政复议机构的独立、中立与司法机关相比较,具有相对性,方能避免出现行政复议与行政诉讼同质的问题。其三,承担复议职责的政府法制工作机构与司法行政部门合并重组,直接设置在一级政府之下的复议机构成为设置在部门之下的内部工作机构,复议体制改革需要在机构改革背景下展开。此外,2020 年 2 月 5 日召开的中央全面依法治国委员会第三次会议审议通过了《行政复议体制改革方案》。方案中明确要"结合工作实际,探索建立政府主导、相关政府部门、专家学者参与的行政复议咨询委员会",2020 年 5 月 11 日,浙江省行政复议咨询委员会正式成立并召开第一次会议。

（一）尽快修改《行政复议法》以解决复议体制改革合法性问题

复议程序制度安排与复议体制密切相关，复议体制改革可谓修法最为核心的问题。尽快修法具有很强的现实需求：一方面，行政复议体制改革对行政复议权配置作出重大调整，但并无全国人大或全国人大常委会授权，面临合法性危机，也造成改革难以彻底，影响改革效果。另一方面，由于试点缺乏顶层设计，地方作法不尽相同，有的差异还很大，统一的行政复议制度日益破碎，出现复议制度地方化问题。

1. 复议体制改革面临合法性质疑

《行政复议法》对行政复议权的配置有明确的规定，行政复议体制改革将部门复议权集中至政府统一行使，剥夺了部门的复议权，改变了《行政复议法》的规定，但并无全国人大或全国人大常委会授权，有学者对此提出了合法性质疑，最为彻底的反思是黄学贤教授认为复议体制改革存在五点问题需要冷思考：行政复议委员会试点工作法律依据不足；全部集中模式与部分集中模式都与现行复议机构设置冲突；行政复议委员会模式与现行复议申请人选择管辖模式冲突；行政复议委员会的具体运行程序不规范；行政复议委员会与行政诉讼衔接上的不协调，[1]故其主张调整改革方向，转向重塑复议程序。再如王瑞雪提出对于行政复议委员会制度，应当从以下四方面进行省思：（1）形式疑虑："试点"繁荣之下的合法性隐忧。（2）组织疑虑：专家制度难向广大基层推广。（3）程序疑虑：更难实现的行政复议准司法化。（4）实效疑虑：难免沦为"精英式"救济。[2]

行政复议委员会改革的基础是复议权集中，改革四种模式中，不集中行政复议权的第四种模式采用机关很少，多数地方改革都以复议权相对集中为前提，采用行政复议局的义乌模式也以行政复议权集中为前提。复议权集中改变了《行政复议法》关于行政复议权配置的规定，但是，试点仅采用国务院法制办发文件的方式推行，作为行政复议委员会改革基础的复议权集中确实存在合法性依据不足的问题，复议决定权如何处理成为制约行政复议委员会改革的瓶颈问题。即使是放弃行政复议委员会模式的浙江省行政复议局模

---

〔1〕 参见黄学贤："关于行政复议委员会的冷思考"，载《南京社会科学》2012 年第 11 期。

〔2〕 参见王瑞雪："对我国行政复议委员会试点的省思"，载《天津行政学院学报》2014 年第 4 期。

式，亦需要在现行复议体制内尽可能协调行政复议局与真正享有复议权的部门之间的关系，衔接环节过多使得复议过程增加了很多工作量，交接过程中还容易出现问题，行政复议的效率也得不到体现。

2. 行政复议体制改革的多面相肢解了统一的行政复议制度

行政复议委员会试点为复议机构改革，改变了复议案件的承办组织形式。不同地方在行政复议委员会试点工作中功能定位、组织形式、运行机制等方面有共同之处，但也存在比较大的差异。地方试点呈现出百花齐放的状况，形成了不同的运行模式。试点工作尽管需要地方努力探索为中央层面改革积累经验，但是由于缺乏顶层设计，在历经十年以地方发挥能动性为主导的"八仙过海、各显神通"式探索之后，统一行政复议制度面临被地方试点肢解的严峻问题。行政复议在我国本是与行政诉讼并行的二元救济机制之一，并由《行政复议法》规定了统一的行政复议制度，但复议体制改革及在此基础上进一步展开的复议程序改革使得行政复议制度运行呈现出强烈的地方制度色彩，行政复议制度的统一性不复存在，呈现出碎片化、地方化的格局。由于复议体制改革不是以省级行政区域为单位展开，而是以省级政府、一个城市等为对象展开，复议制度在省内也存在不同，加剧了复议制度的碎片化状况。

试点后期在浙江地区出现的行政复议局模式进一步加剧了这一问题。试点中并未有关于复议局模式的安排，这是地方在复议委员会试点过程中的新探索，在复议委员会模式之外又增加出现新的复议局模式。复议局模式的出现使得复议体制改革变得更为复杂。复议体制是复议制度最为核心的问题，行政复议委员会改革试点自启动迄今已经十二年，《行政复议法》修改迟迟未能进行，给试点工作带来很大困惑，影响了复议案件的办理，需要尽快修法。

（二）集中复议权：行政复议权由政府与部门分散行使转向政府集中行使

现行复议体制之下行政复议权分散由政府与部门行使，申请人可以选择向作出行政行为机关所属政府或者向其上一级行政机关提起行政复议。复议权分散配置带来一系列问题：复议权配置分散使得案件分散分布在各复议机关，案件分布分散使得单一复议机关受理案件数量有限，复议机关受理复议案件有限进一步造成复议机构不健全、复议人员专业性不强，进而直接影响复议案件办理质量，复议案件办理质量不高引发复议之后当事人向法院再行提起行政诉讼，复议未能发挥其化解争议的优势。此外，欠缺专门的复议机构这一形式缺陷影响了老百姓对复议制度的认知与理解。

根据课题组调研的结果，实践中，公民选择向政府申请行政复议的比例高于向部门申请行政复议。从北京行政复议情况来看，市、区政府作为行政复议机关受理案件数量明显较之部门作为行政复议机关受理案件数量多，复议工作人员认为其原因在于政府相较于部门更为超脱一些。在山东省，84%的行政复议案件由省、市、县三级政府办理，部门办理的案件很少，有的部门十多年没有办理过一起复议案件。再如海门市政府法制办在试点之前的三年内，政府法制办复议工作人员占全市复议工作人员的25%，审理的复议案件却占全市复议案件的75%。结合这一实际情况，针对分散复议体制带来的诸多问题，实务部门与学界很早就开始探讨整合行政复议资源、将复议权进行集中。如方军认为应当取消地方政府部门办理行政复议事项的职权，只以地域为原则设立统一的地方各级行政复议委员会。[1]黄永忠认为行政复议的管辖权限可以重新设计为四级，即县级人民政府、市级人民政府、省级人民政府和国务院，对下级政府不服的由上一级政府管辖。对垂直领导的机关不服的，统一由本级人民政府管辖，各级人民政府工作部门不再管辖行政复议案件。据此，县级以上人民政府各工作部门不再作为行政复议机关。[2]

行政复议委员会改革启动后，除北京市政府、上海市政府等少数地区，绝大多数地方的行政复议委员会改革都以复议权相对集中为基础展开，[3]这一点也被视为复议体制改革提升了复议案件受理数量和复议案件纠错率的重要因素。[4]在对行政复议委员会改革实践进行梳理和总结后，学者和行政机关、法院同志均主张修改《行政复议法》时坚持集中行政复议权的改革方向，将部门的行政复议权逐渐向政府集中，整合行政复议资源，让行政复议资源集中使用，更好发挥效益。如王万华认为体制改革的具体方案可以考虑将复

---

〔1〕 参见方军："论中国行政复议的观念更新和制度重构"，载《环球法律评论》2004年第1期。

〔2〕 参见黄永忠："关于《行政复议法》若干问题的思考"，载《行政法学研究》2005年第4期。

〔3〕 如王青斌教授亦认为行政复议委员会集中行使行政复议权成为趋势。参见王青斌："论我国行政复议委员会制度之完善"，载《行政法学研究》2013年第2期。

〔4〕 参见王青斌："论我国行政复议委员会制度之完善"，载《行政法学研究》2013年第2期。

议权集中至一级政府集中行使，以"块块"管辖为原则、"条条"管辖为例外确定复议机关。[1]沈福俊认为我国复议体制改革应当取消各级政府主管部门的行政复议管辖权，确立以县级以上政府为主的行政复议体制。[2]耿宝建法官认为应取消条块管辖和申请人的选择权，明确以地方政府工作部门为被申请人的复议案件，一律由地方本级人民政府管辖。[3]

与部门作为被申请复议机关的业务领导机关相比较，政府作为综合性行政机关，相对更为独立一些，作为复议机关更能得到当事人的认同。此外，只有复议权进行集中，才能保证案件集中达到一定数量；案件达到一定数量之后，才能配备专职复议人员；有了专职的复议人员，才能谈到复议人员的专业化建设问题。因此，整合复议资源，优化有限的复议资源配置，将行政复议权由分散行使转变为集中行使，应当是行政复议体制改革坚持的方向。从域外情况来看，韩国、日本，都将复议权集中由一级政府行使，只是集中的程度不同而已。因此，《行政复议法》修改应当坚持复议权由政府与部门分散行使向政府集中行使转型。

部门分为政府工作部门和垂直管理部门，哪些部门的复议权集中至政府行使仍是一个有争议的问题。从各地实践来看，采全部集中模式的地方是少数，多数地方实行部分集中。实行部分集中的又分为多种做法，有的仅集中政府工作部门（国安部门除外），有的地方除集中政府工作部门之外还集中省以下垂直管理部门的复议权。从学者观点来看，基本赞成相对集中复议权，仅有少数学者主张全部集中部门的复议权。[4]如刘莘、湛中乐均认为可以考虑取消政府职能部门的复议管辖权，将行政复议权集中至一级政府集中行使，实行省以下垂直领导的部门，复议案件也由同级地方人民政府管辖，对于实

〔1〕　参见王万华："《行政复议法》修改的几个重大问题"，载《行政法学研究》2011年第4期。

〔2〕　参见沈福俊："行政复议委员会体制的实践与制度构建"，载《政治与法律》2011年第9期。

〔3〕　参见耿宝建："'泛司法化'下的行政纠纷解决——兼谈《行政复议法》的修改路径"，载《中国法律评论》2016年第3期。

〔4〕　如黄永忠主张对垂直领导的机关不服的，统一由本级人民政府管辖，各级人民政府工作部门不再管辖行政复议案件。参见黄永忠："关于《行政复议法》若干问题的思考"，载《行政法学研究》2005年第4期。再如张洪波主张取消上级部门和垂直领导机关作为行政复议机关，规定县以上人民政府所在地只能设置一个单独的行政复议机关。参见张洪波："改革我国行政复议体制的法律思考"，载《云南大学学报（法学版）》2007年第2期。

行全国垂直领导体制的部门，如海关、金融、国税、外汇管理等，仍保留复议案件由其上级主管机关管辖的体制，在国务院部门、省级、市级部门设置行政复议委员会。知识产权类行政案件仍按照法律特别规定。[1]

行政复议权集中是一项重大体制改革，对现有体制会形成较大冲击，从行政复议委员会试点工作在地方的推进情况来看，面对体制变革各地应对能力和应对条件有很大不同，即使在北京市不同区的发展进程也不相同，朝阳区、海淀区、西城区的发展相对较快，而昌平区发展很慢。因此，可以考虑在修法时：首先，将复议权全部集中至一级政府行使，不再保留部门的行政复议权。其次，赋予地方一定期间的准备期，地方可以在准备期内根据本地实际情况确定具体步骤：（1）条件成熟的、已经有试点基础的地方，可以一步到位，将全部部门行政复议权集中到一级政府。（2）条件不成熟的，尚未开展试点工作的地方，准备期内可以考虑先不将垂直管理部门和公安等社会管理职能较重的部门进行集中。如北京市海淀区最初将所有部门行政复议权集中到政府行使，但是交通违章停车贴条处罚复议案件数量太大，难以集中，又逐渐拿回去了。具体哪些部门可以在准备期内保留复议权，由省级人民政府确定保留清单。

（三）回应机构改革重构行政复议机构

1. 在行政复议机关之下直接设置行政复议机构

政府作为行政复议机关并非专门办理复议案件的行政机关，复议职能仅为政府职能之一，行政复议机构作为复议案件的具体承办机构才是专门办理复议案件的机构，其设置因而是复议体制改革的核心内容。根据《行政复议法》第三条的规定，复议机构由法制工作机构担任，机构改革之前，复议机构通常作为法制工作机构的下设机构办理复议案件。作为法制机构的下设机构，复议工作人员除复议工作外，往往还承担法制机构的其他事务，有的地方复议工作反而成了副业。由于承担过多其他事务，复议工作人员没有时间开展调查查证工作，主要实行书面审，不开庭审理，影响了复议案件的办理质量和公正性。因此，行政复议机构设置需要解决的主要问题为是否将复议

---

〔1〕 参见刘莘："行政复议改革之重——关于复议机构的重构"，载《行政法学研究》2012 年第 2 期；湛中乐："论我国《行政复议法》修改的若干问题"，载《行政法学研究》2013 年第 1 期。

机构与政府法制工作机构分离，成为复议机关下设的、与政府法制工作机构并行的复议机构？对此，方军主张"由行政复议机构在法律上直接对行政复议机关的首长负责，却除行政复议机构与行政复议机关首长之间的层层审批"[1]。其基本思路是消除二者之间的层级，实现复议机构扁平化，复议机构成为复议机关下设的一级机构，而不是法制机构的下设机构。这一思路应当说能够比较好地解决目前复议机构作为政府法制机构下设机构存在的诸多问题，有其合理性。司法部门与政府法制部门职能重组、不再保留政府法制工作机构之后这一方案更具合理性。修法宜在行政复议机关之下直接设置行政复议机构，不再将复议机构作为法制工作机构的下设机构。机构改革完成后，复议机构不再作为司法行政部门的内设机构，理由如下：

第一，更能保障复议实质化解行政争议这一目的的实现。复议机构设在法制工作机构内与行政复议作为内部监督机制的定位密切相关，复议工作作为行政机关内部监督机制之一应与行政执法监督等其他内部监督机制在组织上统合起来。如果以实质化解行政争议为目的建构行政复议体制，则这一组织安排的基础将发生变化，如何从组织体制上保障复议机构专职办案、独立办案就是复议机构设置需要考虑的问题。要保障复议机构专职办案、减少审批层级，从组织上将之与政府法制机构或司法行政部门相分离，直接向复议机关首长负责，无疑是最佳选择。这一方案在司法行政部门与政府法制部门重组的机构改革完成之后更有其必要性。行政复议权集中由政府行使后，政府审理的复议案件数量会因案件集中审理而有很大增长，要保证复议案件的办理质量，对复议工作人员的数量、专业性，复议机构专门办理复议案件等都提出了很高要求。而机构重组之后，无论是司法部的行政复议与应诉局，还是地方司法局设置的复议处室，其编制是相对固定的，不可能在行政层级不变的情况下按照案件审理需要配备复议工作人员。此外，复议机构保留在司法部门内部，很难保证其与其他部门不同，不走行政内部审批程序，完全按照复议程序来办理案件。而作为政府部门的内设机构，从其提出初步意见拟定初步决定到政府分管领导确定作出复议决定，中间涉及的层级比较多，

---

[1]　参见方军："论中国行政复议的观念更新和制度重构"，载《环球法律评论》2004 年第 1 期。

不利于体现复议能够高效率解决争议的特点。

为保障复议机构的专门性、相对独立性，如果将复议机构从司法行政部门中分离出来存在一定难度，也需要将复议机构与司法行政部门的一般内设机构区分开来，保障其专门办理行政复议案件，不应让其在复议案件审理之外承担司法行政部门的其他事务。同时，在办理复议案件中，复议机构应当遵循《行政复议法》的程序，而非一般机关办文的内部程序。

第二，更契合机构改革的实际情况。复议机构为政府法制工作机构的内设机构，司法部门与政府法制工作机构职能重组之后，复议职能进入新成立的司法行政机关，如新组建的司法部的职责之一是指导行政复议应诉；北京市司法局 2019 年 1 月 14 日发布通告，告知社会向北京市人民政府邮寄行政复议申请材料的地址发生变化，收件部门为"北京市司法局复议立案处"。行政复议权集中由政府行使后，县级、市级、省级政府、国务院成为行政复议机关，复议案件由复议机构办理，在法制办作为政府下设法制工作机构时，由其作为复议机构组织上不存在障碍。但是，机构重组后，法制工作机构不再是政府下设机构，而成为政府部门的内设机构，再由法制机构作为复议机构审理复议案件，将面临两方面的难题：其一是来自科层制行政组织体制的障碍。针对其他部门提出的复议案件由与该部门平级的另一部门内设机构进行审理，这一组织架构不符合行政组织的科层制这一基本架构体制，对于复议机构开展工作是非常不利的。其二是针对司法部门作出的行政行为提出的复议申请由其自身内设机构进行审理，违背了自己不能作自己案件法官的基本原则。司法部门作为行政机关也在作出大量行政行为，如司法局对律师作出的行政处罚决定，行政相对人向政府申请行政复议，案件由司法部门内设的复议机构进行审理，尽管最终复议决定以复议机关名义作出，但是复议案件的受理、审理、初步意见均由复议机构提出，其公正性很难得到相对人和社会的认同。如果在行政复议机关之下直接设置复议机构，则可以解决机构改革后新出现的问题：一方面复议机关为一级政府，复议机构直接设在复议机关之下，仍然符合科层制下复议机构设置的需要；另一方面针对司法部门提出的复议申请不再由其自身进行案件审理。

2. 行政复议机构的形式选择

2008 年的试点采用的是行政复议委员会机制，在"政府主导、社会参与"的基本定位下，来自行政机关外部的高校教师、人大代表、政协委员、律师、其他社会贤达人士以担任行政复议委员会非常任委员的形式参与到复议案件的审议中。2015年9月挂牌的义乌复议局宣告浙江省内开始不同于行政复议委员会的另一种路径探索，即在专业化建设目标下，在行政机关内部着力打造专职复议队伍。行政复议局模式的出现是对行政复议委员会模式面临的诸多操作层面的困境的另一种路径尝试。2020年2月5日召开的中央全面依法治国委员会第三次会议审议通过了《行政复议体制改革方案》。2020年5月11日，浙江省行政复议咨询委员会正式成立并召开第一次会议。那么，修法对行政复议机构的形式到底采用行政复议委员会模式还是行政复议局模式？在行政复议委员会模式中，又如何定位行政复议委员会？要否实现复议委员会的实体化？

行政复议委员会的基本思路是在保持行政复议行政性的同时引入外部人员弥补其中立性先天不足的缺陷，增强复议的公正性，解决的是裁决者中立这一问题。但外部人员的遴选、外部人员与行政内部人员的关系、外部人员是否能够充分履职等问题都会影响这一机制的实际效果，这是行政复议委员会机制的不利之处。行政复议局正好能避免行政复议委员会面临的一系列问题，其组成人员全部来自行政机关内部，不会出现这些问题，但是，也正是由于复议局成员全部来自行政机关，尽管义乌通过核定行政编制和给予单独财政列支等措施集中保障其独立办案，但是，复议局工作人员毕竟仍属于行政机关工作人员，难以完全打消申请人对于复议有失公允的顾虑，对解决裁决者中立性先天不足这一问题发挥不了作用是行政复议局机制的不利之处。义乌行政复议局模式的核心内容是"让专业人员办专业事情"，在专业性强化和增强裁决者中立与独立二者之间如何选择？裁决者中立是公正的争议解决机制的核心内容，行政复议委员会由于引入独立于行政机关的外部力量，有助于破除申请人和公众对复议不公正的感受，从而帮助复议满足裁决者中立这一争议解决机制的核心要求，选择行政复议委员会机制更有利于塑造公正的行政复议制度。从行政复议委员会实施成效来看，我们可以形成一个基本判断，行政复议委员会组织上实体化程度越高，承担职责越多的地方，行政复议工作的变化就越大；反之，行政复议工作的变化就越小。行政复议委员会这一组织形式有助治愈行政复议作为行政内部救济机制所具有的公正性不足的天然缺陷。这一点分析韩国行政审判委员会的发展历程亦可以捕捉到。在韩国，随着行政审判对国民权利进行救济功能的不断强化，行政审判案件数量的不断上升，行政审判委员会也由最初设在行政复议机关内的复议机构，逐步替代行政复议机关，自身成为行政复议机关，以自己的名义直接作出决定。来自外部因素的注入无疑更能打消申请人的顾虑，增强行政复议的公正性基础，提升其公信力，使得民众愿意选择复议解决行政纠纷，认同行政复议决定。

3. 行政复议委员会的地位

行政复议委员会作为复议机关下设的复议机构专门负责办理复议案件，其地位体现为以下几个方面：

首先，行政复议委员会独立办理复议案件，不受任何机关和个人的干预。裁决机关独立是公正裁决的基本要求，如司法独立是公正司法的基础。唯有裁决机关独立才能不受其他机关影响，做到"以事实为根据，以法律为准绳"。行政复议机关与争议一方的行政行为作出机关均为行政机关，二者在组织上的天然联系决定了行政复议机构的独立性具有相对性。行政复议委员会具备一定独立性是指其能够不受行政行为作出机关和其他行政机关的影响和干预，独立认定事实、适用法律，拟定复议决定。裁决机关的独立性需要配套机制予以保障，如美国行政法法官独立于所在的行政机关，薪酬、任免等统一由文官事务委员会管理。行政法法官行使职权不受所在行政机关影响，能够独立主持听证，并作出初步决定。义乌行政复议局通过核定8名行政编制和办公经费统一由本级财政单独列支等人事、财政机制解决复议机构的后顾之忧，使之能够避免来自其他行政机关的办案压力，作到独立办案。

其次，将行政复议委员会的功能定位为议决机构，真正发挥行政复议委员会在复议案件办理中的作用。引入行政复议委员会的目的在于通过增强复议机构的外部性赋予复议机构中立基础，进而增强行政复议决定的公正性，如果仅仅将行政复议委员会定位为复议机构的外脑咨询机构，则难以发挥这一作用，行政复议委员会对案件审理所能发挥作用的空间将会很小。

最后，行政复议委员会作出的议决结论原则上是案件的最终结论，行政复议机关负责人原则上直接签发复议决定。但是，复议机关负责人认为议决结论存在事实认定、法律适用、裁量权审查判断不当等问题时，有权不予签发。行政复议机关负责人不予签发的，应当发回行政复议委员会重新议决。对重新议决决议仍然有异议的，可以提交政府常务会议讨论决定。

（四）复议工作人员进行专业化建设并加强其职业保障

复议工作具有较强的专业性和法律属性，需要提升复议机构的专业化水平，行政复议权集中行使为复议工作人员的专业化建设提供基础，复议工作人员的专业化建设包括以下设想：

一是科学合理设定复议工作人员的任职资格，严格准入门槛，加强入职后的监督管理。2017年9月1日第十二届全国人民代表大会常务委员会第二十九次会议通过《关于修改〈中华人民共和国法官法〉等八部法律的决定》，其中《行政复议法》第三条增加一款规定：行政机关中初次从事行政复议的人员，应当通过国家统一法律职业资格考试取得法律职业资格。修法为复议工作人员的专业化建设提供了制度保障。行政复议工作同时涉及行政管理专业性问题与法律问题，理想的复议人员任职条件是如美国的行政法法官人选，既有行政管理经验，又有律师执业经验。如果同时具备这两个条件目前有困难，可以先从具备法律专业知识条件入手，如今后录用的行政复议人员应当通过国家的法律职业资格考试或者本市的行政复议人员资格考试。入职后，要完善监督管理机制，加强对复议工作人员日常的业务培训和考核，参照法院的经验推进职业化培训和管理考评模式。

二是提供相应职业保障。目前复议工作人员流动快，人才流失较为普遍，复议人员干了两三年，熟悉复议工作了，很快又调整到其他部门。要改变这种状况，需要在制度上为复议工作人员提供职业保障，保证复议工作人员队伍的稳定性。可采取以下措施：（1）参照美国的行政法法官，名称上设立"行政复议专员"，作为对专门从事行政复议工作人员的统一称谓。（2）对复议工作人员的管理突破行政级别，参照法官等级设立行政复议专员等级，根据行政复议专员任职时间、业务水平、工作业绩等确定不同等级，进而确定相应的工资、津贴标准。（3）行政复议机关应当保障复议工作需要的人、财、物。（4）加强与法院等司法机关的人员交流，采取挂职、轮岗等多种形式实现行政复议人员的动态培养和结构调整。

三是对复议工作人员进行分类管理，补充行政复议机构辅助工作人员。

由于案件数量迅速加大，但是行政编制有限，所以可以考虑将案件办理中的登记、咨询、记录、送达、档案管理、统计分析等辅助岗位的人员以事业编制的形式给予解决，从而解放与释放现有办案人员的能量，确保案件实质办理的效果。

第四章

行政争议解决主渠道定位与扩大行政复议范围

行政复议范围是指可由行政复议机关审理的行政行为的范围。行政复议范围是申请人的复议申请为复议机关受理的必要条件，不属于复议范围的行政行为，复议机关无权审理，因此，复议范围的宽窄直接决定了公民、法人或者其他组织可以通过复议途径获得救济的范围，相应也直接决定了复议机关对下级行政机关进行监督的力度。与受案范围是《行政诉讼法》修改的核心问题一样，行政复议范围同样是《行政复议法》修改的核心问题。复议范围作为行政复议核心制度一直为学界重点关注，在中国知网，以"复议范围"在全文搜索共有 4894 个结果；以"复议范围的不足"在全文搜索共有 76 997 个结果，以"复议范围的扩充"在全文搜索共有 8471 个结果，从中可以窥见目前对复议范围的研究之充分。《行政复议法》将行政复议范围严格限定为具体行政行为，与行政复议作为争议解决主渠道的定位不相称。2014 年《行政诉讼法》修改对行政诉讼受案范围作扩大调整，为行政复议范围的完善提供了制度参照系统。行政复议作为来自行政机关内部的救济与监督机制，通常被认为应当较之人民法院适用更为宽泛的受案范围，将更多行政案件纳入复议范围。

一、《行政复议法》关于行政复议范围的规定

《行政复议法》关于复议范围的规定与《行政诉讼法》的规定具有高度同质性，复议范围基本等同于行政诉讼受案范围。具体而言，《行政复议法》采用概括式规定加正面列举和排除列举并用的方式，通过第二条、第六条、第七条和第八条四个条文规定了复议范围，主要内容如下：

1. 总则第二条概括式规定将复议范围限定为具体行政行为

《行政复议法》第二条规定，"公民、法人或者其他组织认为具体行政行为侵犯其合法权益，向行政机关提出行政复议申请，行政机关受理行政复议申请、作出行政复议决定，适用本法"。本条为总则性条款，以规定适用事项的方式将行政复议的范围限定在具体行政行为领域，界定了复议范围的基本边界，仅具体行政行为属于行政复议范围，与具体行政行为相对应的抽象行政行为不属于行政复议范围。

2. 第二章专章规定复议范围

第二条为总则性条款，在此基础上，《行政复议法》第二章专章规定了行政复议范围。其结构为：第六条肯定式列举可以申请复议的具体行政行为，第七条列举规定可以一并申请复议的抽象行政行为，第八条否定式列举不属于复议范围的行政机关的行为。

（1）第六条肯定列举规定可以申请复议的具体行政行为。包括十种具体情形和一项兜底规定：①对行政机关作出的警告、罚款、没收违法所得、没收非法财物、责令停产停业、暂扣或者吊销许可证、暂扣或者吊销执照、行政拘留等行政处罚决定不服的；②对行政机关作出的限制人身自由或者查封、扣押、冻结财产等行政强制措施决定不服的；③对行政机关作出的有关许可证、执照、资质证、资格证等证书变更、中止、撤销的决定不服的；④对行政机关作出的关于确认土地、矿藏、水流、森林、山岭、草原、荒地、滩涂、海域等自然资源的所有权或者使用权的决定不服的；⑤认为行政机关侵犯合法的经营自主权的；⑥认为行政机关变更或者废止农业承包合同，侵犯其合法权益的；⑦认为行政机关违法集资、征收财物、摊派费用或者违法要求履行其他义务的；⑧认为符合法定条件，申请行政机关颁发许可证、执照、资质证、资格证等证书，或者申请行政机关审批、登记有关事项，行政机关没有依法办理的；⑨申请行政机关履行保护人身权利、财产权利、受教育权利的法定职责，行政机关没有依法履行的；⑩申请行政机关依法发放抚恤金、社会保险金或者最低生活保障费，行政机关没有依法发放的。除列举前述十项具体规定，第六条还规定了一项兜底条款：申请人认为行政机关的其他具体行政行为侵犯其合法权益的。

（2）第七条规定了可对部分抽象行政行为提出一并审查请求。根据总则

第二条的规定，《行政复议法》适用于复议机关对申请人针对具体行政行为提出的复议申请，抽象行政行为不属于行政复议范围，但对部分抽象行政行为可在针对依据其作出的具体行政行为申请复议时申请复议机关进行一并审查。包括：①国务院部门的规定；②县级以上地方各级人民政府及其工作部门的规定；③乡、镇人民政府的规定。国务院部、委员会规章和地方人民政府规章不属于一并审查的范围，国务院行政法规和国务院制定的规定均不属于一并审查的范围。

（3）第八条规定了不属于复议范围的行政机关的行为。包括：①内部行政行为。指不服行政机关作出的行政处分或者其他人事处理决定，不能申请行政复议，只能依照相关法律、行政法规的规定提出申诉。②行政机关对民事纠纷作出的调解或者其他处理。但是，行政机关对民事纠纷作出的行政裁决，属于复议范围。

二、行政复议范围规定存在的问题

行政复议与行政诉讼作为二元救济机制并存本以二者各有自身优势为基础，但是，在实体制度建构上，行政复议与行政诉讼却出现了高度同质性，这一点同样体现在复议范围的规定方面。《行政复议法》第二条使用概括式规定将行政复议范围限定在外部性具体行政行为中。根据1991年发布的最高人民法院《关于贯彻执行〈中华人民共和国行政诉讼法〉若干问题的意见（试行）》（以下简称《执行意见》）第一条的规定，"'具体行政行为'是指国家行政机关和行政机关工作人员、法律法规授权的组织、行政机关委托的组织或者个人在行政管理活动中行使行政职权，针对特定的公民、法人或者其他组织，就特定的具体事项，作出的有关该公民、法人或者其他组织权利义务的单方行为"。基于这一定义，复议范围排除了内部行政行为、抽象行政行为、双方合意行为等类型的行政行为，从而将来自行政系统内部的审查机制作用的发挥，严格限定在行政机关对外作出的对特定当事人权利义务产生影响的行为范围内，而实践中引发行政争议的情形并不仅限于具体行政行为。过窄的复议范围造成大量行政争议不能进入复议渠道解决，与行政复议作为争议解决主渠道的地位并不相称。行政诉讼中，法院作为司法机关，其与行政机关之间是监督与被监督的关系，而在行政复议中，行政复议机关与行为机关之间为上下级机关的关系。基于二者之间领导与被领导的关系，在监督行政机关依法行政方面，复议机关被认为较之法院拥有更大的监督权限，在受案范围领域，具体体现为复议范围不应该与行政诉讼范围等同，而应当比行政诉讼范围更宽泛。《行政复议法》将复议范围等同于行政诉讼范围的做法，影响了复议功能的发挥，与行政复议作为行政争议解决主渠道的定位亦不相符合。过窄的复议范围没有充分发挥行政复议在监督行政机关依法行政方面应有的作用，需要拓展。

（一）复议范围规定方式存在缺陷

复议范围采用概括式加列举式的混合方式，列举包括正面可复议范围列举与否定性排除列举。列举式在立法技术上存在以下问题：

1. 挂一漏万，遗漏本属于受案范围的情形

行政行为种类繁多，列举式规定最大的问题就是容易挂一漏万，《行政复议法》第六条所列举的十种情形既没有完全涵盖立法时常见的行为类型，如行政强制执行，也很难回应后来新出现的新的行为类型，如行政协议。

2. 在受案范围事项的归类上存在混乱现象

《行政复议法》对有些事项没有严格按照行政行为的分类来进行归类，存在交叉、重叠现象。如《行政复议法》第六条第（三）项是关于行政许可变更、中止、撤销等行为的规定，第（八）项是关于行政许可颁发行为的规定，涉及的都是行政许可行为的规定，却分为两项分别表述。

3. 复议实践中出现对复议范围进行限缩解释

复议范围采用正面列举的本意是通过对常见的行政行为类型进行列举，方便对立法的理解，帮助申请人提出复议申请，也便于复议机关受理复议申请，绝非将复议范围仅限于正面列举的情形，这一点在兜底条款中已经明确得到体现。但是，事与愿违，部分复议机关对《行政复议法》第六条的规定进行限缩解释，尽管第六条通过兜底条款的方式明确了复议范围不限于法条所列举的具体情形，但是在实践中有的复议机关仅将条文中有明确列举的具体行政行为种类纳入行政复议范围。如沈建勋、杨邦意在"行政复议范围探究"一文中提出：实践中，大量法律未明文列举的行政行为被排除在行政复议范围之外，导致上访事件有增无减；在执法实践中，不少行政机关认为只

有法律、法规明确规定可以申请行政复议的具体行政行为才能申请行政复议。[1]

(二) 行政复议范围与行政诉讼受案范围等同造成复议范围过窄

行政诉讼是法院对行政机关的行为进行司法审查的活动，因而在确定受案范围时需要考量司法权与行政权的关系，以行政机关作出的行政行为为主要审查对象，以对行政行为进行合法性审查为主要内容。这些限制因素对于行政复议制度而言本都不存在，但是复议范围与行政诉讼范围保持了同质性，将不适合司法审查但适合行政自我监督的一些事项排除在复议范围之外。如课题组在调查问卷中收集到的各地复议机构反映实践中遇到下列具体问题是否属于复议范围有必要进一步研究：行政劝阻、专题会议纪要、交通事故认定书、专利案件、要求退还多交的养老保险金、要求将单位部分养老保险金自行垫付以领取退休费、对人事部门办理离退休不收的等新型案件。这些问题不全部适合由法院解决，但是复议机关作为行为机关的上级机关，完全可以通过复议机制解决这些问题。

(三) 没有将行政规范性文件纳入复议范围，仅可对部分抽象行政行为提出一并审查请求

《行政复议法》将复议范围限定在具体行政行为领域，公民、法人或者其他组织不能直接对抽象行政行为申请行政复议，仅能在针对具体行政行为申请复议时对作为行政行为依据的规范性文件提出一并审查的请求。此外，一并审查请求并非可针对所有抽象行政行为提起，仅能对规章以下的行政规范性文件提出。由于备案等监督机制在实践中难以发挥作用，将行政规范性文件排除在复议范围之外不利于对行政规范性文件进行监督，也不利于规范行政机关制定行政规范性文件的活动。实践中，行政规范性文件数量大，内容涉及广，且因为其更具实操性，是行政执法的重要执法依据。但是，由于《立法法》没有规定制定行政规范性文件的程序，且我国尚未制定"行政程序法"，地方制定的行政程序规定仅适用于特定区域，行政规范性文件制定程序长期缺乏规范，造成行政规范性文件在实践中存在的问题比较多，各种奇葩文件不时见诸新闻报道中。

---

[1]　参见沈建勋、杨邦意："行政复议范围探究"，载《中国工商管理研究》2010年第1期。

为解决实践中行政规范性文件存在的诸多问题，国务院办公厅分别于2018年5月31日、12月20日出台了《关于加强行政规范性文件制定和监督管理工作的通知》和《关于全面推行行政规范性文件合法性审核机制的指导意见》，这两个规范性文件对行政规范性文件制定程序进行了规范，解决了行政机关应当如何制定规范性文件的问题，但是，当行政机关没有遵循程序规定时，又该如何处理呢？事实上没有严格到位的责任机制与监督机制，即使制定了规范行政规范性文件的法律规范，行政机关是否遵循这些规定，仍然是无法保障的。《行政复议法》将抽象行政行为排除在复议范围之外，不利于监督行政机关依法制定行政规范性文件。

（四）将人事处理决定完全排除在复议范围之外

在受案范围列举规定部分，《行政复议法》第八条第一款规定，"不服行政机关作出的行政处分或者其他人事处理决定的，依照有关法律、行政法规的规定提出申诉"，从而将行政机关针对公务员作出的全部人事处理决定排除在复议范围之外，包括对公务员作出的辞退、开除等有重大影响的决定。人事处理决定完全排除在复议范围之外，不利于公务员获得救济。这一规定深受德国特别权力关系理论的影响，公务员基于其与所在行政机关之间存在的特别管理关系，只能通过内部申诉途径寻求权益救济，不能如机关外的普通公民那样寻求外部化的救济渠道的救济。但是，特别权力关系理论在德国二战之后其适用范围在限缩。德国《基本法》第十九条第四项规定：任何人的个人权利遭受公共权力侵害时，皆有权诉诸法院寻求救济，包括公务员、监狱服刑犯人、高校学生等传统特别权力关系理论适用的群体。对此，乌勒教授提出基础关系与管理关系二分法，基础关系指与设定、变更、终结特别权力关系有关联之一切法律关系，如公务员的任命、免职、命令退休等；管理关系则指单纯的管理措施，如公务员之任务分派，中小学或者大专学生之授课或者学习安排有关事项。行政机关基于基础关系作出的决定应视为行政处分，可以提起行政诉讼；基于管理关系作出的处分决定不可以申请司法救济，仍然适用特别权力关系理论。由于基础关系与管理关系的区分并非十分明确，德国联邦宪法法院1972年通过著名的"监狱服刑案"，提出了重要性理论，涉及相对人基本权利的重要事项应坚持法律优先原则，并允许相对人寻求司法救济，如公务员被开除等人事处理决定对公务员的权益具有重大影响。在德国已经对特别权力关系适用基于基本权利保障进行限缩的背景下，我国仍然坚持将之排除在复议范围之外，既不利于公务员基本权利保障，也不符合法治的基本精神。

（五）将对相对人合法权益产生实际影响的内部行政行为排除在复议范围之外

《行政复议法》第二条采用概括式规定将复议范围限定为具体行政行为。基于具体行政行为的定义，内部行政行为全部被排除在行政复议范围之外。关于内部行政行为的讨论多集中在对公务员的人事处理决定方面，忽略了以行政相对人为对象的内部行政行为是否应当纳入复议范围的探讨。有的内部行政行为，尽管是通过内部行政程序作出，但是行为的结果直接调整公民权利义务，即出现内部行为产生外部效力的问题，如政府常务会议上形成的会议纪要，形式上为内部行政行为，但是，有的会议纪要中所载明的事项直接对行政相对人的权益产生影响，因其形式上为内部行政行为，被排除在行政复议范围之外。

（六）没有将社会行政主体作出的公法性质行为纳入复议范围

根据《执行意见》第一条的规定，具体行政行为的作出主体为"国家行政机关和行政机关工作人员、法律法规授权的组织、行政机关委托的组织或者个人"，只有行使国家行政职权的主体作出的行为才属于受案范围。国家行政主体之外的社会行政主体因公共治理行使社会自治权力作出的决定，如村民委员会自行作出征地补偿安置方案并进行实施，认定具有本村集体经济组织成员户口的外嫁女及其子女不享有补偿利益，认定村民的房屋是违法建筑并实施强拆行为，将村民享有的土地使用权收回并进行转让等，这些处置行为直接影响村民的重大权益，但村民不能对这些行为申请行政复议，因为不属于国家行政主体实施的行政行为。《中华人民共和国村民委员会组织法》第三十六条规定："村民委员会或者村民委员会成员作出的决定侵害村民合法权益的，受侵害的村民可以申请人民法院予以撤销，责任人依法承担法律责任。村民委员会不依照法律、法规的规定履行法定义务的，由乡、民族乡、镇的人民政府责令改正。乡、民族乡、镇的人民政府干预依法属于村民自治范围事项的，由上一级人民政府责令改正。"最高人民法院在张某某诉东阳市人民政府、东阳市国土资源局不履行法定职责一案的裁判要旨中进一步指出：村民委员会成员对村民委员会作出的侵犯村民合法权益的行为有两条救济途径：一是向人民法院提起诉讼，二是由乡、镇人民政府责令改正。这两条途径均是村民依法获得救济的法定渠道，村民可以选择通过诉讼途径解决其与村民委员会之间的侵权纠纷，也可以选择请求乡、镇人民政府行使行政监督权，依法责令村民委员会改正侵权的决定。[1]侵权纠纷不属于行政诉讼案由，此处的侵权纠纷是将之作为民事性质争议对待，由村民向人民法院提起民事诉讼，解决其与村民委员会之间的争议。但是，村民委员会与村民之间并非民事法律关系，村民委员会作出的侵犯村民权益的决定并非基于意思自治形成的，带有公权力性质，将之作为民事争议处理并不合适。

除村民委员会这一农村自治组织之外，各类行业协会对其成员也行使一定管理权。如律协作为社会自治组织，基于章程对其成员行使管理权，依据协会处分规则对成员违反规则的行为进行惩戒。如全国律协制定了《律师协会会员违规行为处分规则（试行）》规范律师执业行为，对违反执业纪律的律师进行惩戒。以2017年为例，各律师协会2017年共收到投诉6805件，各省（区、市）律师协会和设区的市律师协会共作出行业处分409件，其中训诫处分137件、通报批评处分121件、公开谴责处分50件、警告处分43件、中止会员权利处分42件、取消会员资格处分16件。[2]全国律协通报的2017年十大律师惩戒案例中，云南省律师协会给予王理乾、王龙得取消会员资格的行业纪律处分；广东省佛山市律师协会给予梁维雄律师中止会员权利一年的行业纪律处分。律师被取消会员资格后，有的地方法院不允许其出庭，对其执业活动有直接影响。行业协会对成员所作出的惩戒行为不是基于法律、法规、规章的授权，而是基于章程及协会规则对其成员作出的管理行为，不属于行政行为的范畴，因而被认为不属于行政复议受案范围。但是律协基于对律师的管理作出行业纪律处分，不同于平等主体之间的民事法律关系，带有公法性质，这类争议如不能纳入复议范围，很难通过制度化的救济途径予以解决，不利于保障律师的权利。

---

〔1〕 参见最高人民法院（2017）最高法行申4491号行政裁定书。

〔2〕 参见靳昊："律师违规收费、代理不尽责——全国律协通报2017年度十大典型惩戒案例"，载 http://baijiahao. baidu. com/s? id=1596636104319181129&wfr=spider&for=pc;，最后访问日期：2018年12月27日。

（七）可复议行为限定为行政机关单方行政决定

公民、法人或者其他组织只能对行政机关作出的单方具体行政决定申请行政复议。单方行政决定具有很强的支配性，体现的是行政机关的单方意志，是警察行政和秩序行政的常见行为形态。公民、法人或者其他组织认为单方行政决定损害其合法权益的，可以申请行政复议。对于单方行政决定以外的行政活动，公民、法人或者其他组织不能申请行政复议。将复议范围限定在单方具体行政决定体现了以传统秩序行政为背景确立复议范围的立法思路，已远远不能适应因行政的发展变迁而产生的一系列新类型的行政争议。将新类型行政争议一律排除在复议范围之外，不利于公民权利救济。这其中就涉及在基础设施建设中日益广泛得到应用的特许经营协议，以及行政机关在民生领域采用购买公共服务的方式履行公共服务职能。在这些场景中，行政机关与企业之间不再是命令与服从的关系，双方的权利义务经约定形成，并非依据法律规范确定。在履行特许经营协议等行政合同过程中形成的争议并非民事争议，但又不属于具体行政行为形成的行政争议，按照目前《行政复议法》的规定，不能纳入复议范围予以审理。

（八）新类型监管措施不属于复议范围

随着规制行政的兴起，行政机关在实施法律过程中，越来越广泛地采用传统行政行为之外的监管措施达成规制目标。如《证券期货市场监督管理措施实施办法（试行）》第二章规定的监督管理措施包括：责令改正、监管谈话、责令公开说明、责令参加培训、暂不受理与行政许可有关的文件、责令定期报告等。这些监管措施并未直接处分相对人的合法权益，不属于具体行政行为的范畴，但是这些行政活动会对相对人的利益产生直接影响，如暂不受理与行政许可有关的文件对企业影响很大，但囿于目前过于狭窄的复议范围，由此产生的行政争议并不能纳入复议范围。随着政府职能的不断扩大，以传统行政法为背景确定的复议范围已经远远不能适应当前行政快速发展所产生的新类型行政争议，应当在修法时将这些新类型行政争议纳入复议范围中。

三、完善复议范围应当考量的因素

复议范围应当扩大没有争议，但是扩大到何种程度，将哪些行政争议纳入复议范围，则一直存在不同的认识。讨论复议范围扩大至何种程度，需要综合考量《行政诉讼法》修改、行政复议制度定位、行政复议与行政诉讼之间分工、回应有效解决因行政快速发展变迁而产生的新类型行政争议的现实需求、借鉴域外行政复议范围制度经验、复议机关复议能力等多方面因素予以考量。

（一）《行政诉讼法》关于行政诉讼范围的扩展

2014 年《行政诉讼法》修改既给复议工作带来直接影响，如复议机关作共同被告制度，也对《行政复议法》修改产生直接影响。如王春业教授在"论新《行政诉讼法》对《行政复议法》修改的影响"一文中对《行政诉讼法》修改对行政复议制度定性、《行政复议法》的立法宗旨和目的、行政复议程序和行政复议决定形式等诸多方面的影响展开了探讨。[1] 就修法对复议范围的影响而言，行政复议与行政诉讼同为行政争议解决机制，公民、法人或者其他组织认为行政行为侵犯其合法权益的，原则上可以申请行政复议、对复议决定不服再向人民法院起诉，也可以直接向人民法院提起行政诉讼。行政复议与行政诉讼的此种衔接关系使得复议范围与行政诉讼范围具有高度同质性。在此前提下，当《行政诉讼法》对受案范围作出调整时，就给复议范围修订提供了参照系，在复议范围应当较之诉讼范围更为宽泛的理念指导下，与诉讼范围保持一致成为确定复议范围的最低要求。

受案范围之修订是 2014 年修订《行政诉讼法》的核心议题之一，亦是新法修订变化最大的一项制度。修法过程中，学者强烈呼吁修法体现司法无遗漏保护原则，采用概括式规定将所有行政争议都纳入行政诉讼范围，同时列举规定排除事项。最终立法者对受案范围修改的定位为"目前我国仍处于并将长期处于社会主义初级阶段，我国还在法治国家建设的过程中，扩大受案范围不能一步到位，而是要循序渐进，逐步扩大"[2]。总体来看，新法在对受案范围的基本框架保持不变的前提下，通过用"行政行为"替代"具体行政行为"和增加列举可诉情形的方式，有限度扩大了行政诉讼受案范围。其中最引人关注的是将"认为行政机关不依法履行、未按照约定履行或者违法变更、解除政府特许经营协议、土地房屋征收补偿等协议的"等行政协议争

---

〔1〕 参见王春业："论新《行政诉讼法》对《行政复议法》修改的影响"，载《福建行政学院学报》2016 年第 4 期。

〔2〕 信春鹰主编：《中华人民共和国行政诉讼法释义》，法律出版社 2014 年版，第 36 页。

议纳入行政案件范围。对于将行政规范性文件纳入诉讼范围这一呼吁，新《行政诉讼法》保持了与《行政复议法》一致的做法，没有将行政规范性文件纳入受案范围，只能在对行政行为起诉时请求法院一并审查作为行政行为依据的行政规范性文件。

（二）行政复议作为解决行政争议主渠道的定位

在解决行政争议的诸多机制中，行政复议被定位为解决行政争议的主渠道。这一定位在修改《行政诉讼法》时再一次得到重申，并通过复议机关作共同被告制度倒逼复议机关提高纠错率，希望将更多行政争议在行政复议机制中予以化解。作为解决行政争议的主渠道、行政诉讼机制的过滤器，行政复议首先在数量上要能够较之其他争议解决机制化解更多的行政争议，这就需要在确定受案范围时要尽量缩减不能纳入复议范围的行政活动，在制度上需要明确更多的行政争议能够进入复议渠道解决。如果受案范围过窄，大量行政争议将因不符合复议受理条件不能为复议机关受理。不能通过行政复议解决的行政争议客观上仍然存在，会流向行政诉讼、信访等渠道，或者给法院造成案件压力，或者给基层造成过大维稳压力，行政复议作为解决行政争议主渠道的定位就很难实现。因此，行政复议应当拓宽复议范围，案件性质适合纳入复议范围的应尽量纳入复议范围。

（三）回应行政快速发展，将新类型行政争议纳入复议范围

实质化解行政争议的要求之一是将尽可能多的行政争议纳入复议的渠道予以解决。由于目前复议范围仅局限于具体行政行为，大量行政争议被排除在复议之外，无法通过制度化程度比较高的复议机制予以解决，这些得不到解决的社会矛盾客观存在，基本流入信访渠道，对基层政府形成比较大的压力。《行政复议法》关于复议范围的规定以传统行政法为背景展开，现行复议范围规定体现的是国家行政和秩序行政的传统行政法理念。在行政国家背景下，行政的内容、行政的主体、行政机关行使职能的方式都在快速发展中，因此而产生的行政争议由于不属于具体行政行为引起的争议而不能纳入复议范围。完善复议范围应当考虑回应行政快速发展，将新类型行政争议纳入复议范围，这其中比较突出的问题是行政协议争议问题。

（四）合理处理行政复议与行政诉讼的关系，行政复议范围不必等同于行政诉讼范围

《行政诉讼法》修订时学界即提出能否将《行政复议法》与《行政诉讼法》打包修改，将二者视为具有内在有机联系的整体予以完善，很可惜这一提议未能实现，《行政诉讼法》与《行政复议法》的修订最终分开进行，痛失对两种制度进行整合的良机。行政复议制度与行政诉讼制度相对照呈现出实体制度同质、程序制度异质的格局。一方面，立法者强调行政复议作为内部监督机制的属性，刻意与行政诉讼制度保持距离，复议程序有意去司法化，行政化程度相当高；另一方面，复议范围、复议决定等重要实体制度又与行政诉讼具有高度同质性，实体制度同质、程序制度异质的格局由此形成。两种制度的衔接目前主要体现为程序性衔接，包括复议前置、申请人不服复议决定可以在法定期限内向人民法院提起行政诉讼等程序性衔接机制。行政复议与行政诉讼在实体制度方面的同质造成救济资源的浪费，如复议机关与人民法院重复对行政行为的合法性展开内容完全一致的审查。最高人民法院耿宝建法官在"'泛司法化'下的行政纠纷解决——兼谈《行政复议法》的修改路径"一文中也提出重新定位复议与诉讼的关系，承认复议程序当事人行为效力的"准一审性"，以法院一审裁判模式为基准，改造行政复议公开听审程序。在此基础上，认可行政复议过程和行政复议决定具有类似于一审法院审理和裁判的效力。[1]

行政诉讼是由人民法院解决争议的纠纷解决机制，与行政复议相比较，人民法院较之复议机关更为中立，诉讼程序较之复议程序对抗性程度更高，但其解决争议的效率不及行政复议。确定复议范围应当结合复议与行政诉讼各自的特点与优势，二者之间在行政争议解决方面形成合理分工，行政复议范围不必也不应等同于行政诉讼范围。余凌云教授主张："从理论上讲，所有行政争议都没有理由不可以进入复议。行政处分、人事处理决定以及行政机关对民事纠纷作出的调解，似乎也不应该例外。更有那些政策性强、政治敏感、法官不宜介入的领域，通过复议委员会的组成结构和协调程序，应当也

---

〔1〕 参见耿宝建："'泛司法化'下的行政纠纷解决——兼谈《行政复议法》的修改路径"，载《中国法律评论》2016年第3期。

可以解决。"[1]行政复议作为行政系统内部解决行政争议的机制，其受理范围应当较之来自体制外的司法审查范围更为宽泛，理由主要有：

第一，行政复议机制更为灵活、简便，无论对于行政机关还是公民、法人或者其他组织，快速解决争议都是富有吸引力的。行政管理实践中行政争议类型繁多，涉及事实问题或者法律问题的复杂程度也不一样，如果能够将复议的门槛放低，让更多行政争议进入复议渠道快速解决，则可以让法院有限的司法资源应用到争议较大的行政案件中。

第二，复议机关与行为机关是同一性质国家机关，且二者具有上下级领导与被领导的关系，[2]不同于行政诉讼中法院与行政机关之间的关系，在复议范围的确定上具有更大空间。不适合由法院审查的行政争议，并不同样不适合复议机关进行审查。在确定法院司法审查范围时要考虑司法机关与行政机关之间的关系，法院不能过度干预行政权的行使，如关于行政行为合理性问题原则上法院要尊重行政机关的判断。再如行政规范性文件审查涉及政策选择，需要综合考量专业性问题、各种利益平衡问题，法官很难直接作出判断，但是作为行为机关的上一级行政机关，具备判断能力，适合纳入行政复议进行审查。因而，在复议范围的确定上应当，也可以坚持复议范围大于行政诉讼范围的理念，将更多的行政争议纳入行政复议案件范围。

（五）复议范围应与复议体制改革统筹修改

在探讨复议范围扩展时容易为人们所忽略的因素是行政复议机关解决行政争议的实际能力。复议范围扩展意味复议机关面临更多复议案件，现行分散复议体制下复议机关均面临人手不足的问题，而新《行政诉讼法》关于复议机关作共同被告制度加大了复议机关的工作量。对于复议机关来说，在复议体制不改革的前提下如果让其承担更多的复议案件，无疑不现实。因此，在探讨复议范围扩展至何种程度时需要将之与复议体制改革统筹考虑予以安排。只有在复议体制改革，复议力量得到加强的前提下，扩展复议范围才有

---

〔1〕　余凌云："论行政复议法的修改"，载《清华法学》2013年第4期。

〔2〕　余凌云教授在"论行政复议法的修改"一文中，引用域外学者"决定等级"理论解释这一问题。行政复议建立在行政机关上下级领导关系之上。行政机关上下级之间构成了一个决定等级。在这一等级序列里面，上级可以撤销、变更下级的决定。因为它们都行使着近似的权能，有着相同的资质、经验和能力。参见余凌云："论行政复议法的修改"，载《清华法学》2013年第4期。

实际意义。

四、完善行政复议范围规定的具体设想

（一）以"行政行为"替代"具体行政行为"

在《行政诉讼法》修订过程中，学者强烈呼吁采用概括式规定将所有行政争议都纳入行政诉讼范围，但这一定位未完全为立法者所采纳。《行政诉讼法》采用"行政行为"替代"具体行政行为"的方式扩大了受案范围，没有采用"行政争议"这一概念确定司法审查范围。扩大复议范围同样面临此问题，是否需要采用概括式规定将所有行政争议纳入复议范围？采用行政争议的方式界定受案范围是以争议性质为核心确定范围，至于引发争议的行为的性质不影响范围的确定。只要行政机关与公民之间因行政权行使产生争议，且已成熟，公民即可诉诸法院寻求救济。因此，采用"行政争议"概念确定的范围较之采用"行政行为"概念确定的范围要宽。复议范围越宽，对公民权利救济的力度相应越大。但是，对复议范围的扩展不能忽略的一个因素是复议机关是否具备相应的争议化解能力，目前的复议体制是否足以支撑足够宽的复议范围。如果复议体制改革不能解决行政复议权集中问题，进而在此基础上实现复议办案人员的专业化，对复议范围作大幅度扩展事实上是不现实的，尤其是在复议机关作共同被告这一制度背景下，将更多案件纳入复议范围，意味着复议机关当被告的可能性在增加，实践中很难避免复议机关不愿意让太多案件进入复议渠道的问题。复议案件即使进入复议程序，也很难保证复议案件的办理质量。目前采用"行政行为"替代"具体行政行为"的方式明确复议范围边界，可能是更可行的一种方案。以"行政行为"替代"具体行政行为"，无论在理论认识层面，还是实践层面，均已具备基础。

学界一直认为"抽象行政行为"与"具体行政行为"的分类并不清晰，存在灰色地带，造成部分复议机关和人民法院通过对具体行政行为作限缩解释将大量案件排除在受案范围之外。为回应行政实践的需要，最高人民法院和部分地方法院通过规则和司法实践持续努力化解具体行政行为所带来的受案范围过窄的问题。《最高人民法院关于执行〈中华人民共和国行政诉讼法〉若干问题的解释》（以下简称《执行解释》）取消了 1991 年《执行意见》中关于"具体行政行为"的定义。司法实践中行政诉讼受案范围也早已突破具

体行政行为的范围限制，特许经营协议争议等行政协议在有的地方修法前就已由行政庭审理，如于立深教授指出：上海法院几乎不承认行政合同，辽宁法院虽然认同行政合同，但声明均按民事合同处理。重庆、山东、浙江、江苏、安徽、福建、海南等地的法官对行政合同较认同，并经常亲自著文对审理过的行政合同案件进行解说、评析。[1]最高人民法院对待行政合同的态度在《行政诉讼法》修改之前一直处于徘徊不定的状态：2000 年《执行解释》没有将行政合同列入排除事项范围，2004 年 1 月出台了《最高人民法院关于规范行政案件案由的通知》，通知中明确规定行政合同是行政案件案由之一，这两份司法文件分别以默示和明示方式将行政合同纳入行政案件范围，但在2005 年 8 月 1 日开始施行的《最高人民法院关于审理涉及国有土地使用权合同纠纷案件适用法律问题的解释》中，在未对国有土地使用权出让合同作定性情况下将这类案件划归民事案件范围。2014 年新《行政诉讼法》出台，"具体行政行为"这一法律概念彻底被放弃，基于行政复议与行政诉讼的衔接关系，《行政复议法》也应当放弃具体行政行为概念。

《行政复议法》关于复议范围的列举规定本身也并未局限在具体行政行为范围内，列举规定与总则概括性规定之间并不完全一致，可申请复议范围事项列举中并不局限于具体行政行为，如第（九）项和第（十）项都属于行政机关不作为违法类案件，第（六）项"认为行政机关变更或者废止农业承包合同，侵犯其合法权益的"属于合同履行中的合同争议。此外，其他立法也在扩展复议范围，如 2008 年《中华人民共和国政府信息公开条例》（以下简称《政府信息公开条例》）实施后，政府信息公开答复的内容体现为政府信息不存在、政府信息属于不能公开范围不予公开等，这类答复没有对申请人的权利义务进行处置，性质为事实行为。根据《政府信息公开条例》的规定，这类争议可以申请行政复议，拓宽了复议范围的争议性质。行政复议范围在复议实践中其实已经不再局限于具体行政行为。

《行政诉讼法》没有明确"行政行为"这一核心概念的内涵与外延。2018 年 2 月 8 日开始施行的《最高人民法院关于适用〈中华人民共和国行政

---

〔1〕　参见于立深："中国行政合同制度的实践与发展——透过行政合同判例和法律文书的观察"，载余凌云主编：《全球时代下的行政契约》，清华大学出版社 2010 年版，第 45 页。

诉讼法〉的解释》（以下简称《适用解释》）仍然没有对"行政行为"这一核心概念作出解释。学理层面，行政行为虽是我国行政法学的核心概念，但对其范围宽窄认识分歧很大。行政法学教材对行政行为的认识有五种学说：与行政有关的行为说〔1〕、行政权说〔2〕、行政法律行为说〔3〕、具体行政行为说〔4〕、合法行为说〔5〕。全国人大法工委组织编写的《中华人民共和国行政诉讼法释义》一书在第二条释义中提出可以从以下几点理解"行政行为"：一是行政行为不包括行政机关的规范性文件；二是行政行为既包括作为，也包括不作为；三是行政行为包括事实行为；四是行政行为包括行政机关签订、履行协议的行为。〔6〕该书关于"行政行为"的解释是与行政诉讼受案范围密切相关的，行政规范性文件不能直接被诉，只能提起一并审查，因而被排除在受案范围之外。制定行政规范性文件的活动属于行政行为，但不在受案范围内，是受案范围以外的行政行为。

由于行政法学理论关于行政行为内涵的认识分歧较大，加之行政行为类型多样，在法律中对其进行界定难度极大，建议《行政复议法》引入"行政行为"概念之后，即在总则中明确公民、法人或者其他组织认为行政行为侵犯其合法权益可以申请行政复议的同时用一款明确行政行为所包含的形态，包括：行政决定；行政机关制定的行政规范性文件和重大行政决策；行政协议；事实行为；不作为等。

（二）下列行政行为增加纳入复议范围

学界关于完善复议范围的一种研究路径是论证某类行为应当纳入复议范围，

〔1〕 参见罗豪才、湛中乐主编：《行政法学》，北京大学出版社2006年版，第107页。
〔2〕 参见姜明安主编：《行政法与行政诉讼法》，北京大学出版社2011年版，第152页。
〔3〕 此说采用学者最多，可认为是行政法学界通说，包括罗豪才教授主编、应松年教授主编、马怀德教授主编、张树义教授主编、周佑勇教授主编、邹容、沈福俊主编的一系列教材都采行政法律行为说。
〔4〕 参见叶必丰：《行政行为的效力研究》，中国人民大学出版社2002年版，第25页；章志远："行政行为概念重构之尝试"，载《行政法学研究》2001年第4期；余凌云：《行政法讲义》，清华大学出版社2010年版，第213~214页；胡建淼、江利红：《行政法学》，中国人民大学出版社2014年版，第132页；杨建顺主编：《行政法学总论》，中国人民大学出版社2012年版，第178页。
〔5〕 参见刘勉义："论行政行为与行政机关事实行为的界分"，载刘莘等主编：《中国行政法学新理念》，中国方正出版社1997年版，第118页；王荦旺等："对'行政法律行为'概念探讨"，载《行政法学研究》1997年第2期。姜明安教授较早倡导这一学说，后来也放弃了。
〔6〕 参见信春鹰主编：《中华人民共和国行政诉讼法释义》，法律出版社2014年版，第8~9页。

即为正面列举作增项，包括探讨将抽象行政行为[1]、内部行政行为[2]、信访行为[3]等纳入复议范围。关于扩大复议受案范围的探讨已经持续了二十余年，修法扩大复议范围的条件目前已经具备，可以在具体行政行为之外，考虑将下列类型行政行为纳入复议范围。

1. 行政规范性文件和重大行政决策

行政规范性文件和重大行政决策均属于抽象行政行为。学者很早就呼吁将抽象行政行为纳入行政复议范围。如马怀德教授在早期发表的"将抽象行政行为纳入行政复议的范围——规范和监督政府行为的重要途径"一文中就对将抽象行政行为纳入复议范围的必要性、可行性、纳入之后的制度建构作了系统研究，文章认为现行体制下对抽象行政行为的监督途径很多，但是收效甚微，需要引入行政复议这一监督机制。[4]

早期关于抽象行政行为纳入复议范围的研究主要是指行政规范性文件，不包括重大行政决策。与社会快速转型相对应，重大行政决策成为政府日益广泛应用的治理工具，其法治化提上议程。2004年，国务院发布的《全面推进依法行政实施纲要》（以下简称《纲要》）将"科学化、民主化、规范化的行政决策机制和制度基本形成"列为基本建成法治政府目标的一项内容，提出"健全行政决策机制"，之后，重大行政决策法治化成为法治政府建设的重要内容。2008年《国务院关于加强市县政府依法行政的决定》、2010年《国务院关于加强法治政府建设的意见》、2014年《依法治国决定》、2015年《实施纲要（2015-2020年）》等一系列文件中均对重大行政决策法治化提出要求。立法层面，地方通过在行政程序规定中规定重大行政决策程序和制定

〔1〕 参见马怀德："将抽象行政行为纳入行政复议的范围——规范和监督政府行为的重要途径"，载《中国法学》1998年第2期；方军："将抽象行政行为纳入行政复议范围的立法构想"，载《法学研究》2004年第2期；王青斌：《行政复议制度的变革与重构——兼论〈行政复议法〉的修改》，中国政法大学出版社2013年版，第111~112页。

〔2〕 参见金成波："内部行政行为纳入行政复议范围的妥当性考量"，载《法治研究》2013年第11期。

〔3〕 参见程洁："信访投诉纳入行政复议范围的法理论纲"，载《江苏大学学报（社会科学版）》2011年第6期；章剑生："论信访处理行为的可复议性——基于《信访条例》有关规定所展开的解释"，载《法商研究》2011年第6期。

〔4〕 马怀德："将抽象行政行为纳入行政复议的范围——规范和监督政府行为的重要途径"，载《中国法学》1998年第2期。

专门重大行政决策程序立法的方式，发布了大量关于重大行政决策的程序规定。2016 年发布的《国务院 2016 年立法工作计划》中将《重大行政决策程序暂行条例》列入"全面深化改革急需的项目"类别；2019 年 5 月 8 日，《重大行政决策程序暂行条例》公布，于 2019 年 9 月 1 日开始实施。重大行政决策与行政规范性文件均涉及政府对各种利益的综合平衡、考量，对决策中实体问题的裁判更适合纳入复议机制由制定机关的上级机关进行审查判断。

2. 社会组织对其成员作出的影响成员重大权益的行为

国家行政为公共行政的核心组成部分，但并非公共行政的唯一完成主体，相当部分公共行政由社会行政主体来完成，尤其是随着简政放权的深入推进，越来越多的政府职能移交给行业协会进行管理。过去由国家行政主体履行的公共职能越来越多交由社会行政主体行使，由行业协会通过制定行业标准和实施惩戒等方式规范其成员的行为，社会行政主体在公共行政管理中发挥着越来越重要的作用。社会组织基于内部章程和纪律处分规则作出的处置行为对成员的权利义务亦会产生直接影响。如村民委员会自行作出征地补偿安置方案并进行实施，认定具有本村集体经济组织成员户口的外嫁女及其子女不享有补偿利益，认定村民的房屋是违法建筑并实施强拆行为，将村民享有的土地使用权收回并进行转让，等等，这些处置行为直接影响村民的重大权益。再如中国足球协会 2019 年发布的《中国足球协会纪律准则》（以下简称《准则》）共计五章一百一十三条，其中规定对自然人和组织都适用的处罚种类包括：警告、通报批评、罚款、退回奖项、禁止转会、取消注册资格、禁止从事任何与足球有关的活动、中国足球协会规定的其他处罚。[1]根据《准则》第十七条的规定，罚款不应低于 1000 元，不得高于 100 万元；罚款应由违规者于处罚生效之日起 15 日内支付至中国足协指定账户，逾期未缴纳者将视情形加重处罚（包括追加停赛、罚款等）。这些种类的处罚涉及被处罚球员、教练员、俱乐部的财产权、声誉、资质等重大利益，与行政机关行政管

---

〔1〕 2017 年 7 月 5 日，中国足协公布对保定容大俱乐部的处罚决定，对保定容大俱乐部处以通报批评，罚款 10 万，对保定赛区处以空场 1 场，罚款 5 万人民币，保定容大负责人孟永立禁止进入足协所办比赛的体育场馆 24 个月，罚款 10 万，主教练停赛 2 场，罚款 1 万。参见"中国足协公布对保定容大俱乐部处罚决定"，载 http://www.sohu.com/a/154769027_ 163477，最后访问日期：2019 年 1 月 11 日。

理中作出的行政处罚并无区别。纪律委员会作出的处理决定一经发出或者公布立即生效，被处理人仅对《准则》第一百零六条规定的处罚可以向中国足球协会仲裁委员会提出申诉，其他处罚不得申诉。

国家行政主体以外的社会行政主体在履行公共治理职能过程中产生的争议，需要有争议解决机制予以回应。社会行政主体与其成员之间的关系并非纯粹平等主体之间的民事法律关系，二者之间具有管理与被管理的关系，社会组织需要具有一定的管理权以维系组织内部秩序，保证成员遵守相关规则。如足协基于维护足球比赛良好秩序的需要，对球员、教练、俱乐部违反足协规定的行为，享有处罚权。基于社会组织行使自治权作出的处置行为而产生的争议更类似公法争议，因为处置结果并非二者通过协商的方式确定，而是由社会组织基于一定事实、适用规则作出的处理决定，将其作为公法争议对待更符合该类争议的特点。《行政复议法》目前没有将社会行政主体作出的不利于其成员、对其成员权益有重大影响的处理行为纳入复议范围，不利于公民权利保护，应当将这部分行为纳入复议范围中。

3. 行政协议等双方合意行政行为

行政协议也称行政合同，为回避民事合同与行政合同之争，且考虑到现行立法多采用行政协议的表述，《行政诉讼法》修法采用了行政协议而非行政合同的名称。根据 2019 年 11 月 27 日发布的《最高人民法院关于审理行政协议案件若干问题的规定》（以下简称《行政协议规定》）第一条的规定，行政协议是指行政机关为了实现行政管理或者公共服务目标，与公民、法人或者其他组织协商订立的具有行政法上权利义务内容的协议。根据《行政协议规定》第二条之规定人民法院应当依法受理的行政协议包括：（1）政府特许经营协议；（2）土地、房屋等征收征用补偿协议；（3）矿业权等国有自然资源使用权出让协议；（4）政府投资的保障性住房的租赁、买卖等协议；（5）符合《行政协议规定》第一条规定的政府与社会资本合作协议；（6）其他行政协议。加了兜底条款意味着在《行政诉讼法》明确列举的政府特许经营协议和土地、房屋等征收征用补偿协议之外，其他类型行政协议亦属于行政诉讼受案范围。《行政协议规定》还列举规定下列两类协议不属于行政协议：（1）行政机关之间因公务协助等事由订立的协议；（2）行政机关与其工作人员订立的劳动人事协议。这两类协议均为带有内部行政性质的协议。

20世纪以来行政权扩张的内容之一体现为政府承担越来越多的公共服务职能，政府在履行公共服务职能时主要采用寻求私人合作的方式，而非传统的单方命令行为方式，行政机关与私人之间通过签订合同的方式明确双方的权利义务。但是，对于此类合同的性质行政法学界与民法学界一直存在不同认识，直至2014年修订《行政诉讼法》，将行政机关不依法履行、未按照约定履行或者违法变更、解除政府特许经营协议、土地房屋征收补偿等协议产生的争议明确为行政争议，纳入行政诉讼受案范围。行政机关与私人签订行政合同的目的是实现公共管理，是行政机关履行公共职能的一种新的方式，合同双方在履行行政合同过程中产生的争议性质属于公法争议，而非私法合同争议。随着政府与社会资本合作的大力推进，行政协议在实践中的应用日益广泛，因此而产生的争议的性质经《行政诉讼法》明确为行政争议之后，也可以将之纳入复议范围。

4. 对公民、法人或者其他组织权利义务产生实际影响的内部行政行为

内部行政行为与外部行政行为相对应，通常指行政机关以其他行政机关、行政机关工作人员为对象作出的行政行为。内部行政行为由于不直接以公民、法人或者其他组织为对象，无论在行政复议还是在行政诉讼中均不属于受案范围。内部行政行为类型多样，有的内部行政行为对公务员重大权益有直接影响，有的内部行政行为具有外化效力，对外部主体有影响。有的学者提出在对内部行政行为进行类型划分的基础上将部分内部行政行为纳入复议范围，如金成波副教授在"内部行政行为纳入行政复议的妥当性考量"一文中提出将人事行为、外化的内部行政行为、机关与机关之间的内部行政行为这三类内部行政行为纳入复议范围。[1]内部行政行为被排除在复议范围之外的理论基础因行为影响对象不同而有所不同。以公务员为对象作出的人事处理行为被排除在复议范围之外的基础为特别权力关系理论，与公民、法人或者其他组织相关的内部行政行为被排除在复议范围之外的基础为内部行政行为不直接处分相对人的权利义务。

《行政诉讼法》第二条规定："公民、法人或者其他组织认为行政机关和

---

〔1〕 参见金成波："内部行政行为纳入行政复议的妥当性考量"，载《法治研究》2013年第11期。

行政机关工作人员的行政行为侵犯其合法权益，有权依照本法向人民法院提起诉讼。"该条并不要求可诉行政行为要直接处分相对人的权利义务。《适用解释》第一条第二款列举规定了九项不属于行政诉讼受案范围的具体情形，[1]并用一项兜底条款明确了判断一项行政行为不属于行政诉讼受案范围的标准，即"对公民、法人或者其他组织权利义务不产生实际影响的行为"，不属于行政诉讼案件范围。反之，如果行政行为对公民、法人或者其他组织权利义务产生实际影响，则应当属于受案范围。内部行政行为、过程性行为、程序性行为、法院生效裁判执行行为等行为都并非绝对不属于受案范围，如果这些行政行为对公民、法人或者其他组织的权利义务产生实际影响，则也属于受案范围。如在王明德诉乐山市人力资源和社会保障局工伤认定案（最高人民法院第69号指导性案例）中，该案裁判要旨中明确：当事人认为行政机关作出的程序性行政行为侵犯其人身权、财产权等合法权益，对其权利义务产生明显的实际影响，且无法通过提起针对相关的实体性行政行为的诉讼获得救济，而对该程序性行政行为提起行政诉讼的，人民法院应当依法受理。[2]法院认为：被告作出《中止通知》，属于工伤认定程序中的程序性行政行为，如果该行为不涉及终局性问题，对相对人的权利义务没有实质影响的，属于不成

---

〔1〕　九项不属于受案范围的具体情形：（1）公安、国家安全等机关依照刑事诉讼法的明确授权实施的行为。这类行为属于刑事诉讼中的司法行为，性质非为行政行为，因此不属于行政诉讼受案范围。（2）调解行为以及法律规定的仲裁行为。（3）行政指导行为。行政指导行为对当事人没有约束力，并非对当事人权利义务的直接处置。（4）驳回当事人对行政行为提出申诉的重复处理行为。（5）行政机关作出的不产生外部法律效力的行为。（6）行政机关为作出行政行为而实施的准备、论证、研究、层报、咨询等过程性行为。（7）行政机关根据人民法院的生效裁判、协助执行通知书作出的执行行为，但行政机关扩大执行范围或者采取违法方式实施的除外。（8）上级行政机关基于内部层级监督关系对下级行政机关作出的听取报告、执法检查、督促履责等行为。（9）行政机关针对信访事项作出的登记、受理、交办、转送、复查、复核意见等行为。

〔2〕　本案基本案情如下：原告王明德系王雷兵之父。2013年3月18日，王雷兵驾驶无牌"卡迪王"二轮摩托车发生交通事故死亡。2013年4月10日，第三人四川嘉宝资产管理集团有限公司峨眉山分公司就其职工王雷兵因交通事故死亡，向被告乐山市人力资源和社会保障局申请工伤认定，并同时提交了峨眉山市公安局交警大队所作的《道路交通事故证明》等证据。被告以公安机关交通管理部门尚未对本案事故作出交通事故认定书为由，当日作出乐人社工时〔2013〕05号（峨眉山市）《工伤认定时限中止通知书》（以下简称《中止通知》），并向原告和第三人送达。2013年6月24日，原告通过国内特快专递邮件方式，向被告提交了《恢复工伤认定申请书》，要求被告恢复对王雷兵的工伤认定。因被告未恢复对王雷兵工伤认定程序，原告遂于同年7月30日向法院提起行政诉讼，请求判决撤销被告作出的《中止通知》。

熟的行政行为，不具有可诉性，相对人提起行政诉讼的，不属于人民法院受案范围。但如果该程序性行政行为具有终局性，对相对人权利义务产生实质影响，并且无法通过提起针对相关的实体性行政行为的诉讼获得救济的，则属于可诉行政行为，相对人提起行政诉讼的，属于人民法院行政诉讼受案范围。

内部行政行为不直接处分相对人的权利义务，并不意味内部行政行为不影响相对人的合法权益。《适用解释》规定的九项不属于受案范围事项中，涉及内部行政行为的有两项，分别为第（五）项"行政机关作出的不产生外部法律效力的行为"与第（八）项"上级行政机关基于内部层级监督关系对下级行政机关作出的听取报告、执法检查、督促履责等行为"。第（八）项所列举的"听取报告、执法检查、督促履责"等事实行为通常不会产生外部法律效力。第（五）项的规定不涉及内部行政行为的具体方式，而是指出"行政机关作出的不产生外部法律效力"的行为不属于受案范围，反之，行政机关作出的产生外部法律效力的行政行为就应当属于受案范围。内部行政行为与外部行政行为的区分是以行为对象为标准所作的分类，并非以是否对外部主体具有法律效力所作的分类，并非所有内部行政行为都不会对外部公民、法人或者其他组织的权利义务产生实际影响。如果对行政行为的作出过程进行完整考察，我们会发现行政过程由外部程序与内部程序交替构成，很多内部行为是最终对外作出的决定不可分割的组成部分，如有的行政许可必须经过上级行政机关批准后才能生效，批准这一内部行政行为对被许可人有直接影响。再如有的行政机关以会议纪要的形式代替行政决定的作出，直接在会议纪要中处分公民、法人或者其他组织的权利或者设定义务。因此，当内部行政行为对公民、法人或者其他组织产生外部法律效力，具有外化效力，就应当属于复议范围。

5. 以公务人员为对象的重大人事处理决定应纳入复议范围

随着二战之后特别权力关系理论在德国的发展，学界对将开除等对公务员有重大影响的处理决定纳入行政诉讼范围已基本形成共识，很遗憾《行政诉讼法》修改时并未将之纳入诉讼范围。在《行政复议法》的修订讨论中，基于行政机关对公务员作出的开除等人事处理决定对公务员权益有重大影响，而现行的人事仲裁、申诉等途径并不能有效保障公务员的权益，多数学者亦主张将这类人事处理决定纳入复议渠道予以解决，以更好地保障公务员的权利。

《中华人民共和国监察法》出台后，如何处理政务处分与行政处分的关系存在不同的认识，有了政务处分之后，行政处分是否还有存在的必要？2019年10月8日，中国人大网公布《中华人民共和国公职人员政务处分法（草案）》，面向社会征求意见，根据该草案第二条的规定，"公职人员有违法行为，需要给予政务处分的，由处分决定机关、单位依照本法给予政务处分。法律另有规定的，从其规定"，任免机关、监察机关均作为处分决定机关。2020年5月4日，中国人大网发布《中华人民共和国公职人员政务处分法草案二次审议稿》，对政务处分与任免机关、单位作出的处分进行区分，《中华人民共和国公职人员政务处分法草案二次审议稿》第二条第一款规定"本法适用于监察机关对违法的公职人员给予政务处分的活动"；第二款规定"本法第二章、第三章适用于公职人员任免机关、单位对违法的公职人员给予处分，处分的程序、申诉等适用其他法律、行政法规、国务院部门规章和国家有关规定"，据此规定，任免机关、单位不作为政务处分的作出主体。监察机关性质上不属于行政机关，监察机关作出的决定无法纳入行政复议的范围。但是，由行政机关作为任免机关对公职人员作出的对其合法权益有重大影响的人事处理决定，性质上仍然是行政行为，宜纳入行政复议范围。

（三）复议范围规定方式

1. 采用概括式可复议加排除列举的方式

前述对复议范围内容的扩展以何种方式予以体现？这是完善复议范围规定需要探讨的另一个重要问题。现行复议范围采用的是概括式规定加正面列举和排除列举并用的方式，这也是1989年《行政诉讼法》采用的规定方式。修法过程中，学者强烈呼吁修法体现司法无遗漏保护原则，采用概括式规定将所有行政争议都纳入行政诉讼范围，同时列举规定排除事项。最终立法者对受案范围修改的定位为"目前我国仍处于并将长期处于社会主义初级阶段，我国还在法治国家建设的过程中，扩大受案范围不能一步到位，而是要循序渐进，逐步扩大"[1]。这一定位在受案范围规定方式上体现为保留了旧法概括式规定与列举式规定相结合的方式确定受案范围的做法：总则第二条以行政行为替代具体行政行为的方式对行政案件范围作出概括性规定，第十二条

----

〔1〕　信春鹰主编：《中华人民共和国行政诉讼法释义》，法律出版社2014年版，第36页。

对法院受理案件的具体事项作列举式规定，第十三条对不属于受案范围的四项排除事项作列举规定。其中，第十二条第一款列举的可诉事项由七项增加至十一项。《行政诉讼法》修改完成后，新法关于受案范围的规定被认为过于保守，沿袭旧有规定的方式没有从根本上改变有限受案范围的格局，明确列举之外的事项是否能在司法实践中被纳入受案范围成为一个让人担忧的问题，《行政复议法》修订时在复议范围规定方式上应该避免《行政诉讼法》的问题。对此，王春业教授主张采用负面清单模式对复议范围的规定进行改造，即先规定一个可以提起行政复议的概括性范围，在此前提下，列出不能提起行政复议的负面清单。不在负面清单范围内的都是可以提起行政复议的事项。从而既充分扩大行政复议受案范围、节约立法成本，也解决受案范围事项归类上的逻辑混乱问题。[1]

在采用"行政行为"概念概括式规定复议范围的基础上，由于客观上确实存在一些事项不宜纳入复议渠道进行审查，因而，复议范围规定方式的问题主要体现为要不要保留可复议事项的正面列举。正面列举的好处是将一些常见的行政行为类型以明示的方式告知公民和复议机关，但其最大的问题是在实践中很容易出现不列举事项就不予受理的问题。如果说《行政诉讼法》《行政复议法》制定之初，无论是行政机关、人民法院，还是公民、法人或者其他组织，均不熟悉，通过正面列举方式无疑有助于解决认知不足的问题，目前这一问题则不再存在，正面列举必要性已经大大降低。最高人民法院2000年发布的《执行解释》中采用正面概括式规定与排除列举式规定相结合的方式规定了受案范围。正面概括式规定指《执行解释》第一条第一款的规定："公民、法人或者其他组织对具有国家行政职权的机关和组织及其工作人员的行政行为不服，依法提起诉讼的，属于人民法院行政诉讼的受案范围。"这样，行政行为原则上都属于行政诉讼受案范围。在此基础上，《执行解释》第一条第二款规定了不属于人民法院受案范围的除外事项。针对下列行为提起的诉讼不属于行政诉讼受案范围：（1）《行政诉讼法》第十二条（此处指1989年《行政诉讼法》第十二条）规定的行为；（2）公安、国家安全等机关依照《中华人民共和国刑事诉讼法》的明确授权实施的行为；（3）调解行为

---

〔1〕 参见王春业："行政复议受案范围负面清单模式之建构"，载《法商研究》2017年第4期。

以及法律规定的仲裁行为；（4）不具有强制力的行政指导行为；（5）驳回当事人对行政行为提出申诉的重复处理行为；（6）对公民、法人或者其他组织权利义务不产生实际影响的行为。《执行解释》的这一做法被认为扩大了《行政诉讼法》关于受案范围的规定，明确了行政行为原则上可诉。《行政复议法》修改应当避免《行政诉讼法》修订过于保守的做法，采用《执行解释》的规定方式，以概括式原则规定加排除列举的方式规定复议范围，为公民提供充分的救济，充分发挥复议作为解决行政争议主渠道的作用，尽可能将争议纳入复议渠道解决，实现实质化解行政争议。

2. 纳入复议范围的社会行政主体行为单列一款予以规定

行政复议制度建构以行政机关为对象展开，因此，纳入复议范围的社会行政主体作出的行为可以采用单列一款的方式予以规定：村民委员会、行业协会等自治组织的成员认为村民委员会、行业协会对其作出的处理决定损害其重大合法权益的，可以依照本法申请行政复议。

3. 完善排除事项的列举规定

《行政复议法》采用两种方式限定了不属于复议范围的事项，其一是通过总则将可复议行为限定为"具体行政行为"，不属于具体行政行为的行政行为，自然不属于复议范围。其二是《行政复议法》第八条列举了两类事项：不服行政机关作出的行政处分或者其他人事处理决定的，依照有关法律、行政法规的规定提出申诉；不服行政机关对民事纠纷作出的调解或者其他处理，依法申请仲裁或者向人民法院提起诉讼。与《行政诉讼法》关于排除事项的列举规定相比较，《行政复议法》的规定不够明确。排除事项列举与可复议范围之间为此消彼长的关系，属于排除事项范围的行为，不属于可复议行为范围。与前述扩大复议范围的设想对应，可以考虑将以下几类行为明确列举在不可复议范围内：

第一，行政机关制定行政法规与规章的行为。行政法规与规章在我国为《立法法》所规定的法的类型，采用其他监督途径对其合法性进行监督更为合适。

第二，国防与外交等国家行为。国防与外交等国家行为产生的争议不是法律争议，不适合通过复议机制解决。

第三，行政机关对行政机关工作人员作出的不影响其重大权益的人事行政处理决定。行政机关对行政机关工作人员作出的开除等人事处理决定对工作人员的权利产生重大影响，属于复议范围。行政机关对行政机关工作人员作出的不影响其重大权益的人事行政处理决定通过复议以外的途径予以解决。

第四，行政机关作出的不产生外部法律效力的内部行政行为。对公民、法人或者其他组织的权益产生直接影响的内部行政行为属于复议范围，不产生外部法律效力的内部行政行为则不属于复议范围。

第五，不服行政机关对民事纠纷作出的调解或者其他处理。这类争议以申请仲裁或者直接向人民法院提起民事诉讼的方式解决。

第五章

建构公正与效率并重的行政复议程序制度

　　程序改革是我国行政复议制度改革的核心问题之一。[1]立法之初对司法化的刻意反其道而行之的制度构建定位，导致当前行政复议程序过于简化与内部行政化，程序理性与程序公正的基本制度要素缺失，复议决定的正当性由此失去基础，难以得到申请人和社会的认同。公民、法人和其他组织或者直接选择提起行政诉讼，或者复议之后再提起行政诉讼。"大信访、中诉讼、小复议"的行政争议解决格局一定程度上反映出复议制度面临能否有效解决争议的信任危机。这种现象造成行政争议未能在行政复议机制中得到有效解决，既没有发挥行政机关在解决行政争议方面所具有的专业优势和便捷优势，也增加了社会解决行政争议的成本。程序公正既是实体公正的保证，也是实体决定得到程序当事人和社会认同的基础。如要提升行政复议解决行政争议的有效性，必须改变现行反司法化的行政复议程序定位，开展以提升程序公正性为重心的系列公正程序制度改革。随着我国行政程序法治建设的发展，正当程序理念得到社会普遍认同，并在行政管理立法中得以制度化，当前行政复议程序的公正性可以说甚至不及行政处罚程序、行政许可程序等决定程序，改革势在必行。本章拟在分析反司法化定位下行政复议程序的主要特点及其存在的问题的基础上，围绕如何认识反司法化问题，就改革与完善公正与效率并重的行政复议程序制度作系统、深入的探讨。

---

　　〔1〕 行政复议程序制度有广义与狭义之分，狭义仅指复议案件的申请、受理、审理，广义还包括管辖、行政复议与行政诉讼的衔接、送达等制度。

一、反司法化定位下的现行行政复议程序的主要特点

行政复议程序的特点由立法者对复议制度性质定位而决定。与立法作出的"行政复议是行政机关内部自我纠正错误的一种监督制度"性质定位相对应，行政复议制度的设计应当"体现行政复议作为行政机关内部监督的特点，不宜、也不必搬用司法机关办案程序，使行政复议'司法'化"〔1〕。行政复议程序制度的设计也体现了这一基本要求，基于反司法化定位建构的行政复议程序呈现出如下主要特点：

第一，由于复议不设专门的行政复议机构，由复议机关的法制工作部门作为复议机构承担复议工作，复议案件的办理无异于复议机关内其他部门对普通行政事务的处理，一般需要按照办件的内部流程逐级报批，复议程序没有体现复议活动以解决行政争议为内容的特点。书面审的贯彻进一步排除了申请人与被申请人对复议的参与，复议程序因此呈现出较强的内部行政程序特点。行政复议通常被认为的相对于司法救济所具有的高效、灵活、便捷的行政优势遂递减在层级繁琐的公文旅行途中。

第二，没有为申请人参与复议过程作出制度安排，被申请人较之申请人与复议工作人员的接触更为密切，二者在程序中并未得到同等对待。作为一种行政内部自我纠错的监督机制，行政复议的功能更强调维护客观行政法秩序、而非申请人主观权利的维护。在程序构建上体现为较强的复议机关主导色彩，强调通过复议工作人员的努力去查明事实真相，并不重视申请人与被申请人之间的抗辩对复议过程的推动。书面审原则的贯彻又使得复议工作人员对事实问题的查明更多依赖于被申请人提交的证据材料，在办案过程中更重视与被申请人之间的沟通，申请人在复议过程中基本处于无所作为的状态。申请人既没有机会向复议工作人员陈述自己的意见，也没有机会与被申请人展开辩论，从而无法有效影响复议决定的作出。在大量复议案件中，申请人

---

〔1〕《行政复议法》出台后，国务院专门下发文件部署该法的贯彻实施事宜，并重申"行政复议是行政机关自我纠正错误的一种重要监督制度"。有人认为，我国立法及其贯彻实施中事实上将行政复议制度与现有的行政监察、层级监督和信访制度相提并论。参见方军："论中国行政复议的观念更新和制度重构"，载周汉华主编：《行政复议司法化：理论、实践与改革》，北京大学出版社2005年版，第25页。

将申请书递交给复议机关后就是消极等待复议决定。由于未能参与到复议案件的审理过程中，无法知晓办案人员是如何认定事实的，如果复议决定对其不利，申请人自然会选择提起行政诉讼。参与原则的缺失由此导致复议决定失去申请人的认同基础。参与原则的缺失在不利于保护申请人利益的同时也使得律师代理在复议中发挥作用的空间极其有限，律师作为法律专业人员对于法律争议有效解决所能发挥的积极作用在复议中无法体现，无助于复议专业性的提升和案件审理质量的提高。

第三，复议案件的审理原则上实行书面审，不进行言词辩论，只在申请人提出要求或者复议机构认为必要时，听取申请人、被申请人和第三人的意见。书面审查导致复议排除适用直接言词原则，申请人与被申请人之间没有机会展开辩论，各自意见基本都是单向向复议机关提出，没有体现裁决争议行为应当具有的两造对抗、居中裁决的基本程序构造。实践中由于复议工作人员还同时承担了其他大量行政工作，很难将全部精力投入到复议案件的办理中，很少就事实问题再进行调查，主要通过对被申请人提交的材料进行书面审查来查明事实。[1] 而我国目前由于行政决定程序自身并不完善，证据的收集和认定等方面还存在不少的问题，需要当事人双方在复议案件审理过程中就事实问题展开对质。书面审在行政程序自身并不完善的情形下应当说非常不利于查明事实问题。复议决定的事实基础通常就建立在作出具体行政行为认定的事实基础之上，复议决定中维持决定所占比例较高也就并不奇怪。

第四，为突显行政的灵活、便捷，强调简化程序，不对复议程序具体规则作出全面、可操作性的规定，特别是没有对证据制度作出规定，复议决定的理性基础欠缺制度保障。基于对程序规定过细会束缚办案人员的手脚的假设，当前立法对复议程序的规定比较简单，可以说有过度简化之嫌，欠缺必要的基本制度规定，导致办案人员无所适从。如调查取证程序问题：一方面是调查取证工作需要细化规定，需要明确复议机关的调查职权是遵循职权调查原则还是有限调查、复议机关能够采取哪些调查措施等；另一方面是实际工作中复议工作人员由于难以专职于复议工作，调查取证工作有时没有时间

───────────

〔1〕　有的学者将之称为闭门式审查，行政复议审查阶段由此似乎成为台后戏。参见杨小君："对行政复议书面审查方式的异议"，载《法律科学（西北政法学院学报）》2005 年第 4 期。

保证，难以落实。再如证据规则的问题，复议证据种类、证据的证据能力与证明力如何认定、举证责任如何分配、证明标准等都没有明确规定。

第五，行政复议过程封闭、不透明，不向社会公开，复议决定书不向申请人和被申请人作出详细的理由说明。人民法院审理案件实行公开原则，公民可以到庭旁听，案件审理的过程向公众公开，接受公众的监督。反过来，庭审过程的公开增加了当事人和公众对判决的认同。行政复议由于实行书面审原则，不公开举行，公众无法旁听，其公正性难以得到社会认同，更难得到当事人的认同。行政复议过程的不透明无疑是行政复议背上不公正之名的主要原因之一。

第六，制度用语刻意避免司法色彩，造成理解和认同的困难。为与行政诉讼制度相区别，《行政复议法》在很多用语上都刻意与诉讼制度不一样。如主体不使用当事人的概念，采用申请人和被申请人替代当事人；不规定回避制度，不使用案件、管辖等典型诉讼概念，等等。

二、对行政复议程序制度反司法化定位的反思

行政复议程序要能够保障公正解决行政争议，行政复议程序所呈现出来的诸项特点，其实就是其存在的诸多缺陷，而且这些缺陷都属于结构性程序制度缺失。立法当初为突显行政复议与行政诉讼之不同，也为体现行政复议解决争议所具有的高效、便捷优势，高举反司法化的大旗，却未料程序构建的反司法化制度定位反被指称为造成目前行政复议面临诸多困境的罪魁祸首。究其原因，源于两个背离的发生：

第一，行政复议功能定位与行政复议启动机制的背离。行政复议到底是行政的内部监督机制还是公民的权利救济机制？这个问题立法之初就存在且延续至今。虽然这个问题并非一个非此即彼的问题，而是哪一个是行政复议的首要功能和制度基础的问题，因为这两种功能如一枚硬币之两面可以同时存在，但将何者作为行政复议制度的基础却会形成不同的制度取舍。对这个问题的判断应以行政复议的启动为逻辑前提，因为过程是启动之后的延续。既然行政复议与行政诉讼一样实行不告不理的原则，即行政复议因公民、法人或其他组织的诉求才能启动，那么，行政复议当然首先应当是公民的权利救济机制，否则，公民来申请行政复议目的何在？因此，权利救济才是行政复议

的主要功能，而监督功能则在权利救济过程中得以实现，其可谓行政复议的副产品。[1] 比较行政复议与审计、监察等内部监督机制，可以看到后者是由行政机关主动启动，而非如行政复议那样应公民之诉求而启动。目前的内部监督机制定位将因申请人的主观诉求而启动的程序演变成维护客观法秩序的过程，且在此过程中过度忽视申请人作用的发挥，于申请人而言极不合理。过于忽视申请人在行政复议过程中的程序权利制度安排，必然导致申请人选择放弃行政复议。就目前行政复议工作人员的力量和具体行政行为的数量与每年的行政复议案件的数量之间的比例而言，是相当不匹配的。行政复议案件与行政诉讼案件每年的数量基本持平也反映出行政复议被作为解决行政争议的数量主力军的预期并未能出现。可见，没有申请人的诉求，行政复议就成了无源之水，上级监督下级行政机关依法行政的目标也就失去了实现的平台。

第二，行政复议程序定位与行政复议行为特性的背离。基于内部监督机制功能定位之下的反司法化的程序定位，背离了行政复议作为一种争议裁决活动的行为特性，复议决定由此失去程序公正与程序理性基础，程序与实体背道而驰。行政复议行为内容客观上体现为裁决争议，是由复议机关对公民、法人或其他组织与行政机关之间产生的行政争议进行裁决的活动，其程序构造涉及三方主体：复议机构、复议申请人、复议被申请人。行政复议程序制度应当为这三方主体各自在行政复议的职能及因此而产生的程序权利义务作出制度安排，忽视哪一方主体，复议程序构造都是有缺陷的，非为完整之程序。目前，反司法化的程序定位造成行政复议程序照搬行政决定的二方主体程序构造，由行政复议机构依职权推进程序形成复议决定，欠缺基本的两造对抗程序构造，存在严重缺陷，与行政复议行为的内容不匹配。

司法化与反司法化之争源于裁决争议本是司法性质的活动，但复议机关性质又归属行政机关，那么，行政复议程序是依机关性质定位为行政程序还是按行为内容定位为司法程序？其实如果采取完全司法化，则行政复议同质于行政诉讼，几无存在之制度基础；如果采完全反司法化，则背离裁决争议对公正性的基本要求，几无存在之现实基础。由此可见，如果承认行政复议与行政诉讼是解决行政争议的二元机制，完全司法化与完全反司法化都属极端

---

〔1〕　参见章志远："行政复议困境的解决之道"，载《长春市委党校学报》2008 年第 1 期。

情形，实则不可能、不理想。正是基于此，尽管学者针对反司法化的大旗举起司法化的大旗，其实质在于对行政复议呈现出来的过度行政主导的实践性格进行纠偏，[1]更多是对改革方向的强调。学者所言的司法化绝非将司法程序照搬至行政复议中，而是在肯定行政复议制度的行政性的同时，强调引入司法中的程序公正因素来公正解决行政争议。如极力主张行政复议司法化改革的周汉华教授即这样表述他的行政复议司法化内涵："行政复议制度的司法化，从性质上讲是在保持以行政方式解决争议的效率的同时，尽量引入司法程序所具有的独立性和公正性，使行政复议制度实现公平与效率的有机结合，最大限度保护公众的合法权益。"[2]

复议程序表现出的反司法化倾向是一种对司法程序与行政程序作出的非此即彼的对立理解。事实上，公正与效率同为行政程序与司法程序的共同价值追求，只是二者的侧重点各有不同而已：对程序运行的效率的追求，是行政程序高于诉讼程序；而对程序运行的公正的追求，是诉讼程序高于行政程序。因此，行政程序与司法程序之间并非绝对对立的两种程序，当行政决定对当事人的权利有重大影响时，会以司法化程度较高的程序来作出决定，以保障当事人的权利；反之，当案件数量增加，或者事实问题不存在较大争议时，司法判决会寻求程序的快捷和简便来迅速作出决定。因此，行政程序司法化与司法程序简易化是并存的两种现象，反映出行政程序与司法程序都需要解决公正与效率的问题，没有哪一种程序只需要追求公正或者只需要追求效率，二者在制度构建上有共同之处。其实行政程序是否要司法化，还是在何种程度上司法化的问题，在行政程序法的立法中是一个曾经存在争议但已经得到解决的问题。[3]从各国行政程序法关于复议程序的规定来看，都没有

---

[1] 如有学者就行政复议在中国呈现出的行政化的实践性格作了较为详细的分析。参见孙磊："行政复议程序有限司法化的研究"，载《公安学刊（浙江公安高等专科学校学报）》2003年第3期。

[2] 周汉华："中国行政复议制度的司法化改革方向"，载周汉华主编：《行政复议司法化：理论、实践与改革》，北京大学出版社2005年版，第8页。

[3] 美国在制定1946年《联邦行政程序法》的过程中，比照1929年提出的沃尔特洛根法案，将诉讼程序直接套用至行政程序，司法化色彩极其浓厚。该法案是美国从事法律事务的人员，想将纯粹的诉讼程序转移至行政行为方面，将英国习惯法上的正当程序，改变为美国行政法上正当程序的结果。法案提出后，因影响行政效能受到激烈的批评，1940年该草案在参、众两院通过后，被罗斯福总统否决。

全盘照搬司法程序，只是引入司法程序的公正要素，行政程序呈现出一定程度的司法化色彩。因此，我们在探讨完善行政复议程序时首先需要在观念上克服刻意反司法化的倾向，行政复议程序并不排斥司法程序的某些制度要素。从司法化的视角来探讨行政复议程序完善具有方向明确的优势，但由于司法化这一概念的相对模糊性：既可以将之理解为司法程序全盘引入行政过程，也可以将之理解为行政过程对司法程序公正要素的引入，即有限司法化或曰准司法化，这容易引起认识上的分歧。如果涉及立法的修改，则还需要顾及司法化提法对立法之初反司法化定位的形式上的颠覆，可能会给法律的修改和完善带来不必要的阻力。因此，一种实用理性的做法也许是在修改立法时淡化司法化与反司法化之争，而强调行政复议程序的完善首先要正视其裁决行政争议的基本行为属性，程序构造应当符合争议裁决行为的基本要求，按照裁决者相对中立、争议双方充分参与的程序构造改革我国的复议程序制度。完善行政复议程序的基本出发点就是弥补行政复议程序所欠缺的作为裁决争议行为所应当具备的程序公正要素和程序理性要素，即如有的学者所主张的对行政复议程序进行正当化修复[1]，保障行政复议公正地解决行政争议。

三、将公正程序的各项基本原则引入行政复议程序

公正解决行政争议包括两个方面的要求：实体公正与程序公正。在行政复议中，实体公正是指复议决定认定的案件事实与客观真实相一致，进而正确适用法律；程序公正是指形成复议决定的过程公正。由于客观真实虽客观存在，但由于欠缺衡量案件事实与客观真实是否一致的手段，复议决定认定的案件事实实质是法律真实，在此种情形下，结果的正当性通常来源于过程的正当性，即美国学者罗尔斯所说的不完全程序正义的情形产生纯粹程序正义的效用。由此可见，公正解决行政争议的关键在于实现解决争议的过程的公正，学者极力主张的行政复议司法化改革方向也正是基于此，力主将司法

---

〔1〕　参见章剑生："行政复议程序的正当化修复——基于司法审查的视角"，载《江淮论坛》2010 年第 6 期。该文以 2005 年第 3 期《最高人民法院公报》上刊登的"张成银诉徐州市人民政府房屋登记行政复议决定案"的裁判摘要为引子展开讨论，该案的判决摘要如下：行政机关在行政复议中可能作出不利于他人的决定时，如没有采取适当的方式通知其本人参加行政复议即作出行政决定的，构成严重违反法定程序，应予撤销。

程序中体现过程公正的基本要素引入行政复议中来，通过行政复议过程公正保障公正解决行政争议，从而提升行政复议解决行政争议的有效性。

程序公正的基本要求应当从其渊源和发展历程中寻找。正当法律程序原则源于 1215 年英国《自由大宪章》，历经 1354 年英国《自由律》的发展，至美国《联邦宪法修正案》第五条和第十四条规定的正当法律程序原则实现由程序性正当法律程序向实体性正当法律程序的扩展。考察其历史演变[1]，可以看出正当法律程序的内涵以保护法律决定形成过程中的个体权利为基本内容，以防止权力滥用，侵犯公民权利。美国正当法律程序原则在内容上由程序向实体的扩展，更进一步揭示了正当法律程序作为个人自由和权利保护机制的主要使命所在，也彰显了这一基本原则适应社会发展而不断发展的生命力所在。因此，建构公正的行政复议程序的关键在于完善对当事人、特别是复议程序中的申请人的程序权利规定。切实保障申请人的各项程序权利的具体路径是在行政复议程序中引入体现程序公正要求的基本原则，这些基本原则包括：

（一）程序参与原则

"参与"一词在政治学中被认为是"一种行为，政治制度中的普通成员通过它来影响或试图影响某种结果"。"参与"不同于"参加"或"到场"，它包含行为主体的自主、自愿和目的性，是一种自主、自愿、有目的的参加，参与者意在通过自己的行为，影响某种结果的形成，而不是作为一个消极的客体被动接受某一结果。在法律程序中，美国学者萨默斯认为，民主社会的法律程序的普遍特征是将各种不同的参与角色分配给公民以及由公民选举出来的公民（或者由那些被选举出来的公民任命的公民）。在诉讼程序中，程序参与原则指当事人有权参与诉讼过程，向法官陈述自己的意见，对司法裁判的形成发挥影响作用。

行政复议因公民、法人或者其他组织认为行政行为侵犯其合法权益而启动，复议决定对申请人的权益有直接影响，让申请人参与到复议过程中，向复议机构陈述自己的意见，对被申请人的意见进行反驳，是程序正义的基本

---

〔1〕 参见［美］约翰·V.奥尔特：《正当法律程序简史》，杨明成、陈霜玲译，商务印书馆2006年版。

要求。完善复议程序首先应当引入程序参与原则，让行政复议的申请人参与到复议过程中，有机会向复议机构陈述自己的意见，与被申请人之间展开辩论，使之能够对复议决定的作出产生影响力。参与原则的引入是建构正当复议程序的核心和基础，也是复议申请人认同复议决定的前提。只有复议申请人认同复议决定，不再向人民法院提起行政诉讼，复议程序才能实质化解行政争议。

（二）程序中立原则

程序中立是诉讼程序中普遍遵循的一项基本原则。程序中立原则是对纠纷裁决者的基本要求，其核心价值在于承认所有的程序参与人是值得纠纷裁决者同等尊重的道德主体。争议双方存在利益冲突，裁决者如果不中立，偏向争议的某一方，必然会对另一方的利益构成损害，因此，裁决者必须不偏不倚，保持中立。复议机关是行为机关的上级机关，二者之间存在领导与被领导的关系，与行政诉讼相比较，更容易让社会形成其可能有失公允的认识。因此，程序中立原则在行政复议中的实现程度对提升复议化解行政争议的公信力有很大影响。当然，程序中立原则在复议中的体现具有相对性，除英国行政裁判所最终演化为完全脱离行政系统的司法性质组织外，无论是美国的行政法法官制度，还是我国台湾地区的诉愿委员会，以及多数国家（地区）直接由行政机关工作人员进行复议案件的审理，均采用在行政系统内设置复议审理机构的方式，此种组织体系特征决定了程序中立原则在复议中，较之诉讼程序，是相对中立的。在具体制度上，与复议案件有利害关系的工作人员应当回避，不得参与案件的审理；复议机构工作人员应当做到不偏不倚，根据事实和适用法律作出复议决定。

（三）程序公开原则

程序公开原则指程序运行的过程和结果均向当事人和公众公开，使当事人和公众知悉。诉讼程序中庭审以公开为原则、不公开为例外。诚所谓"阳光是最好的防腐剂"，程序公开可以规范司法权公正运行，另一方面，程序公开也是法院裁判公信力的基础。法官的不偏不倚只有通过程序公开才能以看得见的方式让当事人和公众感受到。书面审原则造成复议过程封闭运行，使得复议活动和复议决定缺乏公信力。作为重要的行政争议解决机制，行政复议程序应当引入程序公开原则，包括行政复议案件的审理应当向公众公开，允许公众旁听；也包括复议机关应当在复议决定中说明作出行政复议决定的理由。在工作条件允许的情况下，行政复议决定文书亦可以如裁判文书网上公开那样，向社会公开。

（四）程序理性原则

诉讼中的程序理性原则指法官裁判的过程应当符合理性的要求，不能是任意的和随机的。美国学者富勒认为程序理性原则要求制作司法裁判的法官在审判中必须做到：（1）仔细收集证据并对各项论点进行讨论；（2）仔细地对这些证据和论点进行衡量；（3）冷静而详细地对案件作出评议；（4）公正而无偏见地解决问题并以事实为依据；（5）对判决和决定提供充足的理由。[1] 行政复议办案人员要对行政行为事实认定是否正确、法律适用是否准确、裁量权行使是否合理进行审查，在此基础上作出复议决定，有必要引入程序理性原则。程序理性原则要求复议办案人员应当以真实、充分的证据为基础认定事实、进而正确适用法律，不能仅仅根据被申请人提供的证据进行审查，为查明案件事实，必要时应当依职权调查收集证据。

（五）程序对等原则

程序对等原则是指争议当事人在争议解决过程中获得决定者平等对待。基于争议双方在实体法上的权利义务状态，程序对等原则往往体现为赋予处于弱势者更多程序权利保障，如刑事诉讼中的被告人权利保障。再如美国《联邦行政程序法》规定的禁止单方接触规则，行政法法官不能在仅有一方当事人在场的情况下与之进行接触，避免某一方当事人对行政法法官形成更多影响。行政复议中争议双方为行政机关与公民、法人或者其他组织，在实体行政法律关系中，行政机关处于更强势的主体地位，程序对等原则要求复议机构应当给予申请人、第三人各类主体平等参与机会，申请人、第三人应当获得复议机构的平等对待。

（六）程序及时原则

程序及时原则体现了对效率的追求。及时是过快与过慢之间的一种中间状态。程序如果过快，当事人无法有效参与程序，决定机关也不能充分、冷静考虑后再作决定，不符合程序理性原则，极易导致决定机关匆匆作出错误

---

〔1〕 转引自陈瑞华：《刑事审判原理论》，北京大学出版社1997年版，第60页。

决定。程序过慢，也会损害程序的正义，英国有句古老的谚语：迟来的正义为非正义。对于当事人来说，总是希望决定机关尽早作出决定，以使其权利义务早日得以确定：如许可申请人总是希望行政机关早日作出批准决定，否则，无法开展经营活动；提起行政复议的当事人总是希望复议机关早日作出复议决定，及早解决争议。因此，程序及时原则并非单纯追求效率，也并非跳过必要的程序阶段，既不应只求快、草率作出，也不能无故拖延，或不予答复。程序高效、简便是行政复议制度的优势，但不能将之理解为过度简化程序，而是在合理的时间内，通过调解或者决定的方式，及时定分止争，解决行政争议。

　　这六项程序基本原则也被称为程序法中的最低限度公正程序标准，是实现程序正义的底线，是程序法律制度最起码应当满足的要求。现行行政复议程序制度存在的主要问题指向的正是公正程序诸项原则缺失的问题，完善行政复议程序的重心在于应当引入这些程序基本原则，制度重构应当体现这些程序基本原则的具体要求。此种程序改革决非复议方式上的单纯创新，而是一种方向转型，是一种由复议机关主导的向当事人程序权利为制度基础的转型，行政复议由此实现封闭向公开与透明、行政一元推进到当事人参与其中的转型。如果能够于此基础上展开复议程序改革，可谓是一场发生在行政复议中的正当法律程序革命。

四、完善申请与受理程序制度的具体设想

　　公正行政复议程序制度是各项程序原则基本要求的具体体现，以复议程序的流程为主线，我国在行政复议程序的各个阶段需要完成基本程序制度的重构。申请与受理阶段是复议程序的启动阶段，这一阶段的程序制度改革与公民、法人或者其他组织的复议申请能够顺利进入复议程序有关。《实施条例》对复议申请的提出与受理有具体规定，修法可以吸收《实施条例》的相关规定。此外，《行政诉讼法》对起诉期限制度进行调整，将立案审查制修改为立案登记制，《行政诉讼法》修改的变化也是《行政复议法》修法需要关注的问题。

（一）复议申请提出制度的完善

1. 关于申请书能否向原行政机关递交的问题

保障公正解决行政争议是当前完善行政复议程序首先要解决的问题，但并非问题的全部，如果我们仅仅关注其公正性问题，则仅注意到其作为裁决争议活动与司法活动所具有的共性问题，忽略了它与行政诉讼的差异。行政复议毕竟在性质上是一种行政解决争议的活动，属于行政活动的范畴，如果无视其与司法之差异，也就摧毁了其存在的基础。笔者一再强调提升行政复议程序的公正性乃是针对现行行政复议程序制度过于偏离程序公正而言，并非否定发挥行政在解决争议上较之司法所具有的专业优势、高效便捷优势。事实上，现行的行政复议程序一方面是反司法化而行之，另一方面在有的程序制度上却又照搬行政诉讼程序，没有发挥出行政的优势。如行政复议申请的提出，完全比照行政起诉的提出，没有考虑行政复议与行政诉讼的差异，行政救济的便捷优势没有体现。行政诉讼是法院审查行政机关的行政行为，当事人所有行为应当直接向法院为之，而行政复议是上级行政机关审查下级行政机关，申请人的行为不必所有都直接向复议机关为之。如在我国台湾地区，诉愿可以直接向作出行政处分的原行政机关提起，原行政机关认为申请人的理由成立的，可以自行撤销或者变更原行政处分，诉愿目的即已达到，而程序较之司法简洁许多。整体而言，复议程序在审理环节应当引入高度司法化的程序却过于反司法化，在申请与受理环节应当反司法化却完全司法化。因此，如何真正通过合理的程序设计真正发挥行政复议解决行政争议的优势，也是我们在探讨完善程序之时应当注意的问题。

观察域外，决定机关的角色具有多重性，并不为纯粹的一方当事人，要参与复议程序行为的实施。如在奥地利、挪威、瑞典、西班牙、葡萄牙，复议申请均可以向作出行政决定的机关提出。在挪威，复议申请只能向作出决定的行政机关提出，不能向复议机关提出。作出决定的机关收到复议申请后对复议申请先行处理，决定机关在先行处理中认为复议理由正当的，可以撤销或变更原行政决定。我国可以借鉴域外的经验，规定申请人直接向作出行政行为的原行政机关递交申请书。此种做法的好处有二：其一，行政复议申请书直接向原行政机关提出，使得原行政机关有机会重新审视自己的决定，如果认为决定违法，自行撤销，行政争议得以解决，可以减少行政复议的发生。

其二，减少文书递交和转送等环节。原行政机关收到申请书后，如果认为复议理由不成立，可以在向复议机关递交相应材料的同时直接递交答辩状，程序更为简便。在修改《行政复议法》的专家小组讨论会上，与会学者提出的两点担忧也不无道理：一是申请人本人是否愿意直接与原行政机关打交道？二是原行政机关是否会不将申请递交复议委员会，甚至有可能打击报复申请人？这两点担忧是有可能发生的，问题是发生的情形会是怎样？是普遍性的，还是个别的？此外，打击报复申请人的问题不会是因为递交申请书的方式而引起，而是因为提起了行政复议。对此，比较可行的方案是可以考虑赋予申请人以选择权，即由申请人选择，既可以向作出原行政决定的行政机关递交，也可以向行政复议机关递交。如果申请人选择向原行政机关递交复议申请书的，原行政机关应当在收到复议申请后，为申请人开具收到复议申请书和证据的书面凭证，并自收到复议申请书之日起十日内，将复议申请书、答辩状、当初作出行政行为的证据、依据和其他相关材料一并提交行政复议机关，并将答辩状副本同时送达申请人一份。原行政机关认为复议理由成立，行政行为应当撤销或者变更的，可以自行撤销或者变更行政行为，并上报行政复议机关。

2. 关于申请复议期限的问题

《行政复议法》第九条规定，公民、法人或者其他组织申请行政复议的期限为自知道该具体行政行为之日起六十日内；但是法律规定的申请期限超过六十日的除外。《行政诉讼法》修订将原来规定的直接提起行政诉讼的起诉期限由自知道或者应当知道作出行政行为之日起三个月调整为六个月，其目的是为了更好地保障公民、法人或其他组织的权利。《行政诉讼法》修订之前，复议申请期限与起诉期限相差一个月，《行政诉讼法》修法之后相差四个月。那么，复议申请期限要否与新《行政诉讼法》规定的起诉期限保持一致？

基于以下几点考虑，建议仍然保留两个月的复议申请期限：其一，行政复议性质上为行政司法行为，行政复议制度较之行政诉讼制度要突出其行政高效的特点，避免与行政诉讼制度高度同质。其二，行政复议决定并非最终决定，对复议决定不服还可以提起行政诉讼。其三，申请复议救济期限不必与行政诉讼救济期限相一致，申请复议期限届满之后，申请人仍然可以在行政诉讼起诉期限内提起行政诉讼，复议期限相对短一些可以使公民尽早启动复议程序。其四，域外关于复议期限的规定普遍较短。期限制度是效率得以实现的重要制度保障，域外关于复议中各方主体行为期限的规定普遍较短。无论是当事人申请复议的期限，还是复议机关作出决定的决定期限，较之我国复议制度的规定，普遍偏短。如挪威和瑞典，提起复议的期限均为三周内；奥地利为两周，瑞士为三十日。

3. 关于完善申请方式的问题

《行政复议法》第十一条规定复议申请可以书面方式提出，也可以口头方式提出。《实施条例》第十八条对书面方式的具体形式作出规定，申请人书面申请行政复议的，可以采取当面递交、邮寄或者传真等方式提出行政复议申请；有条件的行政复议机构可以接受以电子邮件形式提出的行政复议申请。考虑到目前电子政务的迅速发展，修法可以采纳电子化申请方式，允许在网上提交复议申请书和证据材料。

是否保留口头申请复议的方式是一个值得探讨的问题。德国、日本、韩国均允许采用口头方式提出复议申请。[1]《行政复议法》在制定之初基于便民的考虑，规定申请人存在书写困难的，也可以口头提出复议申请。实践中，口头申请基本没有出现过，是否还有必要保留？口头申请的方式在《中华人民共和国国家赔偿法》（以下简称《国家赔偿法》）等立法中也有规定，一直被作为我国立法中的一项好的做法加以肯定。根据课题组在调研中了解的情况，口头申请的方式虽然是基于便民之思想提出，但申请人由于存在空口无凭之担忧基本不会采用，一条基本零适用的法律规范确实没有存在的必要。课题组在调研中查阅了一部分复议申请书，有的申请人是农民，年龄偏大，申请书书写字迹潦草，复议请求表达不准确，经过工作人员释明，由申请人直接在复议申请书上修改，能够准确表达其意思即可，并不妨碍复议后续审查。

（二）关于在复议中引入立案登记制的问题

《行政复议法》第十七条规定了复议审查受理制："行政复议机关收到行政复议申请后，应当在五日内进行审查，对不符合本法规定的行政复议申请，决定不予受理，并书面告知申请人；对符合本法规定，但是不属于本机关受理的行政复议申请，应当告知申请人向有关行政复议机关提出。除前款规定

---

〔1〕 参见曹鎏："五国行政复议制度的启示与借鉴"，载《行政法学研究》2017 年第 5 期。

外，行政复议申请自行政复议机关负责法制工作的机构收到之日起即为受理。"根据该条规定，复议机构收到复议申请后要对复议申请进行审查，对符合《行政复议法》规定的申请，应当受理。但是，由于《行政复议法》没有明确列举规定复议条件，实践中，有的复议机构对于符合复议条件的复议申请也不予受理，对此，《实施条例》一方面列举规定复议条件，另一方面明确规定"公民、法人或者其他组织认为行政机关的具体行政行为侵犯其合法权益提出行政复议申请，除不符合行政复议法和本条例规定的申请条件的，行政复议机关必须受理"，强调对于符合复议条件的复议申请，复议机构必须受理。

1989年《行政诉讼法》也实行起诉审查制，1989年《行政诉讼法》第四十二条规定："人民法院接到起诉状，经审查，应当在七日内立案或者作出裁定不予受理。原告对裁定不服的，可以提起上诉。"2014年修订《行政诉讼法》，将起诉审查制修改为立案登记制。根据新《行政诉讼法》第五十一条的规定，"人民法院在接到起诉状时对符合本法规定的起诉条件的，应当登记立案。对当场不能判定是否符合本法规定的起诉条件的，应当接收起诉状，出具注明收到日期的书面凭证，并在七日内决定是否立案。不符合起诉条件的，作出不予立案的裁定"。立案登记制替代立案审查制是为了解决行政诉讼中的立案难问题，实践中有的法院有案不立，实行"不收起诉状、不收材料、不出裁定"的"三不"政策，有的地方法院实行增设起诉条件的潜规则，造成公民诉讼无门，行政争议流向信访渠道。为解决立案难的问题，使得争议能够顺畅纳入司法渠道解决，《依法治国决定》中明确提出："改革法院案件受理制度，变立案审查制为立案登记制，对人民法院依法应该受理的案件，做到有案必立、有诉必理，保障当事人诉权。"《依法治国决定》发布后，《行政诉讼法》修法适逢最后审议，立案登记制得以顺利写入《行政诉讼法》新法之中。

立案登记制下法院是否立案仍要根据起诉是否符合起诉条件予以确定，但是，立案登记制将法院对案件的实质审查工作后移至审理阶段，立案阶段仅对起诉是否符合起诉条件进行形式审查，不具备不予受理情形的，法院就应当受理。因此，立案登记制并未对起诉条件作实质改变，但是对保证符合起诉条件的案件得以顺畅进入诉讼程序发挥了作用，有利于保障公民诉权的实现。2015 年 4 月 1 日，中央全面深化改革领导小组第十一次会议审议通过了《关于人民法院推行立案登记制改革的意见》。意见规定人民法院对符合法律规定条件的民事起诉、行政起诉、刑事自诉、强制执行和国家赔偿申请，一律接收诉状，当场登记立案。当场不能判定的，应当在法律规定的期限内决定是否立案。在法律规定期限内无法判定的，先行立案。不符合形式要件的，人民法院应当及时释明，以书面形式一次性全面告知应当补正的材料和期限。不符合法律规定条件的，应当依法作出裁决。当事人不服的，可以提起上诉或者申请复议。

立案登记制替代立案审查制对解决立案难问题和保障公民诉权发挥了积极作用。实行立案登记制后，2015 年 5 月 1 日至 2016 年 3 月 31 日，全国法院受理一审行政案件达到 220 259 件，同比上升 59.23%；仅 2015 年 5 月就受理一审行政案件 2.6 万件，同比上升 221%。〔1〕有案不收在行政复议中同样存在，为更好地保障公民复议申请权，使复议渠道更为畅通，修法时应当明确复议条件，并将立案审查制修改为立案登记制。复议机构收到复议申请后，对复议申请进行形式审查，符合申请复议条件的，都应当登记受理，启动复议程序。

（三）关于复议不停止执行原则的修改问题

《行政复议法》第二十一条规定，行政复议期间具体行政行为不停止执行，但是有下列情形之一的，可以停止执行：（1）被申请人认为需要停止执行的；（2）行政复议机关认为需要停止执行的；（3）申请人申请停止执行，行政复议机关认为其要求合理，决定停止执行的；（4）法律规定停止执行的。在《行政诉讼法》修改过程中，对于要否修改"起诉不停止执行"制度存在不同看法，新《行政诉讼法》仍保留了起诉不停止执行的原则。起诉不停止执行原则不利于保护公民、法人或其他组织的权利，特别是在有的案件中执行具体行政行为造成的损失不可弥补，损害无法修复。实践中，由于可以停止执行情形的规定较为宽泛，起诉停止具体行政行为的执行已经成为常态。以复议不停止执行为原则、停止执行为例外，还是以停止执行为原则、不停

---

〔1〕 数据来源：最高人民法院行政审判庭：《做依法治国的实践者和捍卫者 人民法院实施新行政诉讼法一周年综述》，http://www.court.gov.cn/zixun-xiangqing-20722.html，最后访问日期：2020 年 9 月 7 日。

止执行为例外，在实施中的差别更多体现在是由申请人来承担申请例外负担（采取复议不停止执行原则），还是由被申请人来承担申请例外负担（采取复议停止执行原则）。修法时两种方案均可以考虑，一种是与新《行政诉讼法》保持一致，另一种是取消复议不停止执行原则，代之以复议停止执行原则，出现下列情形时，不停止执行：（1）因公共利益需要执行的；（2）情况紧急，不执行会给他人造成难以弥补损失的；（3）法律规定不停止执行的。

五、完善行政复议审理程序制度的设想

审理程序的改革是复议程序改革的重中之重。当前的程序制度设计具有较为浓厚的复议机关主导的色彩，还不能简单归类为审理模式上的职权主义与当事人主义之争的问题，而是属于基本程序构造缺失的问题，没有体现裁决争议行为应当具有的两造对抗、居中裁决的基本程序构造。行政复议是由行政机关解决行政争议的纠纷解决机制，程序高效便捷是其较之司法程序的优势所在，因而，重构复议审理程序制度需要突显复议制度的特点，不能对之进行等同于司法程序的制度改造，但是，作为一种争议解决机制，复议审理程序制度应当符合争议解决机制对程序正义的基本要求。

（一）关于规定回避制度的问题

回避制度是裁决者中立原则的要求，在英国普通法上体现为自己不能做自己案件的法官，是自然正义原则的基本要求之一。我国行政程序立法普遍规定了工作人员的回避制度，三大诉讼法均规定了法官的回避制度。我国台湾地区"诉愿法"规定，诉愿审议委员会主任或委员对于诉愿事件有利害关系的，应自行回避，不得参与审议。回避制度使得与案件有利害关系的工作人员不参与行政复议案件的办理，防止出现偏袒，有利于保证决定者公正作出复议决定，也有利于让当事人和社会公众认同复议决定。《行政复议法》制定时为刻意保持与行政诉讼制度的不同，没有规定回避制度，修法应当建立复议工作人员回避制度，明确回避的情形、应当回避的人员范围、回避的程序等规定。

（二）关于规定禁止单方面接触规则的问题

禁止单方面接触规则与回避制度同为保证决定者做到不偏不倚，但又有所区别。回避是防止与案件存在利害关系的人参与案件的审理。禁止单方面

接触则是通过防止一方当事人在对方不在场的情形下对决定者产生更大影响，保证决定者保持中立立场。禁止单方面接触规则是美国 1976 年修改《联邦行政程序法》时规定的，该规则是与案卷排他性原则相关联的一条规则。根据案卷排他性原则，行政机关不能在听证之外接纳证据，而最常见的记录之外的证据问题发生在单方面接触的情况下——一方当事人在对方不在场的情况下与行政法法官和对案件有决定权的人单方面讨论案件。单方面接触被认为有损决定者客观判断案情，极大损害了对方的利益。在我国行政复议实践中，复议机关工作人员通常与被申请人之间的接触更为密切，申请人通常没有机会参与到案件审理过程中。因此，有必要明确禁止单方面接触规则，要求复议工作人员与当事人中的一方接触时，应当通知对方到场，或者至少将接触情形记录在案，申请人可以查阅。

（三）关于取消书面审原则的问题

1. 书面审原则不利于行政争议获得实质解决

书面审原则的存废是复议审理程序的核心问题。复议较之诉讼的优势为其程序的高效简便，我国台湾地区诉愿也采书面审查原则，诉愿以书面审查为原则，以言词辩论为例外。受理诉愿机关必要时得依职权通知诉愿人、参加人或者利害关系人到指定场所陈述意见；诉愿人或参加人有正当理由也可以请求陈述意见。《行政复议法》第二十二条规定："行政复议原则上采取书面审查的办法，但是申请人提出要求或者行政复议机关负责法制工作的机构认为有必要时，可以向有关组织和人员调查情况，听取申请人、被申请人和第三人的意见。"根据此条规定，行政复议案件审理以书面审查为原则，口头听取意见为例外。书面审查原则在实践中主要存在以下问题：

第一，复议机构以书面审查被申请人提供的证据材料为主，既不利于复议工作人员查明案件事实，也不利于保障申请人的权利。实践中有两点因素使得书面审实质以被申请人提供的材料为主要对象展开。其一是由于行政复议中由被申请人对具体行政行为合法性承担举证责任，被申请人向复议机构提交其作出具体行政行为的证据材料和依据的法律文件，在申请人没有提交证据的情况下，书面审查在实践中往往体现为复议机构仅仅审查被申请人提交的证据材料。其二为由于不存在专门的复议机构，复议工作人员往往没有时间专门办理复议案件，没有时间对案件事实进行调查，只好高度依赖被申请人提供的材料。而在复议机构进行书面审查的过程中，申请人并没有机会针对被申请人提交的证据材料和法律依据提出自己的不同意见。此种情况下，被申请人实质在单方影响复议机构对案件事实认定和法律适用作出判断，复议工作人员对案件事实的判断并未建立在双方意见均得到充分陈述的基础上，其对案件事实的判断很大程度上受到被申请人的影响，复议决定因而对申请人而言是很不利的。因此，书面审既不利于复议工作人员查明案件事实，也不利于保障申请人的权利。

第二，申请人与被申请人之间欠缺必要的对质，案件争议点不明晰，不利于化解行政争议。实行书面审之后，申请人与被申请人欠缺对质，双方诉求与意见得不到交锋，必然导致复议工作人员以具体行政行为合法性为核心内容展开审查，忽略申请人的实质诉求。案件争议点只有通过双方口头陈述、争辩才能将各自利益诉求和主张明确向裁决者提出来，在书面审之下，复议工作人员并不清楚申请人的真正诉求何在，仅仅简单对具体行政行为合法性进行审查判断，复议决定未能够实质回应申请人的利益诉求，造成复议程序虽然终结，但是争议本身尚未得到实质化解。

第三，复议过程不透明，缺乏律师参与，复议案件审理质量整体不高，复议决定难以获得申请人和社会认同。书面审使得复议案件的审理过程不透明，复议活动缺乏外在监督，书面审也使得申请人不需要聘请律师参与复议，这些因素都使得复议工作人员既没有动力也没有压力提升复议案件办理质量，复议案件审理质量整体不高。此外，复议过程不透明，也使得复议决定难以获得申请人和社会公众的认同。

2. 以听证为核心内容开展的复议程序改革实践

针对书面审为原则造成的诸多问题，《实施条例》第三十三条规定，对重大、复杂的案件，申请人提出要求或者行政复议机构认为必要时，可以采取听证的方式审理，从而将听证制度引入复议案件的审理中。根据该条规定，复议听证的适用需要具备两个条件：其一是适用于重大、复杂的案件，其二是启动方式包括依申请和依职权启动两种。听证制度的引入使得复议机构不仅仅是听取申请人、被申请人、第三人的意见，而是在申请人、被申请人、第三人之间进行对质，以直接言词原则替代了书面审。如《南京市行政复议听证程序规则》第二条明确规定："本规则规定的行政复议听证程序，是指行政复议机关为审查行政复议案件，在行政复议决定作出前，召集有关人员举行听证会，在当事人陈述、申辩和质证的基础上，对争议的问题进行认定和评判的行政复议案件审查程序。"

在《实施条例》发布之前，部门立法和地方立法已经先期在进行将听证制度引入行政复议的探索。部门立法如《商务部行政复议实施办法》（2004年5月20日发布）、《中国银行业监督管理委员会行政复议办法》（2004年12月28日发布）、《国家发展和改革委员会行政复议实施办法》（2006年4月30日发布）；地方立法如《南京市行政复议听证程序规则》（2004年3月29日发布）、《哈尔滨市行政复议听证规则》（2005年11月25日发布）。听证制度引入行政复议是复议案件审理方式的一项重大改革举措，为完善复议审理程序积累了很好的经验。与《实施条例》规定的听证适用案件相比较，地方听证适用的案件范围更为宽泛，如《南京市行政复议听证程序规则》规定有下列情形之一的，可以组织听证：事实争议或影响较大的案件；案情疑难、复杂的案件；对具体行政行为作出依据的理解和适用存在较大争议的案件；其他需要听证的案件。课题组在北京市西城区法制办调研时了解到西城区政府法制办对所有的案件都采用听证的方式进行审理，并设置了专门的复议听证室。

《实施条例》之后，部分地方立法跟进推进复议听证制度，如浙江省2015年出台《浙江省行政复议听证规则（试行）》，第五条规定适用听证的案件为："（一）社会影响较大的；（二）对本区域行政执法活动可能产生重大影响的；（三）案件情况复杂的；（四）案件主要事实存在重大争议的；（五）案件适用依据存在重大争议的；（六）听证审理有利于和解、调解的；（七）适宜采取听证方式审理的其他案件。有前款第（三）、（四）、（五）项情形之一的案件，申请人要求听证的，应当组织听证。"根据刘莘教授课题组调研，2015年一年浙江省政府采用听证审理的行政复议案件数量达30%左右，日常工作中各级政府通过规范要求法制办主要领导每年选择部分典型案件，亲自主持召开行政复议案件听证会，进一步推动复议程序公开化改革的快速发展。[1]

---

〔1〕 参见刘莘、陈悦："行政复议制度改革成效与进路分析——行政复议制度调研报告"，载《行政法学研究》2016年第5期。

3. 广东省复议程序司法化改革探索

广东省的复议程序改革探索不仅仅局限于引入复议听证制度，而是对复议案件审理程序进行司法化改革。2015 年 3 月，广东省人民政府办公厅出台行政规范性文件《广东省行政复议案件庭审办法（试行）》，该办法规定其立法目的是"为规范行政复议案件庭审工作，确保行政复议案件审理公开透明，更好地保障当事人在行政复议案件审理程序中的权利"。该办法适用于县级以上人民政府行政复议机构对重大、复杂或者事实争议较大的案件的审理活动。该办法所规定的复议庭审程序呈现出高度司法化的特点，体现在以下几个方面：（1）复议庭审活动以公开为原则，公众可以旁听。（2）使用当事人这一称谓，复议庭审中的当事人是指申请人、被申请人和第三人。（3）实行回避制度。参加庭审的行政复议人员有下列情形之一的，应当自行回避，当事人也有权申请回避：是本案当事人或者当事人、代理人的近亲属；与本案有利害关系；与本案当事人有其他关系，可能影响对案件公正处理的。（4）行政复议庭审程序类似法庭庭审，包括以下步骤：①庭审主持人核实当事人身份；②庭审主持人宣布案由和庭审纪律；③庭审主持人介绍参加庭审的行政复议人员并询问当事人是否申请回避；④庭审主持人宣布庭审开始；⑤申请人明确行政复议请求，陈述行政复议的事实和理由；⑥被申请人答复；⑦第三人陈述意见；⑧当事人出示证据、进行质证，庭审主持人对需要查明的事实向庭审参加人询问和核实；⑨当事人进行辩论；⑩当事人作最后陈述；⑪庭审主持人宣布庭审结束，庭审参加人在庭审笔录上签字。

《广东省行政复议案件庭审办法（试行）》发布后，广东各地政府法制机构开展了复议案件庭审活动。如肇庆市人民政府行政复议庭 2018 年对三宗涉及征收房屋同类复议案件进行合并公开审理，庭审三宗案件申请人合计 173 人，三案的申请人分别委托了 5 名申请人代表，共 15 名申请人代表参与庭审，该案中肇庆市端州区政府作为被申请人由黎晓副区长带领相关人员参与庭审；2017 年，深圳市人民政府行政复议办公室共对 80 多宗重大、复杂或者事实争议较大的案件进行开庭（听证）审理。对重大、复杂或者事实争议较大的案件采用开庭审理的方式审理，争议双方在庭审过程中对案件争议点、事实问题、法律适用等展开公开质证、辩论，并可以委托律师代理参加，有利于复议机构查明案件事实，理清争议点，并通过充分质证获得当事人对复议结果的认同，如珠海市法制局2017年经开庭审理的案件90%做到案结事了。采用开庭审理，也有利于复议机构处理申请人人数较多的同类案件时采用合并审理方式开庭审理，有利于节约复议资源，高效化解行政争议。如肇庆市对三宗涉及征收房屋同类复议案件进行合并公开审理，庭审三宗案件申请人合计173人，如果采用书面审的方式，很难实现合并审理。

4. 取消书面审查原则，以言词审理为原则

无论是《实施条例》、部门立法、地方立法中以听证制度为主要内容的复议程序改革，还是广东省以复议程序司法化为主要内容的探索，内容上均体现为对部分案件不实行书面审，引入直接言词原则。修法需要总结已有的改革探索完善复议案件审理程序。基于书面审存在的诸多问题及复议听证程序改革取得的实效，取消书面审查原则在学界有相当程度的共识。如刘莘教授课题组认为"就审理方式而言，建议取消'书面审查为原则'的法律要求，增加对外公开的审理方式，强化听证审理的优势作用。实践中，很多争议纠纷的事实未予查清，使得'下断'变成武断。复议双方面对面地交流，可以使复议裁判人员准确地了解案件争议焦点及其事实真相；另一方面，在交流中也可以便利地促进申请人与被申请机关的沟通交流，促进纠纷的快速解决"[1]。目前的复议程序改革是在部分案件，即重大复杂、事实争议比较大等类型案件中进行的。日本2014年修改《行政不服审查法》，扩充了申请人的权利，审理员原则上必须赋予申请人口头陈述意见的机会，这就改变了原先的书面审理原则，申请人可以在口头陈述意见中质问作出行政决定的行政机关。[2]法国积极改进行政复议程序，引入旨在加强程序透明度和双方言辞对抗的机制，以确保争议各方在控辩手段上的平等。我国修法要否将改革扩展至全部复议案件？

行政复议作为一种争议解决机制，在解决争议的过程中，争议双方应有机会进行对质，就案件争点发表自己的意见，针对对方意见发表反驳意见。如果不实行开庭审理，申请人很难在复议过程中有机会针对被申请人的答复提出反驳意见。有争议的双方在解决争议过程中自始至终没有机会见面，复

---

〔1〕 刘莘、陈悦："行政复议制度改革成效与进路分析——行政复议制度调研报告"，载《行政法学研究》2016年第5期。

〔2〕 参见王贵松："日本行政复议改革有新动向"，载《检察日报》2014年9月9日，第3版。

议机构工作人员以被申请人提交的材料为主展开书面审查，最终对复议决定的合法性作出决定，这样的争议解决过程及由此形成的复议结果恐怕很难得到申请人的认可。地方改革探索限于部分案件，修改《行政复议法》时应将之扩展至全部复议案件，复议案件原则上均应采用言词审理方式。将言词原则扩展至所有复议案件之后，为与复议效率的实现相平衡，复议程序应以简易程序为主要程序类型。

（四）关于行政复议程序类型化并以简易程序为主的设想

行政复议案件情形差异很大，有的案情重大、复杂，有的案情事实清楚、比较简单。此外，言词原则扩展至所有复议案件之后，会增加复议的工作量，加剧复议资源有限的问题。在复议资源有限的情况下，根据复议案件繁简程度实行程序分流是平衡公正与效率常用的一种方法。如韩国的行政不服申诉程序主要分为一般行政审判和特别行政审判，以及其他一些行政不服申诉程序。对于一般行政审判和特别行政审判，前者如果不准用司法程序，则构成违宪，后者则不要求准用司法程序；前者以发挥权利救济机能为主，后者以发挥行政自我监督机能为主；前者必须与行政诉讼相联系，后者则必须与行政程序相联系。[1]言词审理为原则较之书面审查为原则对复议机构无疑形成更大负担，案件全面实行言词原则还需要考虑到实践中复议工作人员人手不够的问题。如果复议案件相对集中复议权能够在修法中得以实现，能够保障复议机构专门办理复议案件，这个问题相对好一些。为平衡公正与效率的关系，在复议案件审理以言词审理为原则的基础上，还要进一步根据复议案件繁简程度进行程序分流。复议案件审理程序可参照法庭审判程序区分为简易程序与听证程序两种，以简易程序为主，听证程序仅适用于重大、复杂的案件。

关于简易程序的具体设想如下：简易程序为审理复议案件的一般程序。简易程序由1名复议工作人员主持审理，采职权主义模式，由行政复议委员会委员主导案件审理过程，设申请人、被申请人、第三人辩论环节。

关于听证程序的具体设想如下：听证程序是复议案件审理的特别程序，仅适用于案件事实争议较大及其他重大、复杂的复议案件。听证程序由3名

---

〔1〕　参见曹鎏："五国行政复议制度的启示与借鉴"，载《行政法学研究》2017年第5期。

行政复议委员会委员参加，其中 1 人担任主持人。听证程序采当事人主义，包括以下环节：申请人明确行政复议请求，陈述行政复议的事实和理由；被申请人陈述答复意见；第三人陈述意见；申请人与被申请人出示证据、进行质证，庭审主持人对需要查明的事实向庭审参加人询问和核实；申请人、被申请人、第三人之间进行辩论；申请人、被申请人、第三人作最后陈述；听证主持人宣布庭审结束，庭审参加人在庭审笔录上签字。

（五）关于完善行政复议证据制度的设想

证据制度是程序理性原则的基本要求的体现。行政复议决定的作出是一个查明案件事实、进而正确适用法律的过程，对案件事实的查明建立在完善的证据规则基础之上，这是行政复议程序理性运行的基础。《行政复议法》关于证据制度的规定很简单，《实施条例》作了细化完善，但仍存在问题需要进一步完善。当然，修法完善复议证据制度并不意味着对证据制度作出事无巨细的规定，关于证据属性与种类、证据资格、证据证明力、证据的审查判断及证明标准等均可参照适用行政诉讼证据制度。

1. 明确复议工作人员依职权查明案件事实

由于实行书面审，加之人手不够等因素的影响，复议工作人员主要对被申请人提交的材料进行书面审查后对案件事实作出认定，很少实地调查核实证据，也很少补充调查收集证据，不利于查明案件事实。为保障复议工作人员准确认定案件事实，《实施条例》规定了行政复议人员调查取证制度。行政复议机构认为必要时，可以实地调查核实证据。调查取证时，行政复议人员不得少于 2 人，并应当向当事人或者有关人员出示证件。行政复议人员向有关组织和人员调查取证时，可以查阅、复制、调取有关文件和资料，向有关人员进行询问，被调查单位和人员应当配合行政复议人员的工作，不得拒绝或者阻挠。

行政复议中申请人与被申请人的举证能力不对等，如果复议工作人员不承担一定的调查核实职责，完全交由申请人与被申请人承担，不利于申请人的权益保障。修法有必要吸收《实施条例》的规定，明确复议工作人员有调查取证的职权，同时也要明确复议工作人员应当积极行使调查取证职责，依职权进行调查取证，以查明案件事实。行政复议机关依职权或者依申请调查取得的证据，应当听取申请人和被申请人的意见，没有听取意见的，不能作为复议决定的定案根据。

2. 明确申请人和第三人享有查阅、摘抄、复制卷宗的权利

《行政复议法》规定申请人、第三人可以查阅被申请人提出的书面答复、作出具体行政行为的证据、依据和其他有关材料，除涉及国家秘密、商业秘密或者个人隐私外，行政复议机关不得拒绝。《实施条例》规定行政复议机关应当为申请人、第三人查阅有关材料提供必要条件。阅览卷宗制度是武器平等原则在复议程序中的要求，也是申请人与第三人能够有效参与复议，更好维护自己权利的前提与基础。完整的卷宗阅览权包括查阅、摘抄、复制卷宗，目前立法规定了申请人查阅相关材料的权利，有必要扩展至摘抄、复制卷宗。

第六章
完善行政复议与行政诉讼的多重衔接机制

  行政复议与行政诉讼分别由《行政复议法》与《行政诉讼法》规范，二者均以行政争议为审理裁决对象，并非完全平行的两套救济机制，而是存在十分密切的衔接关系。行政复议与行政诉讼的衔接体现在多方面，如王青斌教授认为行政复议与行政诉讼的衔接范围体现为程序的衔接、当事人的衔接、受案范围的衔接、起诉期限的衔接、审理对象的衔接、审理依据的衔接、证据的衔接等多个领域。[1]探讨行政复议与行政诉讼衔接的意义在于将二者视为行政救济机制的整体，以对二者进行合理分工，充分发挥行政救济与司法救济各自的优势，合理配置行政救济资源，提升国家化解行政争议的能力，将更多行政争议化解在复议与诉讼渠道内，降低和减少信访数量，减轻基层维稳压力。新《行政诉讼法》通过后，如何在新法建构的诉讼制度框架内，完善行政复议与行政诉讼的衔接机制，是目前面临的新问题。

一、行政复议与行政诉讼的程序衔接现状

  行政复议与行政诉讼的衔接体现在多方面，程序衔接是其中最为重要的问题，行政复议与行政诉讼的衔接体现了司法最终裁决的纠纷解决原则。

  （一）现有立法关于行政复议与行政诉讼程序衔接的规定

  《行政诉讼法》《行政复议法》是关于行政复议与行政诉讼衔接机制的一般性立法，其他法律法规的规定为特别规定。我国遵循行政相对人选择为原则、复议前置为例外的基本规则，具体包括以下四种情形。

---

  〔1〕 参见王青斌："行政复议制度的变革与重构——兼论《行政复议法》的修改"，中国政法大学出版社 2013 年版。

1. 相对人选择为原则

《行政诉讼法》第四十四条规定："对属于人民法院受案范围的行政案件，公民、法人或者其他组织可以先向行政机关申请复议，对复议决定不服的，再向人民法院提起诉讼；也可以直接向人民法院提起诉讼。法律、法规规定应当先向行政机关申请复议，对复议决定不服再向人民法院提起诉讼的，依照法律、法规的规定。"该条确立了行政复议与行政诉讼程序衔接的一般原则：以行政相对人选择为原则、复议前置为例外。即原则上行政相对人享有路径选择权，既可以先申请复议，对复议决定不服再向人民法院起诉，也可以绕开复议，直接向人民法院起诉。

2. 复议前置

复议前置是指行政相对人必须先申请行政复议，对复议决定不服再向人民法院提起行政诉讼，不能直接向人民法院提起行政诉讼。复议前置限制了行政相对人的路径选择权。《行政复议法》和其他单行法均有关于复议前置的规定。如《行政复议法》第三十条第一款规定："公民、法人或者其他组织认为行政机关的具体行政行为侵犯其已经依法取得的土地、矿藏、水流、森林、山岭、草原、荒地、滩涂、海域等自然资源的所有权或者使用权的，应当先申请行政复议；对行政复议决定不服的，可以依法向人民法院提起行政诉讼。"再如《中华人民共和国海关法》第六十四条规定："纳税义务人同海关发生纳税争议时，应当缴纳税款，并可以依法申请行政复议；对复议决定仍不服的，可以依法向人民法院提起诉讼。"

3. 复议终局

复议终局是指行政相对人申请行政复议后，对行政复议决定不能再向人民法院提起行政诉讼，复议决定是具有最终法律效力的决定。如《行政复议法》第三十条第二款规定："根据国务院或者省、自治区、直辖市人民政府对行政区划的勘定、调整或者征收土地的决定，省、自治区、直辖市人民政府确认土地、矿藏、水流、森林、山岭、草原、荒地、滩涂、海域等自然资源的所有权或者使用权的行政复议决定为最终裁决。"

4. 复议后选择行政最终裁决

此种情形非常特殊，指《行政复议法》第十四条规定的情形："对国务院部门或者省、自治区、直辖市人民政府的具体行政行为不服的，向作出该具体行政行为的国务院部门或者省、自治区、直辖市人民政府申请行政复议。对行政复议决定不服的，可以向人民法院提起行政诉讼；也可以向国务院申请裁决，国务院依照本法的规定作出最终裁决。"复议决定作出后，申请人有选择权，可以针对复议决定向人民法院提起行政诉讼，也可以向国务院申请裁决，但是如果选择向国务院申请裁决，行政裁决成为最终裁决。

除前述四种情形外，有学者提出行政复议与行政诉讼程序衔接还存在"迳行起诉"这一情形，[1]即行政相对人不能申请行政复议，只能向人民法院提起行政诉讼。持此种观点的主要理由是法律条文中没有明确规定可以申请复议。《行政复议法》是关于行政复议的一般规定，如果法律没有作出禁止性规定，只要根据《行政复议法》的规定属于可复议范围，行政相对人就可以申请行政复议，因而，并不存在单行法没有规定复议，就不能申请复议的问题。

（二）行政复议与行政诉讼程序衔接中存在的问题

行政复议与行政诉讼程序衔接情形的多样化在一定程度上削弱了以申请人选择为原则这一基本原则，具体而言，二者在程序衔接中主要存在以下问题：

一是复议前置本为例外，但由于法律法规均可作出规定，例外情形并不少，对自由选择原则形成一定冲击。复议前置是行政相对人自由选择的例外，但是，由于有权规定例外情形的单行法包括法律、行政法规、地方性法规，因而，数量不少。笔者在北大法宝法律数据库中以"复议前置"为条件进行全文检索，出现38条检索结果：涉及法律的1条，涉及司法解释的8条，涉及行政法规的1条，涉及部门规章的25条，涉及行业规定的3条。以"对行政复议决定不服"为关键词进行全文检索，中央法规共61条检索结果，地方法规398条检索结果。中央法规中涉及法律的9条，涉及行政法规的9条，涉及司法解释的2条，涉及部门规章的37条，涉及行业规定的4条。复议前置例外情形过多，削弱了行政相对人的救济路径选择权，不利于行政相对人自由选择原则的贯彻。

二是复议前置设置标准不明确、不统一。《行政诉讼法》第四十四条仅规定复议与行政诉讼程序衔接的基本原则，在允许法律法规设置例外情形时并未明确设置标准。对于立法关于复议前置的设定情况，章志远教授认为"不

---

[1] 参见章志远："我国行政复议与行政诉讼程序衔接之再思考"，载《现代法学》2005年第4期。

仅不同种类的法律法规之间规定的模式不同，而且同一种类的法律法规之间、同一类型或同一机关管辖的案件之间甚至同一部法律法规不同条款之间的规定也不一致"[1]。设置标准的缺失必然造成例外设置的失序，以规定复议前置的法律和行政法规为例，法律有《中华人民共和国税收征收管理法》《中华人民共和国反垄断法》《中华人民共和国电影产业促进法》等；规定复议前置的行政法规主要有《中华人民共和国外汇管理条例》《中华人民共和国进出口关税条例》《植物检疫条例》《宗教事务条例》《医疗用毒性药品管理办法》《城市居民最低生活保障条例》《中华人民共和国企业法人登记管理条例》《国有资产评估管理办法》《储蓄管理条例》《幼儿园管理条例》《有线电视管理暂行办法》。前列法律规范有的涉及专业性问题，如《医疗用毒性药品管理办法》《植物检疫条例》；有的与管理领域相关，其中又以税收金融领域为重点，如《中华人民共和国税收征收管理法》《中华人民共和国外汇管理条例》《中华人民共和国进出口关税条例》《储蓄管理条例》。对于税收复议前置，一些税法学者展开了批判，提出取消税务复议前置，如刘剑文教授、付大学副教授建议取消复议前置条款。[2]但不少立法并不明显体现出与其他案件相比较需要复议前置的因素，如《中华人民共和国企业法人登记管理条例》《城市居民最低生活保障条例》《国有资产评估管理办法》《幼儿园管理条例》等，其中对于申请最低生活保障被拒绝的居民来说，复议前置无疑延迟了其可获得法院司法救济的时间。

三是复议终局与行政最终裁决均违反司法最终原则，有违现代法治基本要求。法律争议司法最终裁决是现代法治的基本要求，非诉纠纷解决机制的兴起并未冲击这一基本要求。行政复议是由行政机关裁决争议的纠纷解决机制，但是，复议终局排除了行政相对人获得司法救济的诉权，行政最终裁决尽管可由行政相对人选择，但是一旦选择国务院裁决，则排除行政相对人获得司法救济的权利。在复议终局和行政最终裁决情形中，行政机关的决定均成为最终决定，对于当事人而言，丧失了通过诉讼获得救济的机会，即使终

---

〔1〕　章志远："我国行政复议与行政诉讼程序衔接之再思考"，载《现代法学》2005 年第 4 期。

〔2〕　参见刘剑文："税收征收管理法修改的几个基本问题——以纳税人权利保护为中心"，载《法学》2015 年第 6 期；付大学："比例原则视角下税务诉讼'双重前置'之审视"，载《政治与法律》2016 年第 1 期。

局复议决定和行政最终裁决存在问题，也不能通过提起诉讼的方式予以救济，非常不利于其权利的保障。对于复议机关和作出最终行政裁决的行政机关而言，在缺乏司法监督的情况下，其裁决的公正性欠缺外部制约。

（三）关于是否保留复议前置之争

修法如何对待目前采用的"行政相对人选择为原则、复议前置为例外"模式，是目前争议很大的一个问题，学界形成两种不同的观点。

第一种，取消"选择主义为原则、复议前置为例外"的现行模式，代之以"前置主义为原则、选择主义为例外"的模式。如耿宝建法官认为现有行政复议制度并未发挥良好的分流作用，且复议处理方式的专业性和合理性并未得到重视，应该坚持明确当事人对行政行为不服的，必须先行申请行政复议，对当事人利益有重大影响且需要司法提供紧急保护的情况可以除外。并对应确立行政一体原则，确立行政复议的"准司法性"和复议机关的"准法院"性质。[1]王青斌教授主张确立复议前置原则，只有在少数情况下可以不经复议直接提起行政诉讼。[2]杨海坤教授坚持普遍建立行政复议前置制度，并在原则上废止行政复议机关终局裁决制度。行政相对人对行政行为不服的，除法律特别规定之外，均需要先提出行政复议申请，由行政复议机关先行处理。同时，延长提出行政复议申请后提起行政诉讼的时限，对行政复议决定不服，或者行政复议机关在法定期限内不作出复议决定的，除法律特别规定之外，行政相对人均可以在收到复议决定或者法定复议期限届满后 60 日内向法院提起行政诉讼。[3]周兰领、沈福俊教授、沙金博士、郑烁认为可在借鉴美国穷尽行政救济原则的基础上，实行复议前置原则。[4]在坚持复议前置原则的基础之上，赵德关坚持应积极扩大行政复议范围，建议先对政府信息公

---

〔1〕 参见耿宝建："'泛司法化'下的行政纠纷解决——兼谈《行政复议法》的修改路径"，载《中国法律评论》2016 年第 3 期。

〔2〕 参见王青斌：《行政复议制度的变革与重构——兼论〈行政复议法〉的修改》，中国政法大学出版社 2013 年版，第 54 页。

〔3〕 参见杨海坤、朱恒顺："行政复议的理念调整与制度完善——事关我国《行政复议法》及相关法律的重要修改"，载《法学评论》2014 年第 4 期。

〔4〕 参见周兰领："行政复议强制前置模式的重建"，载《长安大学学报（社会科学版）》2008 年第 4 期；沙金："论中国行政复议制度的司法化改革"，载《河北法学》2015 年第 8 期；沈福俊："论'穷尽行政救济原则'在我国之适用——我国提起行政诉讼的前置条件分析"，载《政治与法律》2004 年第 2 期；郑烁："论美国的'穷尽行政救济原则'"，载《行政法学研究》2012 年第 3 期。

开、不动产登记等法律关系简单、受案量大、政策业务性强的案件实施行政复议前置，在条件成熟的基础上，再作扩大。[1]

第二种，保留现有模式，限缩设定复议前置的立法层级，明确复议前置的领域与范围。如章志远教授主张：取消"法规"可以设置复议前置程序的规定，将此项权力仅仅赋予全国人大及其常委会所制定的"法律"；将复议前置型限定于某些具有极强技术性、专业性的案件，以便发挥行政机关的专业和技术优势。这些行政争议大致包括：商标、专利、麻醉药品和精神药品管理、交通事故、环保、税务、海关、商检、外汇等。[2]朱晓峰认为应当对于复议前置的范围进行明确，以达到争议经过一次"准司法"性质居中裁决程序予以过滤，争议焦点等案件事实问题非常明确的目的。[3]杨伟东教授认为使行政复议成为解决行政争议的主渠道的根本之道在于塑造行政复议公正性的品性，通过公正性来恢复行政复议的人气，但未必能通过强制先行而实现。要想使强制复议先行理由成立必须两个论断也成立：一是行政复议真正具有所谓的比较优势，二是这一比较优势必须通过强制先行得以发挥。但实际上两种意见均值得商榷。故此坚持行政相对人的自由选择模式，尊重当事人的程序权利。[4]黎军认为应尊重当事人的自由选择，复议前置弊大于利，作为一种救济程序，行政复议的重要宗旨是维护当事人的合法权益，因此，其制度设计均应以此为指挥棒，并尊重当事人的权利选择及行使。而复议前置的规定，则更侧重于对行政权的尊重和维护行政的统一，以及如何才能最快地解决纠纷，节约人力物力及司法资源。[5]

（四）域外行政复议与行政诉讼程序衔接机制

赞成复议前置的观点在比较法层面常援引美国"穷尽行政救济原则"为理由予以论证。美国行政法上"穷尽行政救济原则"是指当事人没有利用一切可能的行政救济以前，不能申请法院裁决对他不利的行政决定。《联邦行政

---

[1]　参见赵德关："新时期行政复议制度的定位与展望"，载《行政法学研究》2016年第5期。

[2]　参见章志远："论行政复议与行政诉讼之程序衔接"，载《行政法学研究》2005年第4期。

[3]　参见朱晓峰："行政复议制度改革的地方实践和立法建议——基于《行政诉讼法》修改对行政复议制度的影响"，载《行政法学研究》2016年第5期。

[4]　参见杨伟东："复议前置抑或自由选择——我国行政复议与行政诉讼关系的处理"，载《行政法学研究》2012年第2期。

[5]　参见黎军："行政复议与行政诉讼之关系范畴研究"，载《法学评论》2004年第3期。

程序法》第 704 条尽管没有直接规定穷尽行政救济原则，但通常被认为是穷尽行政救济原则的成文法依据。在 1969 年麦卡特诉美国政府案（McKart v. United States）中，美国联邦最高法院对坚持穷尽行政救济原则的理由作了说明：第一，保证行政机关能够利用其专门知识和行使法律所授予的自由裁量权；第二，让行政程序连续发展不受妨碍，法院只审查行政程序的结果，比在每一阶段允许司法干预更有效；第三，行政机关不是司法系统的一部分，它们是国会设立执行特定职务的实体，穷尽行政救济原则保护行政机关的自主性；第四，没有穷尽行政救济时，司法审查可能受到妨碍，因为这时行政机关还没有搜集和分析有关的事实来说明采取行政的理由，作为司法审查的根据；第五，穷尽行政救济原则使行政系统内部有自我改进错误的机会，减少司法审查的需要，使法院有限的人力和财力能更有效地使用；第六，如果不进行行政救济而直接进行司法审查，可能降低行政效率，鼓励当事人超越行政程序，增加行政机关工作的难度和经费。[1]

穷尽行政救济原则的确立基础是美国三权分立的国家权力结构及司法谦抑原则，司法机关要尽可能尊重行政机关对行政事务的处理。我们可以看到六项理由中，司法权与行政权的关系和行政效率是确立穷尽行政救济原则的主要理由。由于《联邦行政程序法》第 704 条并没有明确规定这一原则，"从美国法院的实际情况来看，这个原则是一个指导性原则。在法律没有硬性的强制性规定时，法院是否适用这个原则有很大的自由裁量权。正是由于这个缘故，不适用这个原则的例外情况很多"[2]。例外情形包括：（1）行政机关不能提供适当的救济；（2）行政决定对当事人产生不可弥补的损害；（3）无管辖权；（4）宪法问题和法律解释问题；（5）刑事案件；（6）美国法典第 42 编第 1983 节的民权案件。从前列例外情形中可以看到，行政相对人的权利保障并非穷尽行政救济原则的考量因素，相反，对行政相对人的权利保障构成了穷尽行政救济原则的例外情形。

穷尽行政救济原则的适用在 1993 年达比诉西斯内罗斯案（Darby v. Cisneros）后发生变化，该案给穷尽行政救济原则赋予了新的含义。在达比诉西

---

〔1〕 参见王名扬：《美国行政法》（下），中国法制出版社 1995 年版，第 652~653 页。

〔2〕 王名扬：《美国行政法》（下），中国法制出版社 1995 年版，第 653 页。

斯内罗斯案之后，联邦法院在审理相关案件时的分析步骤发生了改变。首先，法院需要查明该案所涉及的法律或规章是否已经明确规定"行政相对人寻求司法救济前必须穷尽行政救济"或者"行政相对人向行政机关提起行政复议期间争议的行政行为不发生法律效力"。如果相关法律或规章没有对此进行明确规定，或者只规定了行政相对人在寻求司法救济前"可以"（而不是"必须"或"应当"）首先寻求行政内部救济，那么，此时法院不必再分析该案的原告是否已经穷尽行政救济，而可以直接裁决允许原告获得司法救济。[1]

　　大陆法系国家和地区关于行政复议与行政诉讼的关系从其发展过程来看有三种类型：行政复议作为行政诉讼强制先行程序、行政复议作为行政诉讼之选择的先行程序、行政复议作为与行政诉讼并行或独立的程序。[2]大陆法系国家和地区早期多采诉讼前置主义，实行复议前置主义的理由主要有：（1）历史的因素；（2）对行政权之尊重与确保行政做法的统一；（3）减轻法院的负担；（4）协助人民澄清疑点；（5）加速救济程序；（6）扩大救济之机会与层面。而放弃复议前置主义的主要考量在于人民行使权利的自主性要求、权利救济方法的多元化、行政与司法救济之间的良性竞争与制衡、行政复议的司法化等。[3]法国、德国、日本目前均已放弃诉愿前置主义。如在行政法母国法国，以 1889 年最高行政法院的"卡多案"判决为分水岭，实现了从复议前置到自由选择模式的转换。韩国 1951 年制定的《行政诉讼法》规定了复议前置主义，但是 1994 年修订《行政诉讼法》时废止了这一规定。日本制定了《审查法》和《行政事件诉讼法》，废除了诉愿前置主义，规定对行政行为不服者可以自由选择行政上的不服申请或者撤销诉讼中的任一救济手段。整体上来说，当事人对于审查请求和撤销诉讼是可以进行选择的，即在行政复议与行政诉讼的关系上是自由选择主义，但是个别法也有规定"复议前置"的情形，但这种"复议前置"规定数量在减少。[4]

---

　　〔1〕　参见郑烁："论美国的'穷尽行政救济原则'"，载《行政法学研究》2012 年第 3 期。

　　〔2〕　参见蔡志方："诉愿制度"，载翁岳生主编：《行政法 2000》（下），中国法制出版社 2002 年版，第 1237～1238 页。

　　〔3〕　参见蔡志方："诉愿制度"，载翁岳生主编：《行政法 2000》（下），中国法制出版社 2002 年版，第 1238 页。

　　〔4〕　参见曹鎏："五国行政复议制度的启示与借鉴"，载《行政法学研究》2017 年第 5 期；黎军："行政复议与行政诉讼之关系范畴研究"，载《法学评论》2004 年第 3 期。

从域外行政复议与行政诉讼程序衔接机制的发展情况来看，美国尽管实行穷尽行政救济原则，但这一原则为指导性原则，法院享有很大的自由裁量权，而从法院适用的实践情况来看，对行政相对人权利保障的考量构成了这一原则的例外情形，1993 年达比诉西斯内罗斯案表明法院在这个问题上更强调弱化穷尽行政救济原则对行政相对人获得有效司法救济的限制。大陆法系国家和地区由复议前置主义到放弃复议前置主义，也主要考虑保障人民获得救济的自主性，以及在行政救济与司法救济之间形成良性竞争与制衡。总体而言，在行政救济与司法救济的关系方面，强制性规定在弱化，更强调尊重行政相对人的自主选择权。

（五）完善行政复议与行政诉讼程序衔接的设想

1. 保留行政相对人自由选择为原则、复议前置为例外

保留自由选择原则还是代之以复议前置原则是目前修法的热点问题之一，尤其是在行政复议被定位为解决行政争议主渠道的背景之下。从法院的角度而言，也希望行政复议能够成为行政诉讼的过滤器，让更多行政争议纳入复议渠道解决，以减轻法院的负担和压力。国内学者坚持复议前置原则的理由与域外的观点基本相同，主要包括：发挥行政复议制度的专业性优势；对行政行为进行全面审查更好维护相对人的合法权益；发挥行政复议制度的层级监督功能，让争议在行政内部解决，减轻司法压力；让行政复议成为纠纷解决主渠道等。[1]王青斌教授提出确立复议前置的主要理由为：（1）有利于维护相对人的合法权益；（2）有利于发挥行政复议的比较优势，更有利于行政纠纷的解决；（3）有助于节约司法资源，让行政复议形成行政诉讼的过滤器。[2]

复议前置主义意味行政相对人必须先行经过复议之后才能获得司法救济，先行复议成为行政相对人行使诉权的条件，行政相对人诉权的行使受到一定

---

〔1〕 参见周兰领：“行政复议强制前置模式的重建”，载《长安大学学报（社会科学版）》2008年第 4 期；沙金：“论中国行政复议制度的司法化改革”，载《河北法学》2015 年第 8 期；沈福俊：“论‘穷尽行政救济原则’在我国之适用——我国提起行政诉讼的前置条件分析”，载《政治与法律》2004 年第 2 期；郑烁：“论美国的‘穷尽行政救济原则’”，载《行政法学研究》2012 年第 3 期。

〔2〕 参见王青斌：《行政复议制度的变革与重构——兼论〈行政复议法〉的修改》，中国政法大学出版社 2013 年版，第 54~57 页。

限制。基于以下几点因素考量，我国宜保留目前的自由选择主义为原则、复议前置例外的模式：

第一，行政复议制度的运行状况不理想，强制复议前置既不利于行政相对人及时获得救济，也很难实现为司法减负的目的。美国实行穷尽行政救济的前提条件是行政救济必须是一种有效的救济，如果行政救济未能构成有效救济，则不能适用穷尽行政救济原则，赞成复议前置的观点忽略了行政复议制度尚不能提供有效救济这一现实状况。长期以来，行政复议纠错率偏低，新《行政诉讼法》引入复议机关作共同被告制度的目的就在于倒逼复议机关提高纠错率。在行政复议体制欠缺专业性、中立性和复议程序欠缺公正性的情况下，即使强制行政争议进入复议程序，行政相对人仍会在复议结束之后选择向法院起诉，行政复议为法院分担案件压力的功能就很难实现，反而使得行政相对人难以及时向法院提起行政诉讼。即使《行政复议法》修改对体制、程序等重大制度进行重构，但是修法能够在多大程度上实际提高复议纠错率也需要观察，在修法效果未进行评估的情况下实行复议前置不利于行政相对人及时提起行政诉讼。

第二，行政复议作为行政争议解决主渠道的地位的实际确立，应当通过提高行政复议公正解决行政争议的能力予以实现。实行复议前置只能做到强制行政争议进入复议渠道，并不能保证行政争议在复议程序中得到实质解决。只有更多行政争议能够在行政复议中得到实质解决，行政复议才能体现其作为行政争议解决主渠道的地位。因此，通过复议前置保障行政复议解决行政争议主渠道的理由并不成立。只有完善行政复议制度，提高行政复议公正解决行政争议的能力，才能吸引更多的行政相对人愿意选择申请复议解决其与行政机关之间的争议。

第三，行政复议与行政诉讼为各自独立的救济机制，应尊重行政相对人的程序选择权。大陆法系国家早期多实行复议前置主义与其对行政诉讼的认识有关联，"就法国行政诉讼制度之沿革言之，行政诉讼之本质，并非司法裁判，而系行政系统之分化及自我反省……就德国言之，在行政司法之时代，在行政国家思想支配下，行政法院亦系'行政审级之司法化'而已。因此，将行政机关审理作为行政诉讼的前置程序应该不奇怪，可以说这正是'大陆法系行政救济之传统'"〔1〕。但在行政复议与行政诉讼作为二元并立的行政救济机制确立之后，行政复议与行政诉讼的关系已经不同于以往，二者各自独立，虽有衔接关系，但相互平行，启动哪一机制应交由行政相对人选择，这既是对相对人程序选择自主权的尊重，也契合二者的关系。

第四，行政复议专业性优势的发挥可以作为自由选择的例外情形。行政争议类型很多，行政管理涉及的部门也很多，并非所有行政案件的审理都涉及法官无法判断的专业性问题，发挥行政复议专业性优势并不足以成为支撑复议前置的理由。在以行政行为合法性审查为核心的行政争议案件审理中，行政的专业性问题并不构成司法审查的障碍。

2. 完善复议前置例外规定

复议前置例外目前存在两方面的问题：其一是设置层级宽泛，造成例外情形过多；其二是例外设置欠缺标准。

（1）针对第一个问题，建议取消"地方性法规"的例外设置权限。自由选择是《行政诉讼法》确立的一般性原则，例外情形将排除这一原则的适用。地方性法规仅适用于特定区域，由地方性法规设置复议前置例外情形，会造成复议制度的地方差异性。救济程序的启动为程序性事项，程序性事项的地方差异性并不存在，没有地方立法的必要性，若有的话，反而会造成法律适用的不统一。法律和行政法规均为国家层面立法，基于某一行政管理领域的特殊性而设置复议前置，没有破坏法律适用的统一性。

（2）针对第二个问题，建议将复议前置例外限定为基于专业问题的需要。要解决这个问题首先需要明确为什么要强制先行复议？设置复议前置要解决什么问题？强制行政争议先行进入复议程序应当针对的是解决行政争议涉及的问题，复议工作人员更具有判断优势，法官并非不能够判断，但是由法官判断具有相当难度。这主要是现代行政管理涉及的专业分工过细带来的专业问题判断，典型的领域就是专利领域，再如药品监管。在技术性、专业性过强的管理领域，由具有行政管理经验的复议机关工作人员先行对事实问题作出认定，较之法院直接审查更有利于案件的解决。

---

〔1〕 蔡志方：《行政救济与行政法学》，台湾三民书局 1993 年版，第 118~119 页。

3. 取消复议终局

法院作为法律帝国的"首都",并非纠纷解决的唯一机制,也并非纠纷解决的首选机制,而是纠纷解决的最终机制,是当事人寻求正义的最终堡垒。法律争议由司法最终裁决是现代法治的基本原则,为世界各国广泛认可。《世界人权宣言》第八条规定:任何人当宪法或法律赋予他的基本权利遭受侵害时,有权由合格的国家法庭对这种侵害行为作有效的补救。司法最终裁决原则包含两方面的含义:其一明确了个体有通过司法获得救济的权利;其二明确了司法权与其他解决纠纷权力之间的分工与权限划分,尤其是在行政权与司法权之间明确了行政机关不能作为争议的最终裁决机关,所有行政争议均应获得进入司法程序予以解决的机会。日本 1946 年出台的《日本国宪法》第七十六条第二款规定:不得设置特别法院,行政机关不得施行作为终审的裁判。司法最终裁判原则的确立与法院的性质及其权力运行方式密切相关,法院独立行使司法权,法官以中立的第三方角色根据法律认定案件事实、适用法律作出裁判,公正解决争议。复议终局制度使得部分行政争议丧失进入司法程序的机会,由行政机关行使终审裁判权,违反了司法最终裁决原则,不利于当事人权益的救济与保障。目前取消复议终局制度应当说存在相当程度的共识,没有太大争议。

二、完善行政复议与行政诉讼审理环节的衔接

(一) 行政复议与行政诉讼的程序衔接不应局限于启动程序衔接

目前关于行政复议与行政诉讼程序衔接的讨论主要体现为以复议是否前置为内容的启动程序衔接,即在两种救济机制的启动路径方面如何进行安排。行政复议与行政诉讼的审理对象存在很大交叉,均以行政行为合法性审查为核心内容。关于合理性问题,在新《行政诉讼法》加大对行政行为合理性审查力度之后,也存在交叉。目前的审理制度安排是将二者作为完全割裂的两套机制,对复议决定不服进入诉讼程序之后,法院仍要对具体行政行为的合法性展开全面重新审查,造成救济资源的浪费。如果将行政复议与行政诉讼作为一个整体予以考量,则二者的程序衔接不应仅停留在启动程序衔接方面,尤其是在对行政复议程序进行以程序公正为核心内容的重构之后,二者的程序衔接还应包括复议审理程序中对事实认定所作出的判断在行政诉讼中如何

为法院行政诉讼所对待的问题，即审理环节的衔接。

（二）完善行政复议与行政诉讼审理环节的衔接

2014 年修订《行政诉讼法》时，学界呼吁同时启动《行政复议法》修改，将两部法律视为一个整体统筹安排行政救济制度，可惜未能实现。《行政诉讼法》修订结束后，这一思路仍体现在探讨《行政复议法》修改中。如耿宝建法官在"'泛司法化'下的行政纠纷解决——兼谈《行政复议法》的修改路径"一文中提出：重新定位复议与诉讼的关系，承认复议程序当事人行为效力的"准一审性"，确立行政复议的"准司法性"和复议机关的"准法院"性质，将行政复议程序和过程视为行政诉讼的"准一审"程序。以法院一审裁判模式为基准，改造行政复议公开听审程序。认可行政复议过程和行政复议决定，具有类似于一审法院审理和裁判的效力。[1]

修法如果对行政复议体制和行政复议程序作出重大调整，将行政复议与行政诉讼制度作为一个整体予以统筹考量，无论对合理配置救济资源，还是在行政复议与行政诉讼之间形成合理分工，都具有十分重要的意义，同时也能减少对以正当程序为核心内容的复议程序改革的质疑。以正当程序为核心内容展开的复议程序改革较之现有复议程序毫无疑问会增强程序对抗性，对案件审理的效率会产生影响，但如果在复议与行政诉讼之间形成审理环节的衔接，如复议程序中已经质证过的证据，在双方当事人已经不再存有争议的情况下，进入诉讼程序后则不必再逐一质证，从整个程序流程来看，尽管增加了复议环节的工作量，但是减少了诉讼环节的工作量，整体而言，解决行政争议的效率并未受到影响。

复议程序的正当化改造为行政复议与行政诉讼在证据制度和以此为基础展开的事实认定的衔接奠定了基础。当复议程序以类似司法的对抗式程序运行时，当事人在复议程序中的行为及所形成的结果在进入诉讼程序之后，没有必要再来一遍，如对于已经在复议程序中质证过的证据，双方陈述意见即可，没有必要再逐一质证；再如对于经过复议的案件，法院在进行司法审查时，对于复议机关关于行政行为作出的事实认定，特别是基于极强的专业技

---

〔1〕　参见耿宝建："'泛司法化'下的行政纠纷解决——兼谈《行政复议法》的修改路径"，载《中国法律评论》2016 年第 3 期。

术作出的事实认定，原则上予以尊重，法院可以将审查的重心放在法律审方面。

三、完善行政复议与行政诉讼之间当事人衔接机制

（一）与原告资格一致在《行政复议法》中规定申请人资格

1. 有必要在《行政复议法》中明确规定申请人资格

复议申请人是认为自己的合法权益受到行政行为侵犯而向复议机关申请行政复议的公民、法人和其他组织。《行政复议法》第二条规定："公民、法人或者其他组织认为具体行政行为侵犯其合法权益，向行政机关提出行政复议申请，行政机关受理行政复议申请、作出行政复议决定，适用本法。"根据该规定，只有公民、法人和其他组织才能成为申请人，行政机关不能作申请人，只能作被申请人，行政复议申请人恒定为公民、法人和其他组织，被申请人恒定为行政机关。由于行政行为通常具有复效性，不仅直接影响具体行政行为的当事人，对当事人之外的主体基于各种因素也会对其权益直接或间接产生影响，因而，申请人资格制度进一步明确具备何种条件的公民、法人或者其他组织能够针对某一特定具体行政行为申请复议，不具备申请人资格的公民、法人或者其他组织无权针对具体行政行为申请复议。

与1989年《行政诉讼法》没有直接规定原告资格一样，《行政复议法》也没有直接规定复议申请人资格。尽管一般将《行政复议法》第二条作为分析判断复议申请人资格的法律基础，但是该条并非关于复议申请人资格的直接规定，主要解决的是公民申请复议权的条件问题。从逻辑上推演，既然公民、法人和其他组织认为自己合法权益受到具体行政行为侵犯，就可以申请行政复议，此处用的是公民、法人或者其他组织，应该理解为包括但不限于行政决定的当事人。此种理解亦可以在《行政复议法》第十条第三款关于第三人的规定中得以佐证，该条规定："同申请行政复议的具体行政行为有利害关系的其他公民、法人或者其他组织，可以作为第三人参加行政复议。"但是，在复议实践中，复议申请人往往被限定解释为具体行政行为的直接当事人。为解决这一问题，《实施条例》第二十八条关于受理条件的规定中规定复议申请人资格为：申请人与具体行政行为有利害关系。凡是与具体行政行为有利害关系的公民、法人或者其他组织均可成为复议申请人，复议机关应当

受理其申请，明确复议申请人不限于具体行政行为的直接当事人。复议申请人资格的条件设定与公民申请复议权有直接关系，申请人资格的条件越宽泛，有权申请行政复议的主体范围就越宽泛，反之，越窄，越不利于公民获得复议救济。基于申请人资格制度的重要性，有必要在《行政复议法》中规定复议申请人资格。

2. 行政诉讼法关于原告资格的确立与发展

原告资格制度的演变与复议申请人资格有着相同的发展过程。1989 年《行政诉讼法》没有直接规定原告资格，在《行政诉讼法》实施的初期，原告的范围被严格限定在行政决定的当事人范围，即只有具体行政行为的直接相对人才具有原告资格，当事人以外的其他主体即使其权利受到具体行政行为侵犯，也被认定为不具有原告资格，不符合起诉条件。司法实践对原告资格所持的狭隘解释不利于公民寻求司法救济，针对此种情况，《执行解释》对原告资格问题进行补救，采用概括规定与明确列举相结合的方式，明确了原告资格标准及常见的具有原告资格的情形。《执行解释》第十二条规定："与具体行政行为有法律上利害关系的公民、法人或者其他组织对该行为不服的，可以依法提起行政诉讼。"该条规定借用第三人的概念，明确只要是与具体行政行为有法律上利害关系的公民、法人和其他组织，不限于行政决定直接针对的当事人，都可以向人民法院提起行政诉讼。

与《行政诉讼法》修订解决立案难、为公民提供更好的司法保护的修法宗旨相对应，修法在原告资格问题上采取了放宽的思路和做法。具体体现为原告资格由"法律上利害关系"修改为"利害关系"。《行政诉讼法》第二十五条第一款规定："行政行为的相对人以及其他与行政行为有利害关系的公民、法人或者其他组织，有权提起诉讼。"修法吸收了《执行解释》第十二条的规定，明确原告不限于行政行为的相对人，同时修法取消了《执行解释》中"法律上"的限制，主体与被诉行政行为具有"利害关系"即可具有原告资格。修法放弃"法律上利害关系"标准，亦没有采用《中华人民共和国民事诉讼法》上"直接利害关系"标准，而是采用"利害关系"这一标准，根据《中华人民共和国行政诉讼法释义》一书的解释，主要原因有三点：其一，取消限制更有利于保护公民的起诉权利；其二，"直接利害关系"很容易被限定为行政行为的相对人；其三，更有利于解决立案难的问题。[1]

关于"利害关系"与"法律上利害关系"有何实质不同，释义一书中没有作出解释，仅指出并非漫无边际，需要在实践中根据具体情况作出判断，原则是通过行政诉讼比其他途径解决争议的效率更高、成本更低，更有利于保护公民、法人和其他组织的合法权益。[2]司法实践中有法官运用德国行政法上规范保护理论认定原告资格，认为主体具有作为被诉行政行为依据的行政法律规范所保护的利益时，与被诉行政行为有利害关系，如果其主张的利益非为该行政法律规范所保护，则不具有利害关系。如北京市第一中级人民法院在"姜某某诉国家能源局行政复议驳回决定案"中对如何判断"利害关系"提出了判断标准。[3]"姜某某诉国家能源局行政复议驳回决定案"是北京市第一中级人民法院审理的以部委为被告的十大行政诉讼典型案例之一，法院在该案典型意义中提出："本案是明确行政法上利害关系的典型案件。新行政诉讼法第二十五条规定了原告应当与被诉行政行为具有利害关系，但利害关系的判断标准仍然不明确。本案运用规范保护理论的原理，明确了应当以行政行为作出所应当依据的法律规范是否要求行政机关对原告所主张的合法权益予以考量和保护，作为判断原告是否具有针对行政行为主张权利侵害

---

〔1〕 参见信春鹰主编：《中华人民共和国行政诉讼法释义》，法律出版社2014年版，第69~70页。

〔2〕 参见信春鹰主编：《中华人民共和国行政诉讼法释义》，法律出版社2014年版，第69~70页。

〔3〕 该案案情如下：2013年8月，黑龙江省发改委作出《关于某煤矿30万吨/年矿井新建项目核准的批复》（以下简称项目核准批复）。原告姜某某主张自己是相关矿产的投资人，项目核准批复侵犯其采矿权，遂针对项目核准批复向被告国家能源局申请行政复议。被告作出被诉复议决定，以申请人姜某某与项目核准批复没有利害关系为由，决定驳回其行政复议申请。姜某某不服该复议决定，诉至北京市第一中级人民法院。法院经审理认为：所谓有利害关系，是指申请人的合法权益有受到具体行政行为侵害的可能性。如果行政机关在作出具体行政行为时，负有考量和保护申请人相关权利的义务，则申请人的相关权益就有可能因为行政机关未尽上述义务而受到侵害；反之，如果行政机关在作出具体行政行为时，并不负有前述考量和保护义务，则申请人与具体行政行为之间不具有利害关系。本案项目核准批复是黑龙江省发改委作出的企业投资项目核准行为。参照《企业投资项目核准暂行办法》第十八条规定，企业投资项目核准主要对项目是否符合国民经济和社会发展规划、产业政策、国家宏观调控政策、经济安全、生态环境等宏观经济、公众利益方面进行审查。就矿井新建项目而言，投资项目的核准并不对采矿权的归属进行审查，更不审查项目是否涉及民事纠纷。因此，原告主张的权益并不在黑龙江省发改委作出项目核准批复时应考量和保护的范围。被诉复议决定认定原告与项目核准批复不具有利害关系并驳回其行政复议申请并无不当。但是，被告作出被诉复议决定存在超过法定期限之情形。被告的法制工作机构于2014年3月19日即收到原告的复议申请，而迟至同年10月15日才作出被诉决定，已超出法定的行政复议期限，故法院依法判决确认被告作出的被诉复议决定违法。

的判断标准。本案探索了利害关系的一般判断标准，具有树立裁判标准的意义。"

最高人民法院对"利害关系"的认定标准有一个发展变化的过程，在第77号指导案例也即2016年的"罗镕荣诉吉安市物价局物价行政处理案"中，法院采用的标准是"侵害其自身合法权益"标准。在该案中，最高人民法院认为罗镕荣虽然要求吉安市物价局"依法查处并没收所有电信用户首次办理手机卡被收取的卡费"，但仍是基于认为吉安电信公司收取卡费行为侵害其自身合法权益，向吉安市物价局进行举报，并持有收取费用的发票作为证据。因此，罗镕荣与举报处理行为具有法律上的利害关系，具有行政诉讼原告主体资格，依法可以提起行政诉讼。在2017年"刘广明诉张家港市人民政府行政复议案"中，最高人民法院开始引入主观公权利和保护规范理论解释如何判断原告与被诉行政行为之间是否具有"利害关系"。[1]法院在该案再审裁定书中指出："有利害关系的公民、法人或者其他组织"，不能扩大理解为所有直接或者间接受行政行为影响的公民、法人或者其他组织；所谓"利害关系"仍应限于法律上的利害关系，不宜包括反射性利益受到影响的公民、法人或者其他组织。同时，行政诉讼乃公法上之诉讼，上述法律上的利害关系，一般也仅指公法上的利害关系；除特殊情形或法律另有规定，一般不包括私法上的利害关系。只有主观公权利，即公法领域权利和利益，受到行政行为影响，存在受到损害的可能性的当事人，才与行政行为具有法律上的利害关系，才形成了行政法上权利义务关系，才具有原告主体资格（原告适格），才有资格提起行政诉讼。保护规范理论或者说保护规范标准，将法律规范保护的权益与请求权基础相结合，具有较强的实践指导价值。即以行政机关作出

---

[1] 刘广明诉张家港市人民政府行政复议案之后，主观公权利和保护规范理论成为学界和法官热烈讨论的一个话题。参见赵宏："主观公权利的历史嬗变与当代价值"，载《中外法学》2019年第3期；赵宏："保护规范理论的历史嬗变与司法适用"，载《法学家》2019年第2期；赵宏："原告资格从'不利影响'到'主观公权利'的转向与影响——刘广明诉张家港市人民政府行政复议案评析"，载《交大法学》2019年第2期；李年清："主观公权利、保护规范理论与行政诉讼中原告资格的判定——基于（2017）最高法行申169号刘广明案的分析"，载《法律适用（司法案例）》2019第2期；王心禾："保护规范论：学术、司法的互动与接纳"，载《检察日报》2019年8月14日，第3版；何天文："保护规范理论的引入与问题——基于最高法院裁判的观察"，载《交大法学》2019年第4期；朱芒："行政诉讼中的保护规范说——日本最高法院判例的状况"，载《法律适用》2019年第16期，等等。

行政行为时所依据的行政实体法和所适用的行政实体法律规范体系，是否要求行政机关考虑、尊重和保护原告诉请保护的权利或法律上的利益（以下统称权益），作为判断是否存在公法上利害关系的重要标准。实践中，对行政实体法某一法条或者数个法条保护的权益范围的界定，不宜单纯以法条规定的文意为限，以免孤立、割裂地"只见树木不见森林"，而应坚持从整体进行判断，强调"适用一个法条，就是在运用整部法典"。

3. 复议申请人资格与原告资格保持统一

《行政复议法》修改关于复议申请人资格的规定宜与原告资格的规定保持一致，理由主要如下：

第一，行政复议与行政诉讼的当事人具有同一性。行政法律关系的主体为行政机关与行政相对人，行政相对人向复议机关申请行政复议后，行政机关成为行政复议中的被申请人，行政相对人成为申请人。申请人不服复议决定向人民法院提起行政诉讼，申请人成为行政诉讼中的原告，被申请人与复议机关成为行政诉讼中的被告。从中我们可以看到，行政复议与行政诉讼的当事人均源于行政法律关系中的主体，具有同一性。由于行政复议与行政诉讼的启动实行自由选择模式，《行政复议法》与《行政诉讼法》关于复议申请人资格与原告资格的规定需要统一起来。

第二，有利于将更多行政争议纳入复议渠道解决。新《行政诉讼法》关于原告资格的规定放宽了原告条件，如果复议申请人资格与原告资格保持一致，可申请复议的公民、法人或者其他组织的范围将放宽，有利于将更多争议纳入复议渠道解决，与复议作为行政争议解决主渠道的地位相对称。

第三，《实施条例》的规定已经与新《行政诉讼法》关于原告资格的规定一致，修改《行政复议法》已经有实践基础。根据《实施条例》第二十八条的规定，申请人与具体行政行为有利害关系的，复议机关应当受理其申请。该规定与修改后的《行政诉讼法》关于原告资格的规定相一致，修法已经有制度基础，将《实施条例》的规定吸收在《行政复议法》中即可。

（二）关于被申请人与被告衔接的反思与完善

1. 被申请人与被告的确定情形应当保持一致

被申请人与被告遵循的确定原则是相同的，即均遵循了"谁主体、谁被申请人（被告）"与"谁行为、谁被申请人（被告）"的基本原则予以确定。但是，在具体情形中存在不一致的情况。如经批准行政行为的主体确定，《实施条例》第十三条规定："下级行政机关依照法律、法规、规章规定，经上级行政机关批准作出具体行政行为的，批准机关为被申请人。"《适用解释》第十九条规定："当事人不服经上级行政机关批准的行政行为，向人民法院提起诉讼的，以在对外发生法律效力的文书上署名的机关为被告。"如果具体情形存在冲突，就会出现复议被申请人与诉讼被告不一致的情况。

2. 复议机关作共同被告制度的反思

新《行政诉讼法》关于被告制度最大的修改之处为将"经复议的案件，复议机关决定维持原具体行政行为的，作出原具体行政行为的行政机关是被告"修改为"经复议的案件，复议机关决定维持原行政行为的，作出原行政行为的行政机关和复议机关是共同被告"。这一规定被称为"复议机关作共同被告制度"，《适用解释》第九部分进一步强化和细化了这一制度。

"复议机关作共同被告"制度在修法阶段就面临极大的争议，立法者解释"之所以作这样的修改，主要是解决目前行政复议维持率高，纠错率低的问题"〔1〕。中国人民大学莫于川教授提出的建议稿中也持该方案，理由主要为："这一方案主要考虑到了复议机关作为上级行政机关的特殊资源、审查便利、解决力度和特殊效果等诸多因素。……这种立法模式并没有域外的立法例，可以说是具有中国特色的一次尝试。"〔2〕从中可以看出复议机关作共同被告制度带有很强的功能主义色彩，试图解决复议维持率过高的问题，但是，这一制度不仅存在诉讼原理方面的致命缺陷，而且是否能够解决其所要解决的问题，仍然是需要观察的。

第一，复议机关作共同被告制度是将行政复议视为行政决定的最终阶段，而非与行政诉讼并行的行政救济机制，这与行政复议作为化解行政争议主渠道的定位不符，也与行政复议与行政诉讼程序衔接实行自由选择模式存在冲突。美国穷尽行政救济原则的基础在于将行政法法官的裁决视为行政程序的最终阶段，在最终阶段完成前，预备性的、中间性的行政决定不能成为司法审查的对象。我国实行行政复议与行政诉讼由行政相对人自由选择的程序衔

〔1〕 信春鹰主编：《中华人民共和国行政诉讼法释义》，法律出版社 2014 年版，第 73 页。

〔2〕 莫于川等：《新〈行政诉讼法〉条文精释及适用指引》，中国人民大学出版社 2015 年版，第 70 页。

接模式，这就意味着承认行政复议是与行政诉讼并行的独立存在的行政争议救济机制。而且在行政复议与行政诉讼的关系中，基于社会转型时期行政争议日益增多的社会现实，逐步将行政复议定位为化解行政争议的主渠道。作为独立的行政争议解决机制，而非行政决定程序的最终环节，复议机关维持原具体行政行为的，不应以复议机关作共同被告。

第二，该项制度违反了诉讼基本原理，将争议解决机关作为未解决行政争议的一方当事人。行政复议与行政诉讼同为行政争议解决机制，如果复议机关维持了原行政行为，行政争议未能通过行政复议得到解决，行政复议程序终结，公民继续就原行政行为向法院起诉，由法院来解决未能通过复议解决的行政争议，未得到解决行政争议的双方主体在诉讼程序中成为行政诉讼中的当事人。将复议机关作为共同被告意味着争议解决机关成为诉讼程序中的一方当事人，但是复议机关并非行政争议当事人，不是行政法律关系的一方主体，与诉讼标的没有直接关联，将之作为诉讼当事人不符合诉讼原理。正如一审当事人不服一审判决向上一级人民法院提起上诉，二审法院针对一审判决进行审理，但是案件的当事人仍然是一审当事人，一审法院并不因其作出的一审判决被提起上诉而成为二审的当事人。

第三，由于复议机关维持了原行政行为，法院对复议决定的审查主要为程序合法性审查，但是复议机关要派人出庭应诉，应诉工作量大增影响了复议案件的审理质量。《适用解释》第一百三十五条第一款规定，复议机关决定维持原行政行为的，人民法院应当在审查原行政行为合法性的同时，一并审查复议决定的合法性。由于复议决定的内容体现为维持原行政行为，因而，一并审查复议决定的合法性主要为审查复议程序是否合法。但是，作为共同被告，复议机关也需要派人出庭。新《行政诉讼法》实施后，行政案件数量大幅增长，复议机关应诉的案件数量也在快速增长，给复议机关应诉带来很大压力。以山东省为例[1]，2015 年，山东省办理行政应诉案件 13 546 件，比 2014 年增加了 5696 件，增长 72.6%；比行政复议案件的 12 749 件多出 797 件，近 4 年来应诉案件首次超过复议案件数量。省政府本级 1 月至 4 月办

---

[1]　关于山东复议情况的数据引自朱晓峰："行政复议制度改革的地方实践和立法建议——基于《行政诉讼法》修改对行政复议制度的影响"，载《行政法学研究》2016 年第 5 期。

理应诉案件 74 件，5 月至 12 月办理 514 件，全年共办理 588 件，比 2014 年的 126 件增加 462 件，增长 4.67 倍，创历史新高。2015 年全省办理共同被告行政应诉案件 1693 件，占应诉案件总数的 13% 以上。行政复议案件大幅增长之后，复议机构工作人员的应诉工作量大增，"不是在法院开庭，就是去法院开庭的路上"即是对这一现象的生动描述。

由于复议机关作共同被告案件的管辖法院为作出原行政行为机关所在地法院，对于国务院部门作为复议机关的，需要在全国各地法院出庭应诉；对于直辖市、省级政府作复议机关的，则需要到区县、市等地方开庭。如山东省法制办改变了以往主要在省高院、济南市中院应诉的惯例，纵向覆盖了省、市、区三级法院，频繁到异地参加诉讼成为"新要求"。应诉人员既经历过一天内开 7 个庭的紧张节奏，也经历过 5 天内奔波于 4 个城市的紧张行程。由于从事复议工作的人员编制比较少，且不能保证他们专职从事复议工作，复议工作人员应诉工作量大增之后，能够处理复议案件的时间精力就更少了，直接影响复议机关对复议案件的办理质量。如国务院某部只好聘请律师事务所负责复议案件事务办理，复议工作人员将主要精力放在应诉工作上。"办一次复议案件就要当一次被告，有的更要参加一、二审两次或重复多次诉讼，工作压力'几何级'增加。行政应诉工作已从过去的附属性工作，完全转变为与行政复议等量齐观的常态化工作。"〔1〕

第四，复议机关作共同被告并不能解决复议决定维持率高、纠错率低的问题。出现这一现象的主要原因不是因为复议机关作出维持决定不用当被告，而是由分散的行政复议体制与行政化的行政复议程序的问题造成的。复议体制方面，行政复议机关由原行政行为的上级机关或者同级人民政府担任，复议机关与原行政行为机关之间存在的紧密联系使得复议机关欠缺中立第三方这一争议解决机关的基本要素。复议程序方面，立法对行政复议作出的"行政内部自我纠正错误的监督制度"的定位导致行政复议程序过于简化与内部行政化，申请人提出复议申请后，没有机会参与复议过程，复议案件的审理原则上实行书面审，不进行言词辩论，只在申请人提出要求或者复议机构认

---

〔1〕 朱晓峰："行政复议制度改革的地方实践和立法建议——基于《行政诉讼法》修改对行政复议制度的影响"，载《行政法学研究》2016 年第 5 期。

为必要时，听取申请人、被申请人和第三人的意见。申请人的意见难以进入复议过程，无疑使得复议机关更易认同原行政行为。如果不改变中立性严重缺失的行政复议体制与不公开、缺乏申请人参与的复议程序，对于行政机关而言，可能作为行政诉讼被告这一问题并不会对其作出哪种复议决定产生太大影响。

3. 完善行政复议第三人与原告的衔接

《行政复议法》第十条第三款规定了第三人的条件："同申请行政复议的具体行政行为有利害关系的其他公民、法人或者其他组织，可以作为第三人参加行政复议。"但是，《行政复议法》没有规定第三人如何参与到复议中来。2004年发生的张成银诉徐州市人民政府违法行政复议决定案是关于行政复议第三人的典型案例。在该案中，法院认为被告没有通知张成银参与到复议案件审理中来，违反了正当法律程序，因为张成银为涉案违法行政复议决定所撤销的房屋产权证上登记的产权人。之后，《实施条例》规定第三人参加行政复议的方式有两种：（1）依职权通知参加复议。指行政复议期间，行政复议机构认为申请人以外的公民、法人或者其他组织与被审查的具体行政行为有利害关系的，可以通知其作为第三人参加行政复议。（2）依申请参加复议。指行政复议期间，申请人以外的公民、法人或者其他组织与被审查的具体行政行为有利害关系的，可以向行政复议机构申请作为第三人参加行政复议。

《适用解释》第十二条规定"在行政复议等行政程序中被追加为第三人的"，属于《行政诉讼法》第二十五条规定的"与行政行为有利害关系"的情形，从而在行政复议第三人与行政诉讼原告之间建立了衔接机制。行政复议第三人因为与被申请复议的具体行政行为有利害关系参与到复议中，其参与复议程序的条件与申请人相同，申请人不服复议决定可以向人民法院提起行政诉讼，第三人不服复议决定相应也可以向人民法院提起行政诉讼。修改《行政复议法》时可以考虑吸收《实施条例》的规定，明确第三人参与复议的途径，同时明确第三人对行政复议决定不服的，可以提起行政诉讼。

第七章

"实质性解决行政争议"与行政复议调解和解制度

　　调解与和解均为以争议双方当事人达成合意的方式解决争议的制度。调解与和解尊重双方当事人的意志，较之判决更能实质化解争议，在民事争议解决中得到广泛应用。刑事审判与行政审判领域受限于公权不能自由处分的严格法治主义观念，长期将调解与和解排除在外，严格适用判决的方式对案件实体问题作出决定。近年来，随着形式法治主义向实质法治主义扩展，刑事领域引入认罪认罚从宽制度，新《行政诉讼法》也规定了行政诉讼调解制度。2019 年 4 月 23 日，中国证监会发布公告，中国证监会与高盛亚洲有限责任公司、北京高华证券有限责任公司以及高盛亚洲和高华证券的相关工作人员等 9 名行政和解申请人达成行政和解协议。[1]这是中国证监会自 2015 年发布《行政和解试点实施办法》以来的首起和解案例，办法公布 4 年后终得以落地。和解机制全面进入公权力领域有其现实基础与理论发展背景，在行政复议领域，尽管《行政复议法》没有规定和解制度，但是《实施条例》回应实践需求，规定了和解制度与调解制度。调解与和解作为实质化解行政争议的两种重要机制，有必要引入《行政复议法》修法中。考虑到和解与调解的区别主要在于和解由双方当事人自行达成协议，调解是在复议机构主持下达成协议，为行文方便，以下内容主要围绕调解制度展开，和解在最后论述。

---

　　〔1〕　该份行政执法协议含三项内容：（1）申请人已交纳行政和解金共计人民币 150 000 000 元。（2）申请人已采取必要措施加强公司的内控管理，并在完成后向中国证监会提交书面整改报告。（3）根据《行政和解试点实施办法》第二十九条的规定，中国证监会终止对申请人有关行为的调查、审理程序。

一、人民法院关于行政诉讼调解制度的探索

1989 年《行政诉讼法》没有规定调解制度，且不能进行调解被视为行政诉讼区别于民事诉讼的突出特点之一，除行政赔偿案件外，其他行政案件均不能进行调解。2014 年新《行政诉讼法》在坚持行政案件不适用调解原则的前提下，增加规定部分案件可以适用调解制度。

（一）新《行政诉讼法》关于调解制度的规定

1. 扩大调解适用范围

根据新《行政诉讼法》第六十条的规定，人民法院审理行政案件，原则上不适用调解。但是，在以下三类案件中可以适用调解：第一类是行政赔偿案件，第二类是行政补偿案件，第三类是行政机关行使法律、法规规定的自由裁量权的案件。如果考虑到法律、法规授予行政机关自由裁量权的普遍性，可以适用调解的案件的数量其实并不少。《中华人民共和国行政诉讼法释义》一书对为何坚持不得调解原则和扩大例外适用均作了解释。关于扩大例外适用部分的原因，释义中提到有以下几点：其一，《行政诉讼法》实施以来，虽然法律规定行政诉讼不适用调解，但是当事人以案外和解方式解决争议的现象大量存在。案外和解由于没有法院的确认，缺乏制度保障，有的行政机关通过欺骗、胁迫等非法手段使原告撤诉，原告撤诉后，不兑现之前的承诺，不利于保护当事人的合法权益，不利于有效化解行政争议。其二，行政赔偿、行政补偿类案件行政机关具有一定裁量权，适用调解可以更好地解决行政争议，保护公民、法人或者其他组织的合法权益。其三，草案二审时，部分常委委员、代表、地方和法院提出，为有效化解行政争议，草案规定的调解范围可以适当扩大。[1]从这段描述中可以看到，新《行政诉讼法》在坚持公权力不能自由处分这一基本原则的前提下，为更好化解行政争议，扩大了调解的适用范围。行政诉讼从禁止调解到部分案件可以调解方式结案，与修法目的中新增"解决行政争议"相对应。调解以在当事人之间达成合意的方式终结纷争程序，较之法院判决，更有助于争议得到实质解决。

---

[1] 参见信春鹰主编：《中华人民共和国行政诉讼法释义》，法律出版社 2014 年版，第 160~161 页。

2. 调解制度

根据《行政诉讼法》第六十条和《适用解释》第八十四条至第八十六条的规定，行政诉讼调解制度包括以下内容：

（1）自愿、合法原则。调解应当遵循自愿、合法的原则，调解不得损害国家利益、社会公共利益和他人合法权益。

（2）启动调解。法院审理可调解的案件时，认为法律关系明确、事实清楚，在征得当事人双方同意后，可以进行调解。调解以当事人自愿为原则，当事人一方或者双方不愿调解、调解未达成协议的，人民法院应当及时判决。

（3）调解不公开。人民法院对行政案件进行调解的，调解过程原则上不公开，当事人同意公开的除外。调解协议原则上也不公开，但为保护国家利益、社会公共利益、他人合法权益，法院认为确有必要公开的除外。

（4）制作调解书。调解达成协议，人民法院应当制作调解书。调解书应当写明诉讼请求、案件的事实和调解结果。调解书由审判人员、书记员署名，加盖人民法院印章，送达双方当事人。调解书经双方当事人签收后，即具有法律效力。调解书生效日期根据最后收到调解书的当事人签收的日期确定。

（二）调解是地方法院推进实质性解决行政争议的重要措施

调解较之判决具有更强的主观救济功能，能够更有效实质化解行政争议。在地方推进实质化解行政争议的探索中，调解机制是其中十分重要的推进机制。安徽省高院、上海市高院等地方高院为推进实质化解行政争议，出台了专门的规定，如上海市高院2018年5月修改完善了《上海市高级人民法院关于进一步完善行政争议实质性解决机制的实施意见》（以下简称《上海实施意见》），安徽省高院2018年12月出台了《关于完善行政争议实质性解决机制的意见》。在安徽、上海高院出台的意见中，调解制度被作为一项重要的实质化解行政争议的机制在意见中得到明确。

《上海实施意见》规定成立行政争议多元调处中心，作为诉调对接中心的组成部分，该中心是行政争议协调化解的专门平台。意见对发挥调解在实质性解决行政争议中的作用是这样规定的：通过建立行政案件实质性解决机制，充分发挥调解程序在化解争议方面的积极作用，并在明确行政争议、初步揭示案件事实等方面为案件实体审理打下基础。《上海实施意见》还规定法院应当积极探索行政争议多元解决机制，在行政争议实质性解决过程中可以采取人民调解、律师调解等各种方式，同时可以与职能机构、行业协会、群团组织等形成机制共建、信息互通，丰富行政审判的权利救济功能，提升行政审判效果。意见中关于调解的规定不仅仅是法院积极主动进行协调处理，也包括将行政审判工作与人民调解、律师调解等相结合，从中可以看到法院意在采用多元途径以有效化解行政争议。调解以寻求争议双方当事人的合意为目的，成为司法实践中法院达成实质化解行政争议目的的重要机制。行政复议与行政诉讼一样都是解决行政争议的机制，实质化解行政争议也是行政复议要追求的目标。法院对调解机制在实质性解决行政争议中功能的定位值得完善行政复议制度时予以借鉴。

二、《行政复议法》修订引入调解和解制度的必要性

调解以当事人双方合意的方式终结法律程序，因而通常具有案结事了、争议得到实质化解的效果。行政复议作为一种行政争议解决机制，如果能够借鉴行政诉讼制度改革的经验，引入以当事人形成合意的方式终结纷争，无疑有助于行政复议更有效解决行政争议。

（一）《实施条例》中已有关于行政复议调解制度与和解制度的规定

行政复议制度以具体行政行为合法性审查为核心内容展开，受传统严格法治主义的影响，行政权的行使没有调解的空间和余地，因而《行政复议法》没有规定调解与和解制度。但是，行政复议实践与行政诉讼实践一样客观上存在申请人与被申请人和解之后申请撤回复议请求的问题。对此，《实施条例》第四十条规定了和解制度，第五十条规定了调解制度。

1. 和解制度

和解是在行政复议决定作出之前，申请人与被申请人双方自行协商达成协议，经复议机关准许，终止复议程序。根据《实施条例》第四十条的规定，复议和解制度包括以下内容：

（1）案件适用范围。和解适用案件为公民、法人或者其他组织对行政机关行使法律、法规规定的自由裁量权作出的具体行政行为不服申请行政复议的案件。

（2）和解协议。申请人与被申请人在行政复议决定作出前自愿达成和解的，应当向行政复议机构提交书面和解协议。和解内容不损害社会公共利益

和他人合法权益的，行政复议机构应当准许。

2. 调解制度

调解适用案件范围包括两项：一项为公民、法人或者其他组织对行政机关行使法律、法规规定的自由裁量权作出的具体行政行为不服申请行政复议的；另一项为当事人之间的行政赔偿或者行政补偿纠纷。调解遵循自愿、合法的原则。当事人经调解达成协议的，行政复议机关应当制作行政复议调解书。调解书应当载明行政复议请求、事实、理由和调解结果，并加盖行政复议机关印章。行政复议调解书经双方当事人签字，即具有法律效力。调解未达成协议或者调解书生效前一方反悔的，行政复议机关应当及时作出行政复议决定。

除《实施条例》规定调解和解制度外，有的地方也规定了行政复议调解和解制度，如《山西省行政复议调解和解办法》（2009 年）、《南京市行政复议调解与和解实施办法》（2010 年）、《安徽省行政复议调解和解办法（试行）》（2011 年）、《河北省行政复议调解和解规定》（2015 年）、《青岛市行政复议调解办法》（2017 年）等。

（二）形式法治主义向实质法治主义的发展

严格法治主义之下的"公权不可自由处分""行政意志优于私人意志"等观念是反对调解进入行政争议解决机制中的主要理由。对此，王青斌教授在"论行政复议调解的正当性及制度建构"一文中提出"行政权不可处分不能推导出行政纠纷不能调解"，同时认为"公众参与理论"和"利益衡量理论"亦为行政复议引入调解提供了正当性基础。[1]严格法治主义与早期政府职能主要是维护社会秩序密切相关，警察国家时代，行政机关必须严格依法行政，由法院对其是否严格依法行政进行司法审查。但随着政府职能的大力扩张及行政国家的出现，受制于执法资源有限、行政事务日益复杂等诸多因素，严格的法治主义显得十分僵化，难以适应复杂的行政管理实践，正是在此背景之下，行政执法和解制度开始在美国、德国、台湾地区等出现。[2]实用主义

---

〔1〕 参见王青斌："论行政复议调解的正当性及制度建构"，载《法制与社会发展》2013 年第 4 期。

〔2〕 相关内容可以参见张红："破解行政执法和解的难题——基于证券行政执法和解的观察"，载《行政法学研究》2015 年第 2 期。

理念下，行政效率、行政执法资源有限等因素与依法行政一起构成行政机关必须综合考量的因素。因此，在行政执法领域中，严格的形式法治主义并非铁板一块，为了达到执法效果，与当事人以和解的方式实现执法目的，正在越来越多的领域开始应用。如果在行政权行使中行政机关与当事人之间可以通过合意达成和解达到执法目的，因行政权行使而产生的行政争议进入复议之后同样应当可以进行调解以解决行政争议。

（三）行政复议制度引入调解的现实基础

行政复议中引入调解制度还具备了现实基础。实践中有的行政争议的产生有很复杂的社会原因，如果简单对具体行政行为合法性作出判断后形成复议决定，并没有真正解决问题，相反，很有可能引发后续社会矛盾。[1]这类争议的焦点并不在具体行政行为的合法性上，如果仅仅作出复议决定，并不能真正解决争议。

在复议中引入调解制度的另一个现实基础是行政争议本身情况比较复杂，并非全部为单纯的具体行政行为合法性认定类案件，行政案件中大量案件为行民交叉案件，涉及对民事法律关系的处理，可以进行调解。此外，随着行政合同在实践中的广泛应用，行政机关与申请人之间的权利义务并非仅仅依照法律严格确定，有的是根据合同约定的权利义务，涉及这部分权利义务处理时，也可以进行调解。

---

〔1〕　如安徽省合肥市肥东县 2018 年年初调解审结的一项行政复议案件，申请人韩某早年进城从邮电局购买电话亭开电话超市，韩某将电话亭置于青春街人行道旁的公共场地上，在电话亭上竖起了大大的店招牌，还在电话亭旁擅自搭建钢结构小屋供自己和老伴起居生活。在 2017 年肥东创建全国文明城市示范县期间，韩某被城市管理行政执法局处以限期拆除擅自搭建的处罚决定。韩某对处罚决定不服，申请行政复议，请求撤销城市管理行政执法局对其作出的限期拆除决定。办案人员在审理过程中，发现该案事实清楚、证据确凿、适用法律正确，按说驳回行政复议申请，完全符合《行政复议法》的有关规定。但该县法制办办案人员认为，这么简单的驳回申请，行政纠纷得不到解决，还很有可能引发行政诉讼，使矛盾激化。同时，办案人员在实地调查中还发现，电话亭几乎没有公话生意，韩某仅靠卖些烟、酒维持生计。如今韩某与老伴年岁已高，寒冬腊月，在搭建的钢结构小棚生活条件十分艰苦，老两口并无坚决不拆的意愿，反而从网上搜集了大量各地拆除电话亭兑现补偿的信息。办案人员在与申请人几次沟通后，确定申请人同意拆除擅自搭建，只是对目前拆除补偿费用不太满意。于是办案人确定适用调解、促成申请人与被申请人达成补偿协议的方式来解决该案行政纠纷的思路。在县政府法制办办案人员的主持下，申请人韩某与县城市管理行政执法局经过三轮沟通，终于达成补偿协议。韩某也向行政复议机关撤回了原先递交的复议申请，案件以终止审理的方式结案。本案案情参见"县法制办：新年开启行政复议案件调解结案破冰之旅"，载 http://www.fdxcb.gov.cn/display.asp? id＝101211，最后访问日期：2019 年 1 月 26 日。

三、关于建构行政复议调解制度的设想

(一) 行政复议调解的适用范围

行政复议的调解范围如何确定存在较大争议。调解能否适用于所有复议案件?《实施条例》与《行政诉讼法》所规定的调解适用案件范围相同,均为两项:一项为公民、法人或者其他组织对行政机关行使法律、法规规定的自由裁量权作出的具体行政行为不服申请行政复议的;另一项为当事人之间的行政赔偿或者行政补偿纠纷。这两类行为被纳入调解范围的原因是一般认为这两种情形均不涉及合法性问题,行政主体对这两种行为具有一定的裁量空间,因而具备调解的基础。

地方关于复议调解案件范围的规定有的与《实施条例》一致,如《青岛市行政复议调解办法》,也限于两类案件,但是增加了一款兜底条款:其他可以调解的案件。但是,该办法既没有明确其他可以调解的案件的判断标准是什么,也没有列举其他案件的具体情形。该办法还同时明确规定不得就被复议行政行为的合法性进行调解。有的地方规定与《实施条例》不同,如《山西省行政复议调解和解办法》与《安徽省行政复议调解和解办法(试行)》所规定的可调解案件范围均宽于《实施条例》。《山西省行政复议调解和解办法》列举了七类案件,并使用了兜底条款开放调解范围,根据该办法第五条规定,有下列情形之一的,可以运用调解、和解方式结案:①涉及行政自由裁量权行使的;②涉及行政赔偿或行政补偿纠纷的;③涉及自然资源所有权、使用权权属的行政裁决、行政确权的行政争议中,当事人就所涉权属达成调解、和解协议的;或者该调解、和解协议的履行需要变更原具体行政行为的;④因行政合同纠纷,当事人之间达成新的协议或自愿解除原合同的;⑤因土地征收、征用或出让、房屋拆迁、资源环境、工伤认定等行政争议或群体性的可能影响公共利益或社会稳定的;⑥涉及行政机关不履行法定职责的;⑦有关法律、法规对解决该行政争议没有规定或者规定不明确的;⑧行政复议机关认为可以调解、和解的其他情形。《安徽省行政复议调解和解办法(试行)》规定了六类可以调解的案件:①涉及行政自由裁量权行使的案件;②涉及行政赔偿或者行政补偿纠纷的案件;③涉及行政机关对平等主体之间民事争议所作的裁决、确权、认定等的案件;④涉及行政机关不履行法定职责的

案件；⑤涉及具体行政行为有轻微瑕疵或不适当的案件；⑥相关法律法规没有规定或者规定不明确，适用法律有困难或者争议的案件；⑦其他可以调解、和解的案件。

针对《实施条例》所规定的复议调解案件范围，王青斌教授认为过窄，提出"对于我国行政复议调解的范围，笔者认为只应将'无效行政行为'排除在外。在行政法理论和实践中，对严重的、有明显瑕疵的行政违法行为，则认定其'无效'。简言之，对于具体行政行为的合法性问题，可以进行调解，但如果是严重的、明显违法的具体行政行为，则不应当进行调解"[1]。与此观点相反，《青岛市行政复议调解办法》第十一条第二款规定：行政复议机构不得就被复议行政行为的合法性进行调解。那么，具体行政行为的合法性能否进行调解？具体行政行为的合法性源于依法行政原则的基本要求，根据《行政复议法》第二十八条的规定，复议机构对具体行政行为合法性的判断包括五项内容：事实认定是否清楚、证据是否充分；适用依据是否正确；是否遵循法定程序；是否超越或者滥用职权；是否存在明显不当。这五项与合法性判断相关的情形中，后面四项的判断完全依据法律进行，没有调解的空间。"事实认定是否清楚、证据是否充分"这一项为事实问题的认定，尽管存在客观真实，似乎无法就客观真实展开调解，但是如果在发现案件客观真实之外，还需要综合考量发现事实的成本、及时查明案件事实的难度，以及执法资源的有限性，在复议中也可以在申请人与被申请人之间就双方认同的事实认定进行调解。行政复议是行政执法之后的事后争议解决机制，既然在行政执法实体法律关系中执法机关与当事人之间可以就案件事实认定及相应处理达成和解，在行政复议中相应也可以就事实认定问题进行调解。因此，合法性问题能否调解要区别对待，不应一概而论。

山西省与安徽省在《实施条例》规定的两类案件之外，还将行政合同类案件、行民交叉案件、不作为案件、行政行为存在瑕疵类案件等纳入调解范围。安徽省高院制定的《关于完善行政争议实质性解决机制的意见》规定对事实清楚、法律依据明确、争议不大的政府信息公开、小额行政处罚、行政不作为等案件，经起诉人同意，人民法院可以在立案前直接进行调解、协调。

---

〔1〕 王青斌："论行政复议调解的正当性及制度建构"，载《法制与社会发展》2013 年第 4 期。

《上海实施意见》第一条规定对于存在以下情形的行政案件，应当将争议实质性解决贯彻于诉讼全流程，立足协调化解与依法裁判有机结合，促进行政争议稳妥解决：①被诉行政行为存在违法情形，但即使判决行政机关败诉，行政相对人的正当诉求、实质权益仍无法有效实现的；②被诉行政行为存在裁量空间或判断余地，且行政相对人诉求正当的，有必要结合行政相对人诉请开展调解或协调化解的；③行政机关负有履行职责、给付职责，且行政相对人诉求合理，但在履职、给付程序性条件方面存在争议的；④涉及行政相对人信赖利益保护的；⑤涉及政策变化，影响行政相对人权益，有必要根据个案具体情况，综合考量案件事实、历史成因、当事人客观状况等因素开展调解或协调化解的；⑥行政案件以其他争议为前置基础的，通过化解前置争议可以实质性解决行政争议的；⑦涉及行政赔偿、补偿的，在查明事实的基础上应当开展调解；⑧其他具备争议实质性解决条件的行政案件。从地方无论是关于行政复议调解范围的规定还是法院关于行政诉讼调解范围的规定来看，均突破了《实施条例》和《行政诉讼法》所规定的案件范围。《实施条例》与《行政诉讼法》关于可调解案件范围的规定仍然局限在传统行政法框架下，以具体行政行为作为审查对象确定具体范围，没有考虑到行政合同类争议、行民交叉争议、给付行政类争议等类型的行政争议。修改《行政复议法》应考虑吸收地方关于复议调解和解案件范围和行政诉讼调解案件范围的规定，在两类案件之外，将行政合同类争议、行民交叉案件、给付类行政争议等纳入调解范围。

（二）调解遵循自愿、合法原则

自愿原则作为调解应遵循的基本原则体现了调解以争议双方合意为基础。自愿原则包括程序自愿与实体自愿两个方面。程序自愿指只有在申请人与被申请人均同意以调解方式结案时，复议机构工作人员才能够进行调解，如果一方坚持不愿意调解，复议机构就不能进行调解，而应当及时作出决定。实体自愿指调解以当事人之间达成合意为内容，涉及双方实体权利义务的处分，应充分尊重当事人的意思自治。复议工作人员可以就调解方案提出建议，但是不能变相要求争议双方接受自己提出的调解方案建议。对于调解不成的，复议机关应及时作出复议决定。

合法原则作为调解应遵循的基本原则体现了对争议双方合意的限制。申请人与被申请人的合意以合法为前提，调解协议的内容不能损害国家利益、社会公共利益和他人合法权益。

（三）制作行政复议调解书

申请人与被申请人之间经调解达成协议的，行政复议机关应当制作行政复议调解书。调解书应当载明行政复议请求、事实、理由和调解结果，并加盖行政复议机关印章。行政复议调解书经双方当事人签字，即具有法律效力。调解未达成协议或者调解书生效前一方反悔的，行政复议机关应当及时作出行政复议决定。

四、关于行政复议和解制度的具体设想

和解是申请人与被申请人自行达成和解协议、进而终结复议程序的制度。和解与调解一样均以当事人双方合意为基础，达到终结复议程序的效果。和解与调解的区别在于前者由当事人双方自行达成协议，后者是在复议机构主持下双方达成协议。因此，和解与调解的基本原理相同，修法在引入调解制度的同时可以规定和解制度。

一是案件适用范围。和解适用案件范围可与调解适用范围保持一致，在两类案件之外，将行政合同类争议、行民交叉案件、给付类行政争议等纳入和解范围。

二是和解协议。和解应在行政复议决定作出之前达成，申请人与被申请人自愿达成和解后，应当向行政复议机构提交书面和解协议。和解内容不损害社会公共利益和他人合法权益的，行政复议机构应当准许。

第八章
行政复议决定体系的调整与完善

复议决定体系是目前有关《行政复议法》修改的讨论中相对薄弱的领域，已有研究侧重探讨的是复议决定种类及适用条件。[1]现行复议决定体系与内部监督机制性质相对应，加之深受 1989 年《行政诉讼法》影响，以撤销决定为其主要决定类型，侧重形成和维护客观公法秩序，故难以实质终结行政争议。修法若将"实质性解决行政争议"作为指导思想，以撤销决定为中心建构的复议决定体系必须作出相应调整。基于复议机关与行为机关之间存在上下级领导关系，以解决行政争议为目的建构行政复议决定制度不存在行政诉讼判决重构所要面临的阻碍，复议机关与行为机关之间的组织关系也为完善复议决定体系，进而推动复议实质解决争议奠定了组织法基础。

一、行政复议决定制度现状及存在的问题

(一)《行政复议法》关于复议决定的规定

行政复议以具体行政行为的合法性审查为核心建构其制度，《行政复议法》区分行政行为合法性的四种情形规定了复议决定的种类及其适用条件：

第一种，具体行政行为合法的，作出维持决定。维持决定的适用条件为：具体行政行为认定事实清楚，证据确凿，适用依据正确，程序合法，内容适当。这几项条件为合法性要件，具体行政行为具备合法性要件的，复议机关

---

[1] 例如贺奇兵认为，行政复议决定不限于维持、撤销、变更等重在体现行政复议监督性质的种类形式，应当增加体现司法中立性的确认合法、确认违法或无效、驳回复议请求、驳回复议申请等种类形式。参见贺奇兵："论行政复议机构设置的模式选择——以行政复议有限司法化为逻辑起点"，载《政治与法律》2013 年第 9 期。

维持该具体行政行为。

第二种，行政机关不作为的，作出责令履职决定。责令履职决定的适用条件为：被申请人不履行法定职责，决定其在一定期限内履行。行政不作为是指行政机关在法定期限内没有履行其应当履行的法定职责。如周佑勇教授认为，行政不作为是指行政主体及其工作人员负有某种作为的法定义务，由于其程序上消极地不为一定动作或动作系列而使该义务在能够履行的情况下没有得到履行的一种行政行为。[1]行政不作为是行政违法的一种形态，多数学者在违法意义上使用这个概念。如姜明安教授主编的教材《行政法》中提出："行政不作为是司法审查上的一个很重要的概念，是有待法院审查、断定是否应该由被告承担法律责任的对象，在本章中，我们在违法意义上使用这个概念。"[2]杨小君教授认为行政不作为性质上是违法还是中性取决于其定义，他在文章中将不作为定义为违背行政作为职责义务的行为或者事实状态，因而认为行政不作为不是一个中性概念，而是一个违法概念。[3]复议机关认定行政机关不履行法定职责构成不作为的，责令其履行应当履行的法定职责。

第三种，具体行政行为违法的，分别作出撤销决定、确认违法决定、变更决定。根据《行政复议法》第二十八条第一款第（三）项的规定，具体行政行为有下列情形之一的，决定撤销、变更或者确认该具体行政行为违法；决定撤销或者确认该具体行政行为违法的，可以责令被申请人在一定期限内重新作出具体行政行为：①主要事实不清、证据不足的；②适用依据错误的；③违反法定程序的；④超越或者滥用职权的；⑤具体行政行为明显不当的。这五种情形中，滥用职权与明显不当的性质存在争议，一种观点认为属于合理性问题，一种观点认为属于合法性问题。

申请人在申请行政复议时可以一并提出行政赔偿请求，行政复议机关对符合《国家赔偿法》的有关规定应当给予赔偿的，在决定撤销、变更具体行政行为或者确认具体行政行为违法时，应当同时决定被申请人依法给予赔偿。

第四种，推定具体行政行为违法，作出撤销决定。适用条件为：被申请

---

〔1〕　参见周佑勇："行政不作为的理论界定"，载《江苏社会科学》1999年第2期。

〔2〕　姜明安、余凌云主编：《行政法》，科学出版社2010年版，第480页。

〔3〕　参见杨小君："行政不作为形式及其违法性"，载《重庆工学院学报（社会科学版）》2009年第1期。

人不按照《行政复议法》第二十三条的规定提出书面答复、提交当初作出具体行政行为的证据、依据和其他有关材料的，视为该具体行政行为没有证据、依据，决定撤销该具体行政行为。行政复议由行政机关对具体行政行为的合法性承担举证责任，行政机关应当向复议机关提交作出具体行政行为的证据材料和法律依据，行政机关没有提交的，没有履行举证责任，其作出的具体行政行为被视为没有证据、依据。没有证据、依据的具体行政行为是违法的具体行政行为，因此作出撤销决定。

（二）行政复议法关于复议决定规定存在的问题

《行政复议法》关于行政复议决定种类及其适用条件的规定主要存在以下问题：

第一，维持决定是对具体行政行为效力的维持，没有直接回应申请人的申请，且其内容背离申请人的复议请求。新《行政诉讼法》已经取消了行政诉讼中的维持判决这一判决类型，与之相对应，《行政复议法》修改也需要考虑是否撤销这一复议决定类型。

第二，没有区分规定撤销、变更、确认违法决定的适用条件。撤销决定、确认违法决定、变更决定均为具体行政行为违法产生的法律后果，但是，三种决定的内容不同，其适用条件也有所区别，这一点在行政诉讼判决种类中已得到体现。但是，《行政复议法》第二十八条第一款第（三）项将这三种决定的适用条件混合在一起未加区分，造成适用情形的模糊与争议。如针对"明显不当"的情形，明显不当是对裁量权行使结果的评判，如行政处罚制裁程度与行政相对人的违法程度相比较，明显不相符合。那么，具体行政行为出现明显不当的情形，是适用撤销决定还是适用变更决定？在1989年《行政诉讼法》中，在符合其他合法性要件情况下，行政处罚显失公正的，仅适用变更判决，不能适用撤销判决。但是，在行政复议中，由于三种复议决定的适用情形混同规定，每一种复议决定的适用情形并不明确。此外，由于三种决定混同规定，复议机关作出变更决定的比例一直很低，如2010年至2018年，变更决定占复议决定的比例依次为：0.49%，0.54%，0.38%，0.20%，0.45%，0.33%，0.30%，0.24%，0.21%，[1]大大降低了行政复议的实效性。

---

〔1〕 数据源于司法部官方网站 http://www.moj.gov.cn/，最后访问日期：2019年1月2日。

第三，没有区分违反法定程序的情形适用不同决定，难以回应复杂的行政管理实际情况。《行政复议法》没有保留《行政复议条例》关于补正的规定，《行政复议条例》第四十二条第（二）项规定复议机关对于具体行政行为有程序上不足的，可以作出责令行政机关予以补正的复议决定。即具体行政行为违反法定程序的，并不一律撤销，可以责令行政机关补正程序不足，并不撤销行政行为。

第四，责令履职决定的内容不明确，造成复议程序空转。复议机关在复议决定中往往并不明确指出行政机关履职的具体内容，仅仅简单要求行政机关在一定期限内履行法定职责，还需要行政机关再行作出行政行为。而申请人的诉求是希望通过申请复议能够直接解决自己的问题，复议决定责令行政机关履行职责并未直接回应申请人的诉求。复议终结后，有的行政机关作出的行政决定申请人不满意，再次申请复议，造成复议程序空转，浪费救济资源，没有实际意义。

第五，复议决定种类不完善，不能满足现实需要。包括：（1）没有规定情况决定，导致实践中有的情形无法作出复议决定；（2）缺乏驳回复议申请决定。复议机关收到申请人的复议申请后，发现复议申请有不能受理情形，应当驳回复议申请，但是《行政复议法》没有规定；（3）没有规定及时禁止被申请人侵权行为的决定。

第六，《行政复议法》第三十一条第三款"行政复议决定书一经送达即发生法律效力"的规定无法涵盖行政复议决定书生效的全部情形。行政复议决定书的生效问题较为复杂，主要分为三种情况：（1）终局的行政复议决定书，因当事人无权起诉，其一经送达就发生法律效力；（2）申请人对复议决定不服提起行政诉讼的，行政复议决定的效力将因诉讼而被"冻结"，待法院做出判决后，对当事人权利义务产生影响的其实已经是行政判决而非行政复议决定了；（3）对于非终局的行政复议决定，申请人在法定起诉期限内没有起诉的，行政复议决定将会在起诉期满后产生既判力的效果。可见，《行政复议法》规定"行政复议决定书一经送达即发生法律效力"的情形有一定的局限性，无法涵盖行政复议决定书生效的全部情形。

（三）《实施条例》关于行政复议决定类型及适用条件的规定

针对行政复议决定存在的问题，《实施条例》完善了以下规定：

1. 明确了变更决定的适用情形

变更决定由复议机关直接对具体行政行为的内容进行调整，直接改变已经形成的行政法律关系，因而，变更决定较之撤销决定能够更好地回应申请人的诉求，也更能够实质化解行政争议。由于变更决定与撤销决定、确认违法决定的适用情形完全相同，且规定在同一条文中，变更决定在复议实践中的适用比例非常低，与这一决定类型宽泛的适用情形不相匹配。《实施条例》第四十七条专门规定了变更决定的适用情形，包括三种情形：

第一种，具体行政行为认定事实清楚，证据确凿，程序合法，但是明显不当的。此种情形是针对具体行政行为符合其他合法性要件，但是行政机关行使裁量权不合理，存在明显不当的情形。1989 年《行政诉讼法》没有使用"明显不当"的概念，而是使用"显失公正"，但 2014 年修法时不再使用"显失公正"，使用了"明显不当"的概念，并将行政行为明显不当区分为两种情形，分别适用不同判决类型：行政处罚明显不当的，适用变更判决；其他行政行为明显不当的，适用撤销判决，不能适用变更判决。在《中华人民共和国行政诉讼法释义》一书中，针对长期存在争论的围绕明显不当性质、明显不当与显失公正的关系等问题，就修法的考虑给出了解释，"原法是显失公正，改为明显不当并无实质变化。明显不当主要表现为处罚决定的畸轻畸重，由于已属极不合理，故视为违法情形。其他行政行为明显不当的，不能适用变更判决，法院只能作出撤销判决"[1]。由此，《实施条例》与《行政诉讼法》的规定之间出现了不一致，根据《实施条例》的规定，具体行政行为明显不当的，复议机关作出变更决定；根据《行政诉讼法》的规定，行政处罚明显不当的，法院作出变更判决，其他行政行为明显不当的，适用撤销判决。

第二种，具体行政行为认定事实清楚，证据确凿，程序合法，但是适用依据错误的。此种情形适用于具体行政行为符合其他合法性要件，但是适用法律法规错误的。事实认定部分合法，只是法律适用错误的，由复议机关直接变更适用依据，进而对具体行政行为内容进行变更，能够更好地解决行政争议。

---

[1] 信春鹰主编：《中华人民共和国行政诉讼法释义》，法律出版社 2014 年版，第 203 页。

第三种，具体行政行为认定事实不清，证据不足，但是经行政复议机关审理查明事实清楚，证据确凿的。此种情形为具体行政行为在事实认定方面存在问题，由于复议机关是行为机关的上级机关，二者是领导与被领导的关系，不同于人民法院与行政机关之间的关系，因此可由复议机关查明事实之后直接变更原行政行为，较之撤销具体行政行为、责令行为机关重新作出具体行政行为，能够更为直接地解决行政争议。

2. 增加驳回行政复议申请决定

《实施条例》增加规定了驳回行政复议申请决定这一决定类型，其适用情形包括两种：

第一种，申请人认为行政机关不履行法定职责申请行政复议，行政复议机关受理后发现该行政机关没有相应法定职责或者在受理前已经履行法定职责的。此种情形实质为申请人的请求不能成立，应当适用驳回复议请求决定，而不是驳回行政复议申请决定，《实施条例》混淆了驳回行政复议申请决定与驳回行政复议请求决定这两种决定类型。

第二种，复议机关受理行政复议申请后，发现该行政复议申请不符合《行政复议法》和《实施条例》规定的受理条件的。不符合受理条件，复议机关不能受理，但是此时已经受理申请人的申请，因此，适用驳回其复议申请的决定。

3. 明确被申请人重新作出具体行政行为的期限

《行政复议法》仅规定责令行政机关在一定期限内履行职责，《实施条例》进一步确定了被申请人履职的期限。行政复议机关依照《行政复议法》第二十八条的规定责令被申请人重新作出具体行政行为的，被申请人应当在法律、法规、规章规定的期限内重新作出具体行政行为；法律、法规、规章未规定期限的，重新作出具体行政行为的期限为 60 日。

公民、法人或者其他组织对被申请人重新作出的具体行政行为不服，可以依法申请行政复议或者提起行政诉讼。

二、新《行政诉讼法》关于行政诉讼判决的完善

《行政诉讼法》修改没有采纳诉讼类型化思路架构行政诉讼制度，行政诉讼判决种类的完善遂成为修法的重心所在。新《行政诉讼法》吸收司法解释

的规定，系统完善了行政诉讼判决类型及其适用条件。虽然复议机关与行政行为作出机关的关系不同于人民法院与行政机关的关系，但是，行政复议与行政诉讼同为行政争议解决机制，同样以行政行为合法性审查为基本原则，行政诉讼判决类型及其适用条件对于完善复议决定类型有重要借鉴意义。

（一）取消维持判决，用驳回原告诉讼请求判决替代维持判决

《行政诉讼法》将旧法"维护和监督行政机关依法行使职权"修改为"监督行政机关依法行使职权"，删除了"维护"，这一立法目的调整直接影响行政诉讼判决制度，维持判决被撤销，为驳回原告诉讼请求判决所替代，即是立法目的调整的体现。《行政诉讼法》第六十九条规定了驳回原告诉讼请求这一新的判决类型，替代原维持判决。驳回原告诉讼请求判决的适用情形为：

第一种，行政行为合法，即行政行为证据确凿，适用法律、法规正确，符合法定程序。这是 1989 年《行政诉讼法》所规定的维持判决的适用条件。符合原法维持判决适用情形的，根据新法规定，法院不再作出维持判决，代之以驳回原告诉讼请求判决。原告认为行政行为违法侵犯其合法权益，起诉至法院，法院经审查认为被诉行政行为合法，意味着原告诉讼请求不成立，判决驳回其诉讼请求，对原告的诉讼请求作出直接回应。从行政行为效力理论角度而言，行政行为作出即被推定合法有效，被诉行政行为的效力未经诉讼程序被撤销，其合法有效状态持续存在，不需要法院判决维持，驳回原告诉讼请求判决更符合行政行为效力理论。

第二种，原告申请被告履行法定职责理由不成立的。此种情形为原告起诉被告不作为案件，吸收了《执行解释》关于判决驳回原告诉讼请求适用情形中"起诉被告不作为理由不能成立的"的规定。行政不作为的构成条件包括前提要件、客观要件和主观要件三项条件。法院经过审理，认为原告起诉被告不作为不符合不作为构成条件，被告不构成行政不作为，原告诉被告不作为理由不能成立，判决驳回原告的诉讼请求。

第三种，原告要求被告履行给付义务但理由不成立的。行政机关的给付义务对应的是公民行政法上的请求权，公民在符合法定条件时享有行政法上的请求权，如具备法定条件即可享受低保待遇，领取供暖补贴，申请租住、购买经济适用房、保障房等。公民如果不符合法定条件，则不具备行

政法上请求权，不能获得相应的利益。法院经审理认为原告要求被告履行给付义务理由不成立，如认为原告并不符合法定条件等，判决驳回原告诉讼请求。

（二）撤销判决适用情形增加"明显不当"

《行政诉讼法》第七十条为关于撤销判决的规定，该条保留原法五种适用情形，第（六）项增加"明显不当"这一适用情形。明显不当适用于行政裁量权不合理行使的情形，是对原法"滥用职权"这一情形在司法实践中难以适用的弥补。滥用职权是对行政机关工作人员行使权力主观目的的考量，这在操作上具有相当难度，司法实践中鲜有适用滥用职权作出撤销判决的，造成司法难以有效监督裁量权的合理行使。为弥补滥用职权这一适用情形的不足，新法增加了"明显不当"这一适用情形，明显不当与滥用职权都是对针行政裁量权是否正当行使进行的司法审查，其不同于滥用职权之处在于其是对行政行为结果的考量判断，属于客观标准，因而具有更强的可操作性。

修法没有明确"明显不当"的表现形式，在《中华人民共和国行政诉讼法释义》一书中提出"考虑到合法性审查原则的统帅地位，对明显不当不能作过宽理解，界定为被诉行政行为结果的畸轻畸重为宜"[1]。《行政诉讼法》实施后，学者对如何认定"明显不当"进行了讨论，如何海波教授认为可以从以下几个方面予以考虑行政行为是否构成明显不当：行政机关行使裁量权力时没有考虑相关因素或者考虑了不相关的因素，没有遵循业已形成的裁量基准、行政先例或者法律原则，以致处理结果有失公正。[2]

（三）增加规定给付判决

《行政诉讼法》第七十三条增加规定了给付判决这一判决形式，指人民法院经过审理查明被告依法负有给付义务的，判决被告履行给付义务。增加这一判决形式是对受案范围中将原法"认为行政机关没有依法发给抚恤金的"扩大到"认为行政机关没有依法支付抚恤金、最低生活保障待遇或者社会保险待遇的"所作出的回应。随着我国经济的发展，为公民提供国家生存照顾的给付行政得到迅速发展，授益性行政行为开始大量出现，在实践中产生很

---

〔1〕　信春鹰主编：《中华人民共和国行政诉讼法释义》，法律出版社2014年版，第190页。

〔2〕　参见何海波："论行政行为'明显不当'"，载《法学研究》2016年第3期。

多争议。修法针对给付行政大量出现的实际情况增加了给付判决这一新的判决形式。

　　给付判决的适用情形十分有限，仅适用于与《中华人民共和国社会保险法》《城市居民最低生活保障条例》《社会救助暂行办法》等给付行政相关的给付义务的履行。这一点在《若干解释》第二十三条得以进一步明确，该条规定《行政诉讼法》第七十三条规定的给付判决的适用情形为：原告申请被告依法履行支付抚恤金、最低生活保障待遇或者社会保险待遇等给付义务的理由成立，被告依法负有给付义务而拒绝或者拖延履行义务且无正当理由的，人民法院可以根据《行政诉讼法》第七十三条的规定，判决被告在一定期限内履行相应的给付义务。我国通过给付判决构建的是狭义的给付诉讼。行政机关应当履行给付义务而没有履行，属于不履行法定职责的情形，因此，给付判决实质属于责令履行法定职责判决的一种情形。这一点从《中华人民共和国行政诉讼法释义》一书中关于给付判决的内容的说明亦可以得到佐证。[1]《行政诉讼法》将之专门从履职判决中独立出来，作为一种单独类型判决予以规定，主要目的在于回应给付行政大量出现带来的对公民权利保护的实践需求。给付判决要遵循司法权尊重行政权这一前提，法官原则上仅能判决行政机关应当履行给付义务，但是给付的具体内容不适宜在判决中由法官直接代替行政机关作出决定。

　　（四）增加确认违法判决

　　确认违法判决是指被诉行政行为违法，但不适宜或者不能撤销的，人民法院判决确认被诉行政行为违法，但不撤销被诉行政行为的判决形式。人民法院作出确认违法判决的，可以同时责令被告采取补救措施，被诉行政行为给原告造成损失的，依法判决被告承担赔偿责任。

　　根据《行政诉讼法》第七十四条的规定，确认违法判决的适用情形包括五种情形：

　　一是行政行为依法应当撤销，但撤销会给国家利益、社会公共利益造成重大损害的。本项情形为吸收《执行解释》关于情况判决的规定。

---

　　〔1〕 该书提出"具体内容是判决要求被告应当给付，如果要求被告履行给付义务且对给付内容等提出原则要求或者明确给付的具体内容，就会牵涉到司法权与行政权的界限问题，需要从严把握"。参见信春鹰主编：《中华人民共和国行政诉讼法释义》，法律出版社2014年版，第195页。

二是行政行为程序轻微违法，但对原告权利不产生实际影响。本项规定是对行政行为违反法定程序裁判方式作出的重大调整。

1989 年《行政诉讼法》规定具体行政行为违反法定程序的，一律判决撤销。针对程序违法司法审查实践中存在的诸多问题，2014 年修改《行政诉讼法》对程序违法的裁判方式作出较大调整，改变了旧法一刀切的做法，将违反法定程序的判决方式区分为两种：一种是撤销判决，为程序违法的一般判决形式；另一种就是本条规定的确认违法判决形式，适用于"程序轻微违法，但对原告权利不产生实际影响"的情形。行政机关违反法定程序的情形十分复杂，违法程度差异较大，一律予以撤销的判决形式未免有点僵化，此次修法，借鉴域外普遍采用的根据程序违法的不同情形适用不同类型判决方式的做法，实现了行政行为程序违法判决方式的多样化，有利于兼顾公民程序权利保障与实现行政效率之间的平衡，更符合实际情况。

三是行政行为违法，但不具有可撤销内容的。此种情形主要针对事实行为，如政府信息公开决定涉及个人隐私，且不存在需要保护的公共利益的。事实行为对原告的权益有影响，但是不具有可撤销内容，法院只能判决认定该行为的性质为违法的行政行为。

四是被告改变原违法行政行为，原告仍要求确认原行政行为违法的。行政机关有权变更自己已经作出的行政行为，原行政行为被变更后效力已经终止，法院只能判决确认原行政行为违法。

五是被告不履行或者拖延履行法定职责，判决履行已经没有意义的。被告不履行或者拖延履行法定职责一般应当适用责令履行法定职责的判决形式。但是，在有的情况下，时过境迁，再判决责令被告履职已经没有实际意义，如公民打 110 报警，警察没有出警，公民人身和财产已经受到伤害，此时再责令公安机关履职已经没有意义，法院只能确认公安机关没有出警构成违法。

（五）增加确认无效判决

确认无效判决是指行政行为具有法定无效情形，由人民法院判决确认无效的判决方式。人民法院作出确认无效判决的，可以同时责令被告采取补救措施，被诉行政行为给原告造成损失的，依法判决被告承担赔偿责任。区分无效与撤销的实质意义一直是困扰实践的一个问题。尽管《中华人民共和国行政处罚法》《中华人民共和国专利法》《中华人民共和国土地管理法》等部分法律在单行法中规定了无效的情形，[1]但是，由于缺乏公民抵抗权、起诉期限不受限制等制度的支撑，这些法律中对无效的规定并没有太大的意义，至少对公民权利保障缺乏可操作性，不具有德国行政法上的行政行为无效制度的意义。在理论上，无效针对的违法情形较之撤销的情形严重，因而肯定无效的存在具有很强的宣示意义，向行政机关表明，一些违法情形为相当严重之违法。新法规定确认无效判决方式有利于从立法层面明确部分行政行为违法的严重性，从而推动行政机关依法行政。此外，修法增加确认无效判决方式对推动行政行为效力制度化也有重要意义，因为《行政诉讼法》为事后审查救济之法，确认无效判决对尽快制定"行政程序法"构建行政行为效力制度提出立法要求。[2]

考虑到我国还没有在实体法层面规定行政行为无效制度，新法关于确认无效判决的规定采用了折衷的处理策略：

第一，肯定区分无效与撤销对促进依法行政的必要性，单设一条增加规定确认无效判决。

第二，列举无效判决的两种适用情形，严格限制确认无效判决的适用范围。确认无效判决适用于两种情形：（1）行政行为实施主体不具有行政主体资格；（2）行政行为没有法律依据。这两种情形是对已有立法中关于无效情形的重申，《行政诉讼法》的关于无效情形的规定并没有超出实定法的规定。

第三，通过"重大且明显违法情形"这一兜底规定，既为司法通过个案丰富无效判决适用情形留下空间，也对确认违法判决的适用限定了严格的条件。只有在行政行为违法达到"重大且明显违法"的程度，法官才能适用确认无效判决。至于"重大且明显违法情形"的具体形式则留待司法实践予以具体化。《适用解释》列举了三种情形：（1）行政行为实施主体不具有行政主体资格；（2）减损权利或者增加义务的行政行为没有法律规范依据；（3）行政行为的内容客观上不可能实施。

---

〔1〕　如《行政处罚法》第三条第二款规定："没有法定依据或者不遵守法定程序的，行政处罚无效。"

〔2〕　参见王万华："新行政诉讼法中'行政行为'辨析——兼论我国应加快制定行政程序法"，载《国家检察官学院学报》2015年第4期。

（六）修改变更判决的适用条件

1989 年《行政诉讼法》规定变更判决仅适用于行政处罚显失公正的情形，修法对变更判决作出三处修改。

一是将行政处罚"显失公正"变更为行政处罚"明显不当"。显失公正与明显不当都是对行政行为结果的客观判断，不涉及行为者主观目的的考察。《中华人民共和国行政诉讼法释义》中解释"原法是显失公正，改为明显不当并无实质变化"[1]。既然无实质变化，还要作修改，应该是为了与将明显不当增加为撤销判决适用情形相一致。由于行政行为明显不当而由法官直接作出变更判决的情形仍然被限定在行政处罚中，如果是其他类型的行政行为出现明显不当，则适用撤销判决。

二是增加规定适用情形，即增加规定"其他行政行为涉及对款额的确定、认定确有错误的"这一适用情形。其他行政行为是相对于行政处罚而言的，指行政处罚之外的其他行政行为。确定是指由行政机关作出决定，如对抚恤金、低保、社会保险金的数额确定；认定是指对客观事实的肯定，如税务机关对企业营业额的认定。法院经审理，认定行政机关关于行政行为中的款额的确定与认定确有错误的，可以直接判决变更，不需要由行政机关重新进行确定与认定。

三是增加规定实行诉讼禁止不利变更原则。修法吸收《执行解释》第五十五条的规定，增加规定诉讼禁止不利变更原则。人民法院作出变更判决时，不得加重原告的义务或者减损原告的权益，但利害关系人同为原告，且诉讼请求相反的除外。

《行政诉讼法》关于变更判决的修改较之原法并无本质区别，在司法权与行政权的关系处理定位方面，修法坚持司法权监督行政权的基本定位，对司法权直接变更行政行为的权限作了非常严格的限制。严守司法权与行政权的分工界限为美国三权分立之下法院进行司法审查所遵循的基本原则，但这一前提在我国并不存在。在行政行为事实认定清楚，法律法规适用正确，符合法定程序，仅行为结果显失公正的情况下，法官在作出行政行为显失公正这一判断的同时对何种结果符合公正也已经形成内心确信，从实质化解争议与

---

〔1〕　信春鹰主编：《中华人民共和国行政诉讼法释义》，法律出版社 2014 年版，第 203 页。

更好保障公民合法权益的角度，扩大变更判决的适用范围更有利于实质化解争议和更好保障公民合法权益。

（七）区分违反法定程序的情形适用不同判决方式

实体法与程序法是法律规范的一种分类，行政违法也相应分为实体违法与程序违法两种类型。程序制度类型很多，不同类型程序制度对行政相对人权利影响不一样，区分程序违法的不同情形适用不同的法律责任是各国关于行政程序违法法律责任规定的通行做法。1989 年《行政诉讼法》规定具体行政行为违反法定程序的，一律适用撤销判决，新《行政诉讼法》区分违反法定程序的情形，分别规定了以下判决方式：

（1）撤销判决。根据《行政诉讼法》第七十条的规定，撤销判决适用于行政行为违反法定程序的情形，这是违反法定程序的一般判决方式。

（2）确认违法判决。根据《行政诉讼法》第七十四条的规定，行政行为程序轻微违法，但对原告权利不产生实际影响的，人民法院判决确认违法，但不撤销行政行为。对于"程序轻微违法"，《适用解释》第九十六条规定有下列情形之一，且对原告依法享有的听证、陈述、申辩等重要程序性权利不产生实质损害的，属于《行政诉讼法》第七十四条第一款第（二）项规定的"程序轻微违法"：①处理期限轻微违法；②通知、送达等程序轻微违法；③其他程序轻微违法的情形。

（3）确认无效判决。《行政诉讼法》列举的两种情形与《适用解释》列举的三种情形中均无与违反法定程序相关的情形，那么，兜底条款中的"重大且明显违法"的情形中是否包括重大且明显程序违法呢？程序违法属于违法情形之一，在立法没有作出明确排除规定情况下，"重大且明显违法"中应当包含重大且明显的程序违法。《适用解释》第九十六条在解释何为"程序轻微违法"时，将听证、陈述、申辩等表述为"重要程序性权利"，违反程序侵犯行政相对人听证、陈述、申辩等重要程序性权利，应构成重大且明显的违法。

（八）增加规定行政协议争议的判决方式

1989 年《行政诉讼法》规定的四种判决方式仅能适用于具体行政行为，修法增加规定了行政协议案件的判决方式。《行政诉讼法》第七十八条对行政协议案件判决方式作出概括性规定，2019 年发布的《行政协议规定》对行政协议案件裁判方式作出细化规定。该项司法解释全面回应审判实践中的问题，完善了行政协议判决类型，明确了各类判决的适用条件，形成契合行政协议争议特点、结构合理的行政协议判决体系。

第一，区分行为争议和协议争议，分别适用不同判决方式。行为争议是协议当事人认为行政机关订立、履行、变更、解除协议的行为违法产生的争议，法院适用行政法律规范对行为的合法性进行审查，判决方式适用行政诉讼法规定的撤销判决、驳回诉讼请求判决等传统行政诉讼判决方式。因行政机关违法变更、解除协议，或出现情势变更而变更、解除协议，给原告造成损失的，同时作出采取补救措施判决、赔偿判决和补偿判决（第十六条）。协议争议是针对行政协议本身提起的争议，可依据协议和适用民事法律规范作出判决，其判决方式更接近私法争议判决方式。

第二，重点完善协议争议的判决方式，增加撤销协议判决、专门适用于行政协议案件的驳回原告诉讼请求判决等判决类型。行政协议案件多数为协议争议，规定重点完善了协议争议的判决方式，根据原告提出的不同诉讼请求，分别适用确认无效判决（第十二条）、撤销协议判决（第十四条）、解除协议判决（第十七条）、履行协议判决（第十九条）、补偿判决（第二十一条）、驳回诉讼请求判决（第二十二条）、采取补救措施判决、赔偿判决等判决方式。新增的撤销协议判决有利于扩大对协议当事人权利的救济，有的案件中行政协议具备可撤销情形，但不具备无效情形，很难通过确认协议无效保障当事人的权利。

第三，明确各类判决的适用条件，具有很强的可操作性。规定将每一类判决单设一条予以规定，对每类判决的适用条件均作出明确规定，具有很强的可操作性，有利于解决同类案件不同判的问题。如第十二条规定确认无效判决的情形同时包括《行政诉讼法》第七十五条规定的重大且明显违法情形和《中华人民共和国合同法》第五十二条等民事法律规范规定的合同无效情形。

三、借鉴新《行政诉讼法》关于行政诉讼判决的规定完善复议决定

（一）回应"解决行政争议"这一修法目的建构复议决定体系

新《行政诉讼法》在立法目的中新增"解决行政争议"，这一立法目的

在行政诉讼判决类型及其适用条件的修改完善中得到充分体现。如新法取消了维持判决，代之以驳回诉讼请求判决；再如新法增加了变更判决的适用情形，行政处罚之外的其他行政行为涉及对款额的确定、认定确有错误的，人民法院可以判决变更；再如《适用解释》明确了在责令履职判决中，原告请求被告履行法定职责的理由成立，被告违法拒绝履行或者无正当理由逾期不予答复的，人民法院可以判决被告在一定期限内依法履行原告请求的法定职责。立足于解决行政争议这一目标，新法不再局限于对行政行为的合法性进行审查之后对其是否合法作出裁判，而是在对行政行为合法性进行审查的基础上，进一步回应原告的诉讼请求能否得到支持。行政诉讼作为一种争议解决机制，基于行政法律关系主体之间就双方权利义务产生争议而引发，因而，行政诉讼的核心任务应当是对产生争议的行政法律关系进行重新确定，产生争议的行政法律关系能够通过诉讼予以重新确定的，尽量在判决中对之进行调整，避免判决仅仅对行政行为合法性下结论，重新启动行政程序形成新的行政法律关系。

行政复议决定是行政复议制度的核心制度之一，申请人受损害的权益能否通过复议获得救济，能否对作出行政行为的行政机关进行有效监督，均与复议决定的内容密切关联。与行政诉讼判决类型一样，复议决定的类型及其适用条件也是修改《行政复议法》时需要重点研究的问题。立法目的是统领全法的指导思想，修订后的行政诉讼判决类型及其适用条件充分体现了解决行政争议这一立法目的，对行政诉讼实质化解行政争议发挥了重要作用。复议决定是复议最终结果的载体，复议体制改革与复议程序改革的目的均为保障复议能够形成公正复议决定，有效化解行政争议，故而，复议决定制度的完善亦需要回应有效化解行政争议这一新的立法目的展开。现行复议制度契合复议作为内部监督机制的功能定位而建立，强调对具体行政行为的合法性进行裁断，申请人的利益诉求并不为复议机关所关注，复议决定仅对行政法律关系能否成立作出裁判，如果需要重新建构行政法律关系，仍然交由行政机关进行。而以回应解决争议为目的，特别是实现实质解决行政争议这一目的，所建构的复议决定制度必然强调尽可能在复议决定中对行政法律关系进行调整和修复。

基于复议机关与行为机关之间的上下级领导关系，行政复议决定制度以解决行政争议为目的建构不存在行政诉讼判决面临的阻碍，复议机关与行为机关之间的组织关系为复议实质解决争议提供了组织法基础。在行政诉讼判决中，司法权对行政权的监督程度受制于司法权与行政权的关系，而复议机关与行为机关之间的领导与被领导的关系决定了复议机关具有较之法院更大的决定权空间，如复议中的变更决定的适用范围较之行政诉讼变更判决适用范围可以更为宽泛。再如责令履行职责决定中，仅仅确认行政机关构成不作为并无实际意义，需要复议机关明确行政机关应当履行的职责的具体内容，或者复议机关直接在复议决定中对行政相对人的行政法上的权利义务作出处分。

（二）对复议决定类型作精细区分并分别明确其适用条件

《行政复议法》关于复议决定类型的区分比较粗线条，如撤销决定、确认违法决定、变更决定三种复议决定的适用情形完全相同，但这三种决定针对的情形其实是不同的。撤销决定针对的是一般违法的情形，确认违法决定针对的是轻微违法或者行政行为不具有可撤销内容等情形。新《行政诉讼法》吸收司法解释的规定，针对行政违法类型多样的实际情况，建立了以撤销判决为核心的多类型行政诉讼判决，并明确了每一种类判决的适用条件。类型化制度思路能够更好地回应行政争议多样化的实际情况，规定更具针对性的复议决定类型。《行政诉讼法》关于诉讼判决类型化的制度建构中主要考虑了以下因素，可以为完善复议决定所借鉴：

1. 区分合法性与合理性

新《行政诉讼法》的重大变化之一是加强了法院对行政行为合理性的审查，与之相对应，《行政诉讼法》将涉及裁量权行使的案件纳入可调解案件范围，判决方式上扩大了变更判决的适用范围，并将明显不当纳入违法范畴，适用撤销判决。根据《行政复议法》"防止和纠正违法的或者不当的具体行政行为"的规定，行政复议既可审查行政行为的合法性，也可审查行政行为的合理性，这也正是行政复议较之行政诉讼的优势所在，但是《行政复议法》没有对不当行政行为的复议决定方式作出明确规定。修法时可考虑区分违法行政行为与不当行政行为，对不当行政行为的决定方式予以明确。

2. 将行政违法区分为一般违法、轻微违法、重大且明显违法

《行政诉讼法》将行政违法按其程度区分为一般违法、轻微违法、重大且明显违法三种情形，分别对应撤销判决、确认违法判决、确认无效判决三种

判决类型，从而改变 1989 年《行政诉讼法》仅规定撤销判决这一单一种类的规定，建构了多种形态的判决方式，也推动了行政行为效力制度的完善。行政管理实践十分复杂，行政机关违法的情形也多种多样，简单适用单一撤销判决类型不能适应实践的需要。程序瑕疵概念的出现即为例证。轻微程序违法被解释为程序瑕疵，不属于违反法定程序范畴，法院适用维持判决维持被诉行政行为的效力，不利于监督行政机关遵守法定程序。程序轻微违法适用确认违法判决之后，一方面明确了行政行为性质上已构成违法，另一方面维持了行政行为的效力。尽管由于诉讼类型化的缺失引入确认无效判决的意义受到很大影响，但是确认无效判决对应"重大且明显违法"这一情形，揭示了违法情形的严重程度，有利于行政机关在行政管理中避免这些重大违法情形的发生。

纠正违法的行政行为是行政复议的功能之一，对行政行为展开合法性审查是行政复议的核心内容。行政违法程度不同，产生的法律后果亦有所区别。针对行政违法的情形，《行政复议法》规定了确认违法决定、撤销决定与变更决定三种决定，但没有将三者的适用情形予以区分。此外，《行政复议法》没有将行政行为无效的情形纳入适用情形中。修改《行政复议法》可以考虑借鉴《行政诉讼法》的规定，区分一般违法、轻微违法、重大且明显违法三种违法情形，分别对应不同的复议决定。

3. 区分程序违法的情形适用不同的复议决定

行政机关违反法定程序作出行政行为的构成程序违法。具体行政行为违反法定程序的，复议机关可以作出撤销决定、确认违法决定、变更决定。但是，何种情形作出撤销决定，何种情形作出确认违法决定、变更决定，并不明确。《实施条例》所规定的变更判决的三种适用情形中不包括违反法定程序的情形。《行政诉讼法》针对实践中以程序瑕疵回避适用撤销判决的情况，区分程序违法的程度及对相对人权利的影响情况，规定了确认违法、撤销判决、确认无效三种判决方式。区分程序违法的不同情形适用不同的法律责任形式是各国通行的做法，复议决定也可以考虑将程序违法区分为一般违法与轻微违法，分别适用不同的复议决定。

四、实质化解行政争议目标下完善行政复议决定制度的具体设想

复议决定是复议机关对案件作出的实体处理。行政复议体制改革如果能将行政复议权集中由政府行使，宪法关于政府与部门、上级人民政府与下级人民政府关系的规定便能为复议决定积极回应申请人的主观利益诉求奠定基础。《宪法》第一百零八条规定："县级以上的地方各级人民政府领导所属各工作部门和下级人民政府的工作，有权改变或者撤销所属各工作部门和下级人民政府的不适当的决定。"变更决定直接改变行政法律关系的内容，不需要行政机关再启动行政程序作出行政行为，相较于撤销重作决定，能够更加直接地实现对公民的权利救济。履职决定在确认行政机关构成不作为的基础上对其直接课予作为义务，也不需要行政机关再行启动行政程序作出行政行为。因此，复议审理模式改革如能采职权主义模式，由复议机关依职权全面查明案件事实，复议决定体系由以撤销决定为主转向以能直接为公民提供实质救济的变更决定和履职决定为主，便是妥恰之举。

（一）形式上每一种类复议决定单设条文予以规定

《行政复议法》集中在第二十八条规定了复议决定，造成复议决定的适用条件不明确，《实施条例》采用单设一条条文的方式分别规定了维持决定、责令履职决定、变更决定、驳回复议申请决定及其适用条件。复议决定根据类型单设一条逐项规定，可以更好地明确决定的适用条件，修改《行政复议法》可以考虑在《实施条例》的基础上，进一步对每一类复议决定单设一条予以规定。

（二）不再保留维持决定

维持决定是指复议机关经审查，认定被诉具体行政行为合法、进而维持其效力的决定形式。维持决定存在逻辑上的问题，不符合争议解决原理。复议程序因申请人申请复议而启动，复议程序终结之时作出的决定要对申请人的请求是否成立作出实体裁判。公民、法人和其他组织到复议机关申请复议违法的行政行为，复议机关经审理如果认为行政行为合法的，申请人的请求不成立，驳回申请人的复议请求即可，不应以维持被诉行政行为的方式终结程序。复议机关与行为机关之间本来就属于上下级机关的关系，申请人通常认为复议机关作出维持决定是因为二者互相偏袒，难以使复议决定获得申请人的认同。在《行政诉讼法》修改讨论中，取消维持判决有很强共识，新

《行政诉讼法》也不再保留维持判决。《行政复议法》修改不再保留维持决定不存在认识分歧，这也是对解决行政争议这一修法目的的回应。

（三）增加规定驳回复议请求决定

驳回复议请求决定指复议机关经审理后，认为申请人的复议请求不成立进而驳回其请求的决定形式。驳回复议请求决定不同于驳回复议申请决定，前者是在对案件进行实体审理后作出的决定，后者为程序性决定，并未启动审理程序。修法不再保留维持决定之后，有必要新增驳回复议请求决定承接维持决定的适用情形。此外，《实施条例》虽增加规定了驳回行政复议申请决定，但其中履职请求情形属于实体审理之后作出的决定，也应纳入驳回复议请求决定适用情形中。

修改《行政复议法》新增驳回复议请求决定的适用情形包括以下几种：

1. 行政行为合法、适当

这是目前维持决定的适用情形，即"行政行为认定事实清楚，证据确凿，适用依据正确，程序合法，内容适当"的。此种情形中，被申请人作出的行政行为合法、合理，申请人的复议请求不能成立，复议机关对申请人的复议请求作出驳回决定，直接回应申请人的请求能否成立。从行政行为效力理论角度而言，行政行为作出即被推定合法有效，被申请复议的行政行为的效力未经法定程序被撤销，其合法有效状态持续存在，不需要复议机关维持，驳回申请人复议请求决定更符合行政行为效力理论。

2. 公民、法人或者其他组织申请行政机关履行法定职责理由不成立的

《实施条例》增加规定了驳回行政复议申请决定，适用情形之一为"申请人认为行政机关不履行法定职责申请行政复议，行政复议机关受理后发现该行政机关没有相应法定职责或者在受理前已经履行法定职责的"，这一适用情形属于驳回复议请求决定的情形，而非驳回复议申请的情形，宜将之调整为适用驳回复议请求决定。

这类案件通常被称为不作为案件。不作为是行政违法的一种形态，姜明安教授、杨小君教授等均在违法意义上使用这个概念。[1]将行政不作为定性

---

[1] 参见姜明安、余凌云主编：《行政法》，科学出版社 2010 年版，第 480 页；杨小君："行政不作为形式及其违法性"，载《重庆工学院学报（社会科学版）》2009 年第 1 期。

为一种违法状态符合《行政诉讼法》《行政复议法》的规定。1989 年《行政诉讼法》没有直接使用不作为这个概念，但是在条文中规定了不作为的具体表现形态，如受案范围条款中的"申请行政许可，行政机关在法定期限内不予答复"等。《执行解释》第二十七条中有"起诉被告不作为的案件中"的表述，第五十六条中规定了"起诉被告不作为理由不能成立的"，不作为案件作为行政诉讼案件的一种独立类型，得到明确。《行政复议法》也没有直接规定行政不作为的概念，也是在受案范围中有关于不作为的具体形态的规定，如"申请行政机关履行保护人身权利、财产权利、受教育权利的法定职责，行政机关没有依法履行的。"新《行政诉讼法》用"行政行为"替代了"具体行政行为"，行政行为中包含了"不作为"这一形态。

　　行政不作为的构成要件学理认为包括作为义务的存在、作为之可能性和程序上的逾期不为三个特殊要件。[1]在行政案件的审理中，《行政复议法》与《行政诉讼法》虽然没有直接规定行政不作为，但是通过受案范围、证据规则、裁判方式等相关条文明确了不作为案件的审理要点，这些审理要点形成行政不作为的构成要件。复议机关与人民法院对行政不作为的构成要件的认定基本按照三要件说展开。

　　（1）前提要件。指行政机关应负有应当作为的义务，其作为义务来源包括法定作为义务、行政协议义务、先行行为引起的作为义务等。法定作为义务为最主要的作为义务来源，法的范围具体为：其一包括法律、行政法规、规章和规范性文件所规定的法定义务。其二是指行为法上的具体作为义务，通常规定在行政管理法律中，如果仅有组织法上关于该类机关职责的概括性描述，不构成法定作为义务的实体性法定职责的直接依据，但是不排除行政机关对申请作出答复的程序性法定职责。

　　"行政复议机关受理后发现该行政机关没有相应法定职责"属于前提要件缺失，即行政机关没有申请人申请其履行的法定职责，由于前提要件缺失，行政机关不构成不作为，没有相应要履行的职责，只能驳回申请人的履职请求。

　　（2）客观要件。指行政机关没有履行其应当履行的法定职责，对依申请

---

　　[1]　参见周佑勇："行政不作为构成要件的展开"，载《中国法学》2001 年第 5 期。

履职的情形，还需要公民、法人和其他组织已向行政机关提出了履职申请。行政机关在法定期限内没有实施任何行为，认定其没有履行法定职责，一般不存在争议。行政机关实施了一定行为，是否仍构成不作为往往容易引发争议。对这个问题的判断需要结合个案具体情况加以考虑，但是如果法律对行政机关履职方式和履职要求有明确规定时，行政机关没有按照法定履职方式和履职要求履职的，即使实施了一定的行为，仍构成行政不作为。

"行政复议机关受理后发现该行政机关在受理前已经履行法定职责的"属于客观要件缺失，此种情形中，行政机关已经履行法定职责，不存在责令其履职的情形，不构成不作为，不能适用责令履职决定，只能适用驳回履职请求决定。

（3）主观要件。指行政机关有履行职责的能力和条件。如果行政机关因为客观原因或者客观条件不具备而未能履职的，不能认定构成不作为。行政机关履职没有达到预定执法效果的，属于执法效能不足的问题，不能认定为不作为。

（四）吸收《实施条例》的规定完善变更决定

变更决定在复议实践中的适用比例一直偏低，原因之一是《行政复议法》将变更决定、撤销决定、确认违法决定三种类型放在同一个条文中规定，三种决定的适用情形相同，模糊了变更决定的适用情形。修法应当单独设定一个条文对变更决定进行规定，同时吸收《实施条例》的规定，进一步扩大变更决定的适用情形。

其一，行政行为认定事实清楚，证据确凿，程序合法，但是行使裁量权不当的，可以适用变更决定。《实施条例》规定变更决定仅适用于裁量权明显不当的情形，明显不当是指裁量权行使不当达到畸轻畸重的程度，属于裁量权不当行使非常严重的情形。《行政诉讼法》规定仅行政处罚明显不当时法院才能直接变更，其他行政行为明显不当适用撤销判决。这与司法权和行政权的关系密切相关，但在行政复议中不存在这一障碍。复议机构既要对行政行为的合法性进行认定，也要对行政行为裁量权行使是否适当进行认定。复议机关作为行为机关的上级机关具有行政管理的经验和专业判断能力，其与行为机关之间又属领导与被领导的关系，限制法院行使有限裁判权的制约因素在复议中并不存在。如果经审查认为行政行为存在裁量权行使不当的情形，复议机关应当直接变更。司法权不宜进入的领域，正是行政复议发挥作用的重要空间，也是复议制度的优势所在。

其二，行政行为认定事实清楚，证据确凿，程序合法，但是适用依据错误的，可以适用变更决定。此种类型中，行政行为存在适用法律错误这一违法情形，如果予以撤销，行政机关仍需启动执法程序重新作出新的行政行为。由复议机关直接变更，则不需要再启动新的执法程序。

其三，行政行为认定事实不清，证据不足，但是经行政复议机关审理查明事实清楚，证据确凿的，可以适用变更决定。此种情形如果作出撤销决定，被申请人在查明案件事实后，还需要再次启动执法程序重新作出行政行为，不符合效率原则的要求。因此，复议机关经过审理查明了案件事实，可以直接变更行政行为的内容，通过复议决定形成新的行政法律关系。

2. 确立禁止不利变更规则

《行政诉讼法》规定了诉讼禁止不利变更原则，人民法院作出变更判决时，不得加重原告的义务或者减损原告的权益，但利害关系人同为原告，且诉讼请求相反的除外。禁止不利变更原则是为了更好保护公民、法人或者其他组织的权益。公民与行政机关在行政法律关系中权利义务不对等，行政复议作为公民权益受到行政行为损害时为其提供救济的机制，如果反而对公民作出加重其义务或者减损其权益的不利决定，将不利于启动复议机制。

（五）完善履职决定

责令履行法定职责决定是指复议机关经审理认为被申请人负有法定职责而没有履行其应当履行的职责，责令其在一定期限内履职的决定形式。《行政复议法》第二十八条关于履职决定的规定很简单："被申请人不履行法定职责的，决定其在一定期限内履行"，根据该条规定，复议决定中仅认定被申请人应当在一定期限内履职，但是履行何种履职内容不明确。行政机关履职后，申请人不满意，又申请复议或者提起行政诉讼，造成复议程序空转，浪费救济资源。随着不作为案件数量的增长，完善责令履行职责决定，实质回应申请人的履职请求，成为提升行政复议实质解决行政争议能力的现实需求。

不作为案件数量近年来在行政复议与行政诉讼中均呈现出上升趋势。在最高人民法院推动实质化解行政争议的背景下，法院从制度到案例各个层面对如何加强司法在不作为案件中对原告的救济力度作了规定和探索。2015年，最高人民法院专门发布十大不作为诉讼典型案例。2018 年《适用解释》明确了在责令履职判决中，原告请求被告履行法定职责的理由成立，被告违法拒绝履行或者无正当理由逾期不予答复的，人民法院可以判决被告在一定期限内依法履行原告请求的法定职责。不作为类案件在行政复议中同样出现上升趋势，行政复议有必要借鉴行政诉讼的经验，完善行政复议中的责令履行职责决定。

完善责令履行职责决定需要完善两方面内容：

第一，复议决定中明确行政机关履职的期限。《实施条例》没有对履职决定中的"一定期限"予以明确，但对责令行政机关重新作出具体行政行为的期限作出明确规定。实践中部分复议机关在复议决定中会明确指出行政机关应当履职的期限，如时玉琛、孙延新申请行政复议案，复议机关北京市人民政府责令被申请人海淀区人民政府在 60 日内履行法定职责，按照《中华人民共和国人民武装警察法》的相关规定办理申请人时玉琛、孙延新的举报投诉事项，并将处理结果书面告知申请人。可以考虑吸收《实施条例》关于责令重新作出具体行政行为的期限的规定，明确责令履职决定的履职期限。

第二，复议决定中直接载明被告应当履行的法定职责，还需要被申请人调查事实的除外。确认行政机关构成不作为，并非申请人的实质诉求所在，申请人的实质诉求在于行政机关履行其法定职责。如果申请人请求被申请人履行法定职责的理由成立，被申请人应当履行的职责的内容已经很明确时，可以在复议决定中载明被申请人应当履行的职责的内容。如申请人申请行政机关支付抚恤金、低保、社保等，复议机关查明被申请人负有给付义务的，可以直接在复议决定中责令行政机关向申请人支付抚恤金等。如果还需要被申请人调查事实，如高卫全申请复议北京市怀柔区庙城镇人民政府案中，复议机关认定申请人自 2015 年 8 月 31 日向被申请人递交《紧急拆违申请书》至 2016 年 2 月 2 日向区政府申请行政复议，期间历经五个月，被申请人未将调查、处理结果书面告知申请人。因此，被申请人之行为构成不履行法定职责的情形。复议机关决定确认被申请人不履行法定职责的行为违法，责令被申请人在法律规定的期限内履行法定职责。本案中，还需要被申请人调查后才能确定申请人举报的建筑是否为违建及是否应当拆除。

（六）扩展确认违法决定的适用情形

确认违法决定是指行政行为违法，但不适宜或者不能撤销的，复议机关决定确认行政行为违法，但不撤销行政行为的决定形式。复议机关确认行政行为违法的，可以责令行政机关重新作出行政行为。《行政复议法》规定确认违法决定仅适用于具体行政行为违法与明显不当的情形，五种情形也是撤销决定的适用情形。《行政复议法》关于确认违法决定适用情形的规定一方面容易与撤销决定混同，另一方面适用范围过窄。完善确认违法决定的适用情形拓展与行政违法类型化的细分关系密切，完善确认违法决定首先要将确认违法决定与撤销决定分开规定，增加确认违法决定的适用情形如下：第一，行政行为依法应当撤销，但撤销会给国家利益、社会公共利益造成重大损害的。第二，行政程序轻微违法。第三，行政行为违法，但不具有可撤销内容的。此种情形主要针对事实行为，事实行为对申请人的权益有影响，但是不具有可撤销内容，复议机关只能认定该行为的性质违法。第四，被申请人改变原违法行政行为，申请人仍要求确认原行政行为违法的。第五，被申请人不履行或者拖延履行法定职责，判决履行已经没有意义的。

（七）增加确认无效决定

《行政诉讼法》修法新增确认无效决定，不仅增加了一种判决类型，也在法律上肯定了无效作为行政行为效力的一种形态。行政复议作为与行政诉讼并行的行政争议解决机制，也需要对行政行为这一新的效力形态作出回应。行政行为效力制度乃行政行为核心制度，为实体法上一项制度，行政行为无效的情形在法律上应当是统一的，确认无效决定与确认无效判决的情形宜保持一致。《行政诉讼法》出台之后，《适用解释》进一步细化了确认无效判决的情形，确认无效复议决定的情形可以包括以下几种：第一，行政行为实施主体不具有行政主体资格。第二，行政行为没有法律依据。第三，行政行为的内容客观上不可能实施。第四，其他重大且明显违法的情形。

《中华人民共和国行政复议法》（专家建议稿）及其说明

第一章 总 则

第一条（立法目的） 为有效解决行政争议，防止和纠正违法的或者不当的行政行为，监督行政机关依法行使职权，保护公民、法人或者其他组织的合法权益，根据宪法，制定本法。

修改说明： 本条为关于立法目的之规定。《行政复议法》的直接立法目的为"有效解决行政争议"，根本目的有两个：监督行政机关依法行使职权和保护公民、法人或者其他组织的合法权益。

第一，立法目的增加规定"有效解决行政争议"。国务院法制办近十余年来推进的复议体制改革和复议程序制度改革为行政复议制度由内部监督机制向行政争议解决机制转型打下坚实的实践基础。《行政诉讼法》修法将"解决行政争议"作为立法目的写入新法第一条，并在后续一系列制度完善中回应了这一立法目的。2011年，行政复议制度被中央确定为化解行政争议的主渠道，这一定位在新《行政诉讼法》修法过程中亦得到确认。修法之际，将行政复议制度由内部监督机制调整为行政争议解决机制，已经具备条件。

第二，删除"保障"。《行政复议法》（专家建议稿）（以下简称《建议稿》）将原法"保障和监督行政机关依法行使职权"修改为"监督行政机关依法行使职权"，删除"保障"。"保障"和"监督"之间存在内容冲突，《建议稿》借鉴《行政诉讼法》关于立法目的之修订，删除了"保障"，仅保留"监督"，行政复议制度的目的之一为监督行政机关依法行使职权。

第二条（适用范围） 公民、法人或者其他组织认为行政行为侵犯其合法权益，向行政机关提出行政复议申请，行政机关受理行政复议申请、作出行政复议决定，适用本法。

修改说明： 本条为全法的核心条款，通过"行政行为"替代"具体行政行为"的方式，扩大了行政复议案件范围。"行政行为"替代"具体行政行为"是《建议稿》最重大的修改。"行政行为"替代"具体行政行为"，扩大了复议案件受理范围，扩展了复议对公民权利的保护范围，也加大了复议对行政机关依法行政进行监督的力度。

第一，公民、法人或者其他组织根据《行政复议法》的规定享有申请复议权，不需要单行法特别授权规定。本条同时也明确了复议申请人限于公民、法人或者其他组织，不包括行政机关。

第二，行政复议适用于行政机关作出的行政行为。《行政复议法》关于复议范围限定在"具体行政行为"的规定已经远远不能适应行政管理的实际情况。受具体行政行为这一概念的限制，实践中大量行政争议被排除在复议范围之外，不符合行政争议的实际情况。随着经济社会快速发展，很多行政争议并非由具体行政行为引起，将并非由具体行政行为引起的行政争议排除在复议案件范围之外，造成很多矛盾直接进入信访渠道，不利于依法解决社会矛盾，给基层维稳形成很大压力。行政复议制度作为化解行政争议的主渠道，应适应社会的发展，扩大复议案件范围，将客观存在的行政争议纳入复议渠道予以解决。此外，《行政诉讼法》修法已经将受案范围由"具体行政行为"扩大为"行政行为"，《行政复议法》修改应当与之保持一致。

第三，公民、法人或者其他组织行使申请复议权的条件是"行政行为侵犯其合法权益"，即公民、法人或其他组织只有在自身合法权益受到侵害时才能申请复议，从而排除了公益性行政复议申请的提出，将行政复议限定于私益的救济。《行政诉讼法》修订没有将公民、法人或者其他组织纳入行政公益诉讼原告范围，只有检察机关才能提起行政公益诉讼，《行政复议法》修订宜与《行政诉讼法》保持一致。

第三条（行政复议机关和行政复议委员会） 依照本法履行行政复议职责的行政机关是行政复议机关。

行政复议机关设置行政复议委员会。行政复议委员会为复议机关专门办理行政复议事项的复议机构，履行下列职责：

（一）受理行政复议申请；

（二）向有关组织和人员调查取证，查阅文件和资料；

（三）审查申请行政复议的行政行为是否合法与适当，拟订行政复议决定；

（四）对行政机关违反本法规定的行为依照规定的权限和程序提出处理建议；

（五）办理因不服行政复议决定提起行政诉讼的应诉事项；

（六）法律、法规规定的其他职责。

行政机关中初次从事行政复议的人员，应当通过国家统一法律职业资格考试，取得法律职业资格。

修改说明：本条是关于行政复议机关和行政复议机构的规定。行政复议机关设置行政复议委员会，替代原来的政府法制工作机构，成为复议机构，负责复议案件的办理。

行政复议体制改革是《行政复议法》修改的核心内容。本条包括以下主要内容：

第一，依照本法履行复议职责的行政机关是行政复议机关。《建议稿》保留了行政机关担任复议机关的规定。复议机关并非专门审理复议案件的组织，而是由行政机关担任复议机关，履行复议职责。

第二，行政复议机构不再由司法行政部门或者复议机关负责法制工作的机构担任，复议机关之下直接设置专门复议机构。复议权集中由一级政府行使之后，有必要成立专门的复议机构，与司法行政工作部门相分离，以保障其专门办理复议案件。在政府之下直接设立复议机构也与机构改革的实际情况相契合。政府法制工作机构与司法行政机关合并组成新的司法行政机关之后，在复议机关之下直接设立复议机构，更契合现行组织体制。

第三，复议机构的组织形式采行政复议委员会机制。国务院法制办2008年开始推动以相对集中复议权为基础的行政复议委员会改革，2015年9月浙江省义乌市行政复议局成立，这是国内首个成立的专门行政复议机构，复议机构出现行政复议委员会与行政复议局两种模式。行政复议局工作人员全部为行政机关工作人员，行政复议委员会则除行政复议机关工作人员之外，引入了体制外的社会人士。行政复议委员会与行政复议局两种模式的选择，实质是在专业性强化与增强裁决者中立和独立二者之间如何选择的问题。裁决者中立是公正争议解决机制的核心内容，行政复议委员会由于引入独立于行政机关的外部力量，有助于破除申请人和公众对复议有失公允的感受，从而帮助复议制度满足裁决者中立这一争议解决机制的核心要求。从实质性解决行政争议的视角来看，选择行政复议委员会机制更有利于当事人和社会认同复议决定，《建议稿》采用了行政复议委员会机制。

第四条（行政复议委员组成） 行政复议委员会由常任委员和非常任委员组成，常任委员由行政复议机关工作人员担任，非常任委员由复议机关工作人员以外的社会人士担任。非常任委员的人数不应少于行政复议委员会委员的二分之一。

修改说明： 本条规定了行政复议委员会委员的组成。复议委员会由常任委员和非常任委员组成。常任委员为行政复议机关工作人员，非常任委员由社会人士担任，主要为高校教师、科研机构研究人员、律师、社会团体成员等。

2008年9月开始，北京、黑龙江、江苏、山东、河南、广东、海南和贵州8个省、直辖市开展了相对集中复议权、设置行政复议委员会的试点工作。地方在行政复议委员会试点过程中，在复议委员会的组成人员、运行机制等方面各具特色，形成不同的模式。修法需要对地方开展试点的经验进行梳理，作出统一规定。考虑到复议机构的组织形式采行政复议委员会机制的目的在于引入外部社会人士，弥补复议机关为行政机关存在的中立性天然不足的缺陷，《建议稿》规定复议委员会由常任委员和非常任委员组成，其中，非常任委员由社会人士担任。为保障行政复议委员会的相对中立性，《建议稿》还规定非常任委员的人数不应少于行政复议委员会委员的二分之一。

第五条（基本原则） 行政复议机关履行行政复议职责，应当遵循合法、公正、公开、及时、便民的原则，坚持有错必纠，保障法律、法规的正确实施。

修改说明： 本条保留了《行政复议法》第四条的规定。

第六条（行政复议与行政诉讼的衔接） 公民、法人或者其他组织对行政复议决定不服的，可以依照行政诉讼法的规定向人民法院提起行政诉讼，但是法律规定行政复议决定为最终裁决的除外。

修改说明：本条保留《行政复议法》第五条的规定。

第二章　　行政复议范围

第七条（行政行为）　　公民、法人或者其他组织对行政机关作出的下列行政行为不服，申请行政复议的，属于行政复议案件范围：

（一）国务院部门、县级以上地方各级人民政府及其工作部门、乡镇政府制定的行政规范性文件；

（二）地方各级人民政府作出的重大行政决策；

（三）行政决定；

（四）行政机关不依法履行、未按照约定履行或者违法变更、解除行政协议的；

（五）事实行为；

（六）撤职、开除等对行政机关工作人员合法权益有重大影响的处理决定；

（七）其他对公民、法人或者其他组织合法权益产生实际影响的行政行为。

公民、法人或者其他组织认为行政机关没有履行应当履行的职责，申请行政复议的，属于行政复议案件范围。

修改说明：本条为复议范围的一般性规定，采用"行政行为"替代"具体行政行为"的方式扩大了复议范围。

第一，采用概括式加列举具体事项的规定方式。本条规定采用概括式规定确立了行政行为原则上均属于受案范围，同时通过列举明确了行政行为所包含的具体事项。①为何没有对行政行为的内涵作出描述性规定。学理对行政行为这一概念的内涵认识差异非常大，形成了范围不一的多种学说，很难对行政行为作出内涵明确的描述性规定。因此，《建议稿》的规定思路是以"行政行为"替代"具体行政行为"的方式扩大复议范围，不明确规定行政行为这一概念的内涵，而是列举具体行为事项，通过列举具体事项的方式解决内涵不明确的问题。②为何要列举行政行为的具体事项。新《行政诉讼法》仅采用"行政行为"替换"具体行政行为"的方式扩大了诉讼受案范围，但没有明确行政行为的范围，造成理解上存在不同认识，因此《建议稿》列举了属于行政行为范围、可复议的具体事项。

第二，《建议稿》列举了六大类行政行为事项。《建议稿》在"行政行为"这一大概念之下，列举了属于行政行为范畴的六类具体情形。①行政决定。行政决定是以特定当事人为对象作出的影响其权利义务的决定，对应原法规定的具体行政行为。具体行政行为这一概念在《行政诉讼法》中不再使用，与之保持一致，《行政复议法》也不宜再使用。②行政规范性文件。行政规范性文件属于抽象行政行为，学者很早就呼吁将抽象行政行为纳入行政复议范围。《行政复议法》规定可对部分抽象行政行为提起附带性审查，《建议稿》将之调整为可对行政规范性文件直接申请复议。即公民、法人或者其他组织认为行政机关制定的行政规范性文件影响其合法权益的，可以直接申请行政复议。对行政规范性文件直接申请复议并不排除对之提起附带性审查，公民、法人或者其他组织仍然可以在对行政决定申请复议的同时对行政规范性文件提起附带性审查。本条规定的行政规范性文件不包括国务院制定的行政规范性文件。③地方各级人民政府作出的重大行政决策。2019 年 5 月 8 日，《重大行政决策程序暂行条例》公布，于 2019 年 9 月 1 日开始实施。根据《重大行政决策程序暂行条例》第三条第（五）项的规定，重大行政决策事项为"决定对经济社会发展有重大影响、涉及重大公共利益或者社会公众切身利益的其他重大事项"。其中，"涉及社会公众切身利益"的重大行政决策事项会对公民、法人或者其他组织的权益产生直接影响。此外，基于复议机关与行政行为作出机关之间的上下级组织关系，重大行政决策对实体问题的裁判更适合纳入复议机制由制定机关的上级机关进行审查判断。在范围方面，考虑到《重大行政决策程序暂行条例》适用于地方人民政府作出的重大行政决策，因此，《建议稿》与之相对应，限定为"地方人民政府作出的重大行政决策"。④行政协议。行政协议在实践中的应用日益广泛，新《行政诉讼法》将因行政协议而产生的行政争议纳入行政诉讼案件范围，由此在法律上确定了此类争议属于行政争议，与之相对应，行政机关与相对人基于行政管理目的签订的协议属于行政行为范畴。《建议稿》将此类行为纳入行政行为范畴，因行政协议而产生的争议属于复议范围。⑤事实行为。事实行为没有直接处分相对人的权利义务，但是，并非不对公民、法人或者其他组织的合法权益产生影响。事实行为由行政机关行使行政权力作出，对相对人合法权益产生影响的，也属于复议范围。⑥人事处理决定。行政机关对公务员作出的撤职、开除等处理决定对公务员权益有重大影响，现行的人事仲裁、申诉等途径并不能有效保障公务员的权益，如果能将这类人事处理决定纳入复议渠道予以解决，无疑能够更好地保障公务员的权利。2020年5月4日，中国人大网发布《中华人民共和国公职人员政务处分法草案二次审议稿》，对政务处分与任免机关、单位作出的处分进行区分。《中华人民共和国公职人员政务处分法草案二次审议稿》第二条第一款规定"本法适用于监察机关对违法的公职人员给予政务处分的活动"；第二款规定"本法第二章、第三章适用于公职人员任免机关、单位对违法的公职人员给予处分，处分的程序、申诉等适用其他法律、行政法规、国务院部门规章和国家有关规定"，据此规定，任免机关、单位不作为政务处分的作出主体。由行政机关作为任免机关对公职人员作出的对其合法权益有重大影响的人事处理决定，性质上仍然是行政行为，宜纳入行政复议范围。

第三，采用兜底条款明确复议范围的判断标准。《建议稿》借鉴《适用解释》的规定，采用兜底条款的方式，明确了复议范围的判断标准。《适用解释》第一条第二款列举规定了九项不属于行政诉讼受案范围的具体情形，并用一项兜底条款明确了判断一项行政行为不属于行政诉讼受案范围的标准，即"对公民、法人或者其他组织权利义务不产生实际影响的行为"，不属于行政诉讼案件范围。根据这一规定，反之，对公民、法人或者其他组织权利义务产生实际影响的行为，应当属于受案范围。这一规定的好处是放弃了以对行政行为进行分类的方式确定受案范围的做法，即使是内部行政行为、程序性行政行为、过程性行为、法院生效裁判执行行为等通常被认为不属于受案范围的行政行为，只要对公民、法人或者其他组织权利义务产生实际影响，就应当属于受案范围。这无疑有利于削弱行政行为理论不完善对公民诉权保护的不利影响。行政复议作为化解行政争议的主渠道，应将更多争议纳入行政复议渠道予以解决，在受案范围的规定上，可以借鉴《适用解释》的规定，确立复议范围的实质判断标准，而非以行政行为形式上的分类作为判断标准。

第四，不作为类案件单列一款。六类事项均属于由行政机关以作为方式作出的行政行为，为行政机关的积极意思表示。不作为则指行政机关应当作为而没有作为的情形，《行政复议法》关于复议范围的规定包含了不作为的情形：申请行政机关履行保护人身权利、财产权利、受教育权利的法定职责，行政机关没有依法履行的。《建议稿》采用区分作为违法与不作为违法的方式，对不作为违法单独列一款规定，与作为违法区分开来。具体形式上采用了"没有履行应当履行的职责"的表述，包括但不限于法定职责，如行政机关没有履行之前作出的承诺。

第八条（社会自治组织作出的行为） 村民委员会、行业协会等自治组织的成员认为村民委员会、行业协会对其作出的处理决定损害其重大合法权益，申请行政复议的，属于行政复议案件范围。

修改说明：本条是关于社会自治组织行为的规定。村民委员会、行业协会等自治组织对其成员作出的损害其成员重大合法权益的决定，属于复议案件范围。

国家行政为公共行政的核心组成部分，但并非公共行政的唯一完成主体，相当部分公共行政由社会行政主体来完成。社会行政主体在履行公共治理职能过程中产生的争议，需要有争议解决机制予以回应。社会行政主体与其成员之间的关系并非纯粹平等主体之间的民事法律关系，二者之间具有管理与被管理的关系，社会组织需要具有一定的管理权以维系组织内部秩序，以保证成员遵守相关规则。社会行政主体依据内部管理章程和纪律处分规定，对其成员作出的损害成员合法权益的决定，性质上也属于公法争议。为保护自治组织成员的合法权益，《建议稿》将社会行政主体对其成员作出的处理决定纳入复议范围。考虑到自治组织对其成员作出的处理决定类型不同，对成员的利益影响程度也不同，而组织内部亦有申诉机制，因此，本条将纳入复议范围的处理决定限定为对成员合法权益有重大影响的情形。如村民委员会认定具有本村集体经济组织成员户口的外嫁女及其子女不享有补偿利益，再如足协对俱乐部负责人作出的罚款10万和对球员作出的禁止从事任何与足球有关的活动等。

第九条（排除事项） 行政机关不受理公民、法人或者其他组织对下列事项提出的复议申请：

（一）行政机关制定行政法规和规章的行为；

（二）国防与外交等国家行为；

（三）行政机关对行政机关工作人员作出的不影响其重大权益的处理

决定；

（四）行政机关作出的不产生外部法律效力的内部行政行为；

（五）不服行政机关对民事纠纷作出的调解或者其他不具有约束力的处理。

修改说明：本条为关于复议范围排除事项的规定。《行政复议法》规定了不属于复议范围的两种情形，本条保留了"不服行政机关对民事纠纷作出的调解或者其他不具有约束力的处理"这一规定，部分保留了关于行政处分和人事行政处理决定不属于复议范围的规定。

第一，行政立法行为。行政法规与规章属于《立法法》所规定的法源，其制定遵循严格的立法程序，采用其他途径进行监督。此外，国务院制定行政规范性文件的行为也不属于复议范围。

第二，国家行为。国防与外交等国家行为有很强的政治属性，并非法律行为，主要通过政治途径予以解决。

第三，部分人事处理决定。本项规定部分保留《行政复议法》第八条的规定。行政机关对行政机关工作人员作出的影响其重大权益的人事行政处理决定，如开除决定属于复议案件范围，反之，行政机关对行政机关工作人员作出的不对其合法权益有重大影响的内部行政行为不属于复议案件范围。

第四，不产生外部法律效力的内部行政行为。本项规定与第八条的规定相呼应，产生外部法律效力的内部行政行为属于行政复议范围，反之，不产生外部法律效力的内部行政行为不属于复议范围。

第三章　行政复议机关与复议参加人

第十条（部门行为的复议机关）　公民、法人或者其他组织对政府工作部门作出的行政行为不服的，向该部门的本级人民政府申请复议。

对海关、金融、国税、外汇管理等实行垂直领导的行政机关和国家安全机关的行政行为不服的，向该部门的本级人民政府申请行政复议。

修改说明：本条是关于不服政府工作部门和垂直管理部门的行政行为申请复议时确定复议机关的规定。不服政府工作部门和垂直管理部门作出的行政行为的，均不再向其上级主管部门申请复议，仅向同级人民政府申请复议。通过本条规定，《建议稿》规定行政复议权集中由一级政府行使，政府工作部门和垂直管理部门均不再行使复议权。

第一，《建议稿》取消了《行政复议法》规定的双重复议体制。行政复议权集中由一级政府行使，上级主管部门不再行使复议权。将分散的复议权集中至一级政府行使，是提升复议制度化解行政争议能力的前提和基础。行政复议权配置过于分散的现行复议体制严重削弱了复议制度权能的发挥，也造成复议资源配置严重不合理。《行政复议法》实施二十年，相当一部分老百姓还不知道这一制度的存在，严重妨碍了行政复议制度化解行政争议功能的发挥。这一现象的产生在一定程度上与欠缺专门的复议机关有直接关联。行政复议权分散于配置体制之下，县级以上政府和政府相关部门都具有行政复议职权，行政复议资源过于分散，使得资源配置效率偏低。2008年开始的行政复议委员会改革以相对集中复议权为基础，复议权集中行使与行政复议委员会作为复议机构这两项改革同时构成复议体制改革的核心内容。

第二，《建议稿》没有保留垂直管理部门的复议权，无论全国垂直管理还是省以下垂直管理，均向本级人民政府申请行政复议。《行政复议法》第十二条第二款规定海关等垂直管理部门由上级主管部门单独行使复议权，《实施条例》第二十四条规定对经国务院批准实行省以下垂直领导的部门作出的具体行政行为不服的，实行双重复议体制，省、自治区、直辖市另有规定的，依照省、自治区、直辖市的规定办理。垂直管理部门的设置情况比较复杂，与机构改革有很密切的关联，实行垂直管理的原因也很复杂，并非出于单纯的专业性因素考虑，也涉及中央与地方关系的处理。行政复议权统一由政府集中行使，可以防止垂直管理部门因机构改革变动出现复议管辖调整。在复议体制改革试点中，山东省采取了全部集中的模式，将原来分散于政府各部门的行政复议权，全部集中到政府统一行使。如济宁市自2011年4月1日起，市级行政复议权由济宁市人民政府集中行使，市政府工作部门、直属事业单位、法律法规授权的组织，以及省以下垂直管理的行政机关、直属事业单位、法律法规授权的组织，都不再行使行政复议权。

第十一条（政府行为的复议机关）　对地方人民政府的行政行为不服的，向作出行政行为的地方人民政府的上一级地方人民政府申请行政复议。

对省、自治区人民政府依法设立的派出机关所属的县级地方人民政府的行政行为不服的，向该派出机关申请行政复议。

修改说明： 本条保留了《行政复议法》第十三条的规定。

将复议权由部门集中至一级政府统一行使，对政府作出的行政行为的复议机关确定没有影响，仍然由作出行政行为的政府的上一级地方人民政府作为复议机关。

第十二条（省级人民政府和国务院部门行为的复议机关） 对省、自治区、直辖市人民政府的行政行为不服的，向作出行政行为的省、自治区、直辖市人民政府申请行政复议。

对国务院部门的行政行为不服的，向国务院申请行政复议。

修改说明： 本条是关于对省级人民政府和国务院部门作出的行政行为不服申请复议的，如何确定复议机关的规定。

《行政复议法》第十四条规定对省级人民政府和国务院部门作出的行为不服的，复议机关均为行为机关本身。《建议稿》对不服这两类机关作出的行为申请复议时的复议机关作出不同规定。

第一，不服省、自治区、直辖市人民政府作出的行政行为的，向作出行政行为的省级人民政府本身申请复议。即仍由作出行政行为的省级人民政府作为复议机关。这主要是基于便利申请人申请复议和提起后续可能发生的行政诉讼的考虑，保留了原法规定。

第二，对国务院部门作出的行政行为不服的，不再由国务院部门本身作为复议机关，而是统一由国务院作为复议机关。《行政复议法》第十四条规定对国务院部门作出的具体行政行为不服的，由部门作为复议机关。复议体制改革将复议权由部门集中至政府统一行使后，如果在中央层面，仍然保留国务院部门的复议权，将会出现地方层面与中央层面实行不同的复议体制。地方层面统一由政府行使，中央层面仍然由部门行使复议权。因此，《建议稿》规定在中央层面，国务院部门的复议权集中至国务院统一行使，但是，这将意味着申请人对复议决定不服的，将以国务院为被告向人民法院提起行政诉讼，如何处理这个问题需要进一步讨论。

第十三条（特殊情形下的复议机关确定） 对本法第十条、第十一条、第十二条规定以外的其他行政机关、组织的行政行为不服的，按照下列规定确定复议机关：

（一）对县级以上地方人民政府依法设立的派出机关的行政行为不服的，

向设立该派出机关的人民政府申请行政复议。

（二）对政府工作部门设立的派出机构依照法律、法规或者规章规定，以自己的名义作出的行政行为不服的，向设立该派出机构的部门的本级地方人民政府申请行政复议；

（三）对法律、法规、规章授权组织的行政行为不服申请复议的，分别向直接管理该组织的地方人民政府、政府工作部门的本级人民政府、国务院申请行政复议。法律另有规定的除外。

（四）对两个或者两个以上行政机关以共同的名义作出的行政行为不服的，向其共同所属地方人民政府或者共同上一级人民政府申请行政复议。

（五）对被撤销的行政机关在撤销前所作出的行政行为不服的，根据继续行使其职权的行政机关的具体情形确定复议机关。

有前款所列情形之一的，申请人也可以向行政行为发生地的县级地方人民政府提出行政复议申请，由接受申请的县级地方人民政府依照本法第二十七条的规定办理。

修改说明：本条是对特殊情形下如何确定复议机关的规定。复议权由政府集中统一行使后，对政府及其工作部门之外的行政主体作出的行政行为不服申请复议的，复议机关的确定相应也需要作出调整。本条吸收了《实施条例》关于确定复议机关规则的规定，包括五种情形。

第一种情形，不服政府派出机关作出的行政行为。派出机关从属于派出它的地方人民政府，本身具有独立的行政主体资格。根据由行为机关的上一级机关作为复议机关的确定原则，对派出机关作出的行政行为不服的，由派出它的人民政府作为复议机关。

第二种情形，不服派出机构作出的行政行为。派出机构是政府工作部门的派出主体，本身没有独立的行政主体地位，以所属部门的名义对外作出决定。由于部门不再行使复议权，因此，不服派出机构作出的行政行为的，由派出其的部门所属的本级人民政府担任复议机关。

第三种情形，不服法律、法规、规章授权的组织作出的行政行为。由于部门不再行使复议权，因此，对法律、法规、规章授权组织作出的行政行为不服的，根据其主管部门的具体情形确定复议机关。主管机关为政府工作部门的，由部门的本级人民政府作为复议机关；主管机关为地方人民政府的，由地方人民政府作为复议机关；主管机关是国务院部门的，由国务院担任复议机关。

第四种情形，不服两个以上行政机关共同作出的行政行为。数个行政机关为政府工作部门的，由其共同所属的人民政府担任复议机关；数个行政机关为一级人民政府的，由其共同上一级人民政府担任复议机关。

第五种情形，作出行政行为的行政机关已经被撤销的。此种情形复议机关的确认需要根据继续行使被撤销职权机关的具体情形，按照复议权集中由一级人民政府行使的原则确定复议机关。

第十四条（申请人） 行政行为的相对人及与行政行为有利害关系的公民、法人或者其他组织有权申请行政复议。依照本法申请行政复议的公民、法人或者其他组织是申请人。

同一行政复议案件申请人人数众多的，可以推选代表参加行政复议。代表人的复议行为对其所代表的申请人发生效力，但代表人变更、放弃复议请求的，应当经被代表的当事人同意。

修改说明：本条是关于复议申请人资格和复议代表人的规定。

第一，关于复议申请人资格。《行政复议法》没有规定申请人资格，规定了第三人的条件：同申请行政复议的具体行政行为有利害关系的其他公民、法人或者其他组织可以作为第三人参加行政复议。《实施条例》借用第三人的条件，规定复议申请人资格为与行政行为有利害关系。新《行政诉讼法》将原告资格由"法律上利害关系"修改为"利害关系"，与《实施条例》关于复议申请人资格的规定一致。《建议稿》吸收了《实施条例》的规定，规定复议申请人资格为"与行政行为有利害关系"，包括行政行为的相对人及与行政行为有利害关系的其他公民、法人或者其他组织。

第二，复议代表人制度。此条借鉴了《实施条例》第八条的规定，为关于复议代表人的规定。复议申请人人数较多时，为提高复议工作的效率，《建议稿》规定了复议代表人制度，由申请人推选复议代表参加复议活动。复议代表人的程序性复议活动对其所代表的申请人发生效力。

第十五条（申请人资格承继） 有权申请行政复议的公民死亡的，其近亲属可以申请行政复议。有权申请行政复议的公民为无民事行为能力人或者限制民事行为能力人的，其法定代理人可以代为申请行政复议。有权申请行政复议的法人或者其他组织终止的，承受其权利的法人或者其他组织可以申请行政复议。

修改说明：本条保留了《行政复议法》第十条第二款的规定，为关于申请人资格承继的规定。

第十六条（被申请人） 公民、法人或者其他组织对行政机关的行政行为不服申请行政复议的，作出行政行为的行政机关是被申请人。

修改说明：本条保留了《行政复议法》第十条第四款的规定，为关于被申请人的一般规定。确定被申请人的基本规则包括两项：其一，作出行政行为的行政机关本身为被申请人，即谁行为、谁做被申请人；其二，被申请人具有行政主体资格。行政主体为独立对外承担法律责任的主体，因而，只有具备行政主体资格的组织才能成为复议被申请人，即谁主体、谁为被申请人。

第十七条（特殊情形的被申请人） 对本法第十六条规定的行政机关以外的其他机关、组织作出的行为不服申请行政复议的，按照以下规定确定被申请人：

（一）对村民委员会、行业协会等自治组织作出的处理决定不服申请行政复议的，作出处理决定的村民委员会、行业协会等组织是被申请人；

（二）对法律、法规、规章授权的组织行使公共权力的行为不服申请行政复议的，法律、法规、规章授权组织为被申请人；

（三）下级行政机关依照法律、法规、规章规定，经上级行政机关批准作出行政行为的，以对外作出的发生法律效力的文书上署名的机关为被申请人；

（四）行政机关设立的派出机构、内设机构或者其他组织，未经法律、法规、规章授权，对外以自己名义作出行政行为的，该行政机关为被申请人。

修改说明：本条借鉴《实施条例》的规定，规定了几种确定被申请人的特殊情形。

第一，社会组织。社会组织为《建议稿》新增规定的被申请人类型。《建议稿》扩大了复议案件范围，将基层自治组织和行业自治组织对其成员作出的影响成员重大合法权益的行为纳入复议案件范围。社会组织对其成员作出的可纳入复议范围的行为，通常依据组织章程和纪律规则作出，是基于双方之间存在的管理与被管理关系作出的行为，因而，应由村委会、行业协会本身作为复议被申请人。

第二，法律、法规、规章授权的组织。《建议稿》与新《行政诉讼法》保持一致，将授权组织由"法律、法规授权"扩大为"法律、法规、规章授权"。授权组织本身具有行政主体资格，能够独立对外承担法律责任，故由其自身作为被申请人。

第三，经批准的行为，以对外作出的发生法律效力的文书上署名的机关为被申请人。《实施条例》第十三条规定：下级行政机关依照法律、法规、规章规定，经上级行政机关批准作出具体行政行为的，批准机关为被申请人。《适用解释》第十九条规定：当事人不服经上级行政机关批准的行政行为，向人民法院提起诉讼的，以在对外发生法律效力的文书上署名的机关为被告。对于经过上级机关批准作出的行政行为，《实施条例》与《适用解释》关于如何确定被申请人和被告的规定不一致。本项采纳了《适用解释》的规定，以对外作出的发生法律效力的文书上署名的机关为被申请人。理由如下：批准为行政机关的内部程序，在确定被申请人时应以对外形成法律关系的机关为准。行政法律关系的主体为申请人和在对外发生法律效力的文书上署名的机关，由此引发行政争议，行政法律关系主体进入复议程序，成为复议中的主体。因此，以在对外发生法律效力的文书上署名的机关为被申请人，更为合理。

第四，工作部门设立的派出机构、内设机构或者其他未经授权组织。本项吸收了《实施条例》第十四条的规定。这几类主体没有行政主体资格，不能对外独立承担法律责任，不能成为复议被申请人，由具有行政主体资格的设立机关作为被申请人。

第十八条（第三人） 与被申请复议的行政行为有利害关系的公民、法人或者其他组织，经复议机构通知或者依申请作为第三人参加行政复议。

行政复议机构在审理复议案件过程中知道公民、法人或者其他组织与行政行为有利害关系的，应当通知其作为第三人参加行政复议。复议机构应当通知而没有通知第三人的，公民、法人或者其他组织可以向人民法院提起行政诉讼，请求撤销复议决定。

修改说明： 本条为关于复议第三人的规定。本条借鉴《实施条例》第九条的规定，对第三人制度作出如下规定：

第一，第三人的条件。第三人是申请人和被申请人之外的主体，因与涉案行政行为有利害关系需要参加到行政复议程序中来。如在张成银诉徐州市人民政府房屋登记案中，张成银作为涉案房屋的产权人，房屋登记内容发生变更，其在复议程序中与复议案件有直接利害关系，但是，复议机关没有通知其参加到复议中来。法院认为复议机关没有通知其参加复议，违反了正当程序原则。

第二，第三人参加复议的途径有两种。一种是由复议机构通知其参加到复议中，另一种是由公民、法人或者其他组织申请，经复议机关同意，参加到复议中。

第三，复议机构的通知义务。《建议稿》规定复议机构知道第三人存在的，应当通知公民、法人或者其他组织参加行政复议。第三人与行政行为有利害关系，根据正当程序原则，复议机关作出不利于其的复议决定时应当听取他的意见。因此，复议机构知道案件存在第三人时，应当通知第三人参加行政复议。复议机关没有履行通知义务的，第三人可以向法院提起行政诉讼请求撤销复议决定。

第十九条（委托代理） 申请人、第三人可以委托 1 至 2 名代理人参加行政复议。申请人、第三人委托代理人的，应当向行政复议机构提交授权委托书。授权委托书应当载明委托事项、权限和期限。公民在特殊情况下无法书面委托的，可以口头委托。口头委托的，行政复议机构应当核实并记录在卷。申请人、第三人解除或者变更委托的，应当书面报告行政复议机构。

修改说明：本条是关于委托代理的规定。本条吸收《实施条例》第十条的规定，细化了对委托代理的规定，包括：可以委托代理人、授权委托书、委托方式等内容。

第四章　行政复议申请的提出与受理

第二十条（复议诉讼自由选择为原则） 公民、法人或者其他组织认为行政行为侵犯其合法权益的，可以向行政复议机关申请行政复议或者直接向人民法院提起行政诉讼，也可以依法经行政复议后再向人民法院起诉。法律、行政法规规定先向行政复议机关申请行政复议的，先申请行政复议，对行政复议决定不服的再向人民法院起诉。

修改说明：本条为关于行政复议与行政诉讼程序衔接的规定，《建议稿》

采用了自由选择为原则、复议前置为例外的衔接机制，并将复议前置的设定规范层级限定为法律、行政法规，不再包括地方性法规。

第一，关于复议诉讼自由选择原则。行政复议与行政诉讼的衔接是《行政复议法》修改中的一个重要问题，《行政复议法》规定了申请人自由选择复议或诉讼的原则。修法如何对待目前采用的"行政相对人选择为原则、复议前置为例外"模式是目前争议很大的一个问题，形成两种不同的观点。一种观点主张取消"选择主义为原则、复议前置为例外"的现行模式，代之以"前置主义为原则、选择主义为例外"的模式；另一种观点认为应保留现有模式，限缩设定复议前置立法层级，明确复议前置的领域与范围，以提高行政复议制度的利用效率。《建议稿》仍保留了自由选择原则，主要理由为：其一，行政复议制度的运行状况不理想，强制复议前置既不利于行政相对人及时获得救济，也很难实现为司法减负的目的；其二，行政复议作为行政争议解决主渠道的地位的实际确立，应当通过提高行政复议公正解决行政争议的能力，吸引相对人选择复议；其三，行政复议与行政诉讼为各自独立的救济机制，应尊重行政相对人的程序选择权。

第二，关于复议前置由"法律、法规"设定限缩为"法律、行政法规"设定。《行政复议法》规定可以设定复议前置的立法位阶为"法律、法规"，由于地方性法规仅适用于特定区域，且数量多，允许地方性法规设置复议前置例外情形，一方面造成地方性法规作为下位阶立法改变了《行政复议法》确立的自由选择这一基本原则，另一方面造成复议制度的地方差异性，不利于法律统一适用。而法律和行政法规均为国家层面立法，基于某一行政管理领域的特殊性而设置复议前置，没有破坏法律适用的统一性。因此，《建议稿》对复议前置的条件作了限缩，限于法律、行政法规所规定的复议前置，有利于改变复议前置规定过于分散的问题。

第二十一条（申请复议期限） 公民、法人或者其他组织认为行政行为侵犯其合法权益的，可以自知道该行政行为之日起六十日内提出行政复议申请；但是法律规定的申请期限超过六十日的除外。

公民、法人或者其他组织认为行政机关制定的行政规范性文件和重大行政决策侵害其合法权益直接申请行政复议的，可以自行政规范性文件和重大行政决策公布之日起一个月内提出行政复议申请。

因不可抗力或者其他正当理由耽误法定申请期限的，申请期限自障碍消除之日起继续计算。

修改说明：本条为关于申请复议期限的规定。

第一，关于保留两个月的申请复议期限。新《行政诉讼法》将直接提起行政诉讼的起诉期限由三个月调整为六个月，起诉期限更长无疑有利于更好保障公民获得司法救济。那么，行政复议申请期限要否也延长呢？从域外关于复议期限的规定来看，无论是当事人申请复议的期限，还是复议机关作出决定的决定期限，较之我国复议制度的规定，普遍偏短。如挪威和瑞典，提起复议的期限均为三周内，奥地利为二周，瑞士为三十日。在葡萄牙，诉愿机关应当自将有关程序送交有权限审理诉愿机关之日起三十日内作出诉愿决定。行政复议就其行为性质而言仍属于行政行为，高效化解矛盾是复议制度要侧重考虑的价值。此外，复议决定并非最终决定，公民、法人或者其他组织对复议决定不服的，还可以提起行政诉讼。复议期限较之诉讼期限短，有利于维护行政法律关系的稳定。基于前述因素考虑，《建议稿》保留了两个月的申请复议期限。

第二，对行政规范性文件和重大行政决策直接申请复议的期限为公告之日起一个月。与前面复议范围将行政规范性文件和重大行政决策作为直接复议对象相对应，本条规定了直接申请复议的期限为一个月。行政规范性文件和重大行政决策针对不特定对象作出，其效力应尽早进入确定状态，故《建议稿》规定了较之其他行政行为更短的申请复议期限。除直接申请复议外，公民、法人或者其他组织还可以在对行政决定申请复议的同时对行政规范性文件提起附带性审查，此种情形中，复议期限按照两个月的申请复议期限计算。

第二十二条（不履职的复议申请期限）　公民、法人或者其他组织申请行政机关履行法定职责，行政机关未履行的，行政复议申请期限依照下列规定计算：

（一）法律、法规、规章、行政规范性文件对行政机关履行法定职责有履行期限规定的，自履行期限届满之日起计算；

（二）没有规定履行期限的，自行政机关收到申请满六十日起计算。

公民、法人或者其他组织在紧急情况下请求行政机关履行保护人身权、财产权的法定职责，行政机关不履行的，行政复议申请期限不受前款规定的限制。

修改说明：本条增加规定了不作为案件的复议申请期限。公民、法人或者其他组织提出履职申请后，行政行为的作出需要一个过程，因此，不作为构成要件中有关于时间要件的要求。不作为类复议案件的复议期限与作为类复议案件的复议期限的起算正好相反，是什么情形下可以申请复议。本条吸收、借鉴《实施条例》和《行政诉讼法》的规定，区分两种情形规定了不履职的复议申请期限。

第一，有履职期限规定的情形。法律、法规、规章、行政规范性文件在规定行政机关法定职责的同时对履职期限有明确规定的，履职期限届满，行政机关尚未履职的，公民、法人或者其他组织可以申请复议。此种情形中，可以申请复议的期限根据单行法确定。

第二，没有履职期限规定的情形。单行法没有明确规定行政机关履职期限的，适用本条规定的期限。与作为类行为的复议期限相一致，自行政机关收到申请满六十日的，申请人可以提出复议申请。

第二十三条（告知申请复议权的义务）　行政机关作出的行政行为对公民、法人或者其他组织的权利、义务可能产生不利影响的，应当告知其申请行政复议的权利、行政复议机关和行政复议申请期限。

修改说明：本条增加规定行政机关负有告知行政行为当事人申请复议权的义务。

本条吸收《实施条例》第十七条的规定，增加规定了行政机关负有告知申请复议权的义务。告知申请复议权应为行政程序中的制度要求，即行政机关在作出行政行为时应当告知当事人享有申请复议权。《实施条例》规定这一制度的目的在于保护公民能够及时申请复议，不要错过复议期限，《建议稿》吸收了《实施条例》的规定，有利于更好让公民、法人或者其他组织及时行使申请复议权。

第二十四条（复议申请的提出方式）　申请人申请行政复议，以书面方式提出。申请人书面申请行政复议的，可以采取当面递交、邮寄等方式提出行政复议申请。

申请人存在书写困难的，也可以口头提出复议申请。行政机关应当当场记录申请人的基本情况、行政复议请求、申请行政复议的主要事实、理由和时间。行政复议申请笔录交申请人核对或者向申请人宣读，并由申请人签字确认。

修改说明： 本条是关于复议申请提出方式的规定。

《建议稿》仍然保留了口头申请的方式。在修法讨论中，部分学者提出不保留口头申请的方式。课题组在北京市调研时负责复议工作的同志也提出没有必要保留口头申请的方式。考虑到便民和部分公民的实际情况，《建议稿》保留了口头申请的方式。

第二十五条（申请书应当载明的事项） 申请人书面申请行政复议的，应当在行政复议申请书中载明下列事项：

（一）申请人的基本情况，包括：公民的姓名、性别、年龄、身份证号码、工作单位、住所、邮政编码；法人或者其他组织的名称、住所、邮政编码和法定代表人或者主要负责人的姓名、职务；

（二）被申请人的名称；

（三）行政复议请求、申请行政复议的主要事实和理由；

（四）申请人的签名或者盖章；

（五）申请行政复议的日期。

修改说明： 本条吸收了《实施条例》第十九条的规定，规定了复议申请书应当载明的事项。

第二十六条（可选择向行政行为作出机关递交申请书） 申请人可以直接向行政复议机关递交复议申请书，也可以向作出行政行为的行政机关递交复议申请书。作出原行政行为的行政机关应当自收到复议申请书之日起十日内，将复议申请书、答辩状、作出行政行为的证据、依据和其他相关材料一并提交行政复议机关，并将答辩状副本同时送达申请人一份。

作出被申请复议行政行为的行政机关在收到复议申请后，应当为申请人开具收到复议申请书和证据的回执。

作出被申请复议行政行为的行政机关认为复议理由成立，行政行为应当撤销或者变更的，可以自行撤销或者变更行政行为，并通报行政复议机关。

修改说明： 本条增加规定了申请人可以向作出行政行为的行政机关递交复议申请书。

第一，复议申请书可以选择向行为机关递交。《行政复议法》仅规定申请人向复议机关递交复议申请书，本条规定复议申请书也可以向作出行政行为的机关递交。增加这一规定正是行政复议较之行政诉讼所具有的便捷性优势的体现。行政诉讼是法院审查行政机关的行政行为，当事人所有行为应当直接向法院为之，而行政复议是上级行政机关审查下级行政机关，申请人的行为不必所有都直接向复议机关为之。如在我国台湾地区，诉愿可以直接向作出行政处分的原行政机关提起，原行政机关认为申请人的理由成立的，可以自行撤销或者变更原行政处分，诉愿目的即已达到，而程序较之司法简洁许多。在挪威，复议申请必须向作出行政行为的行政机关提出，由行为机关先行处理。

第二，开具回执。为避免收到复议申请的原行政行为作出机关不向复议机关移交复议申请书和证据材料，本条规定了开具回执机制。

第三，行为机关先行处理。行政机关有权自行撤销或者变更已经作出的行政行为，因此，如果原行政行为机关认为申请人的复议理由成立，可以自行对原行政行为予以撤销或者变更。此种情形之下，案件已经得到解决，不需要再由复议机关进行审理。行为机关将撤销或者变更行政行为的情况通报复议机关之后，即终结程序。

第二十七条（向县级地方人民政府递交申请书） 依照本法第十三条第二款的规定接受行政复议申请的县级地方人民政府，对依照本法第十三条第一款的规定属于其他行政复议机关受理的行政复议申请，应当自接到该行政复议申请之日起七日内，转送有关行政复议机关，并告知申请人。接受转送的行政复议机关应当依照本法第三十条的规定办理。

修改说明： 本条保留了《行政复议法》第十八条的规定。

第二十八条（复议与诉讼不能同时提起） 公民、法人或者其他组织申请行政复议，行政复议机关已经依法受理的，或者法律、行政法规规定应当先向行政复议机关申请行政复议、对行政复议决定不服再向人民法院提起行政诉讼的，在法定行政复议期限内不得向人民法院提起行政诉讼。

公民、法人或者其他组织向人民法院提起行政诉讼，人民法院已经依法受理的，不得申请行政复议。

公民、法人或者其他组织既申请行政复议又提起行政诉讼的，由最先受理的机关进行管辖；同时受理的，应当告知公民、法人或者其他组织作出选择。

修改说明：本条为关于行政复议与行政诉讼衔接程序的具体规定。

本条第一款、第二款保留了《行政复议法》第十六条的规定，第三款吸收了《适用解释》第五十七条的规定。在法律、行政法规没有作出前置规定时，如果公民、法人或者其他组织同时提起复议和行政诉讼，需要对此种情形的处理作出具体规定。根据自由选择原则，复议申请和起诉同时提起的，宜由最先受理的机关进行管辖。

第二十九条（复议受理条件） 行政复议申请符合下列规定的，行政复议机关应当受理：

（一）有明确的申请人和符合规定的被申请人；

（二）申请人与行政行为有利害关系；

（三）有具体的行政复议请求和理由；

（四）在法定申请期限内提出；

（五）属于本法规定的行政复议范围；

（六）属于收到行政复议申请的行政复议机构的职责范围；

（七）其他行政复议机构尚未受理同一行政复议申请，人民法院尚未受理同一主体就同一事实提起的行政诉讼。

修改说明：本条增加规定了复议受理条件。

第一，增加本条规定的必要性。复议受理条件是复议申请得以受理需要具备的一系列条件。复议条件相应条款本分散规定在各项制度中，复议申请不具备其中一项条件，即不符合受理条件，不能受理。但是，如果复议申请具备各项条件，复议机构就应当受理复议申请。在复议实践中，由于《行政复议法》没有明确规定复议受理条件，有的复议机关对符合受理条件的案件也不予受理，《实施条例》第二十八条因此明确列举了复议受理条件。明确复议受理条件，既有助于复议机构工作人员对复议申请进行处理，也有利于保障公民、法人或者其他组织的申请复议权。

第二，对符合受理条件的复议申请，复议机关应当受理。本条吸收《实施条例》第二十八条的规定，规定行政复议申请具备本条规定的条件的，复议机构应当受理，不能不予受理。

第三十条（立案登记制）　　公民、法人或者其他组织认为行政机关的行政行为侵犯其合法权益提出行政复议申请，除不符合本法规定的申请条件的，行政复议机关应当当场登记予以立案。

对当场不能判定是否符合本法规定的行政复议申请，行政复议机关应当接收复议申请书，出具注明收到日期的书面凭证，并在五日内决定是否受理。对不符合本法规定的行政复议申请，决定不予受理，并书面告知申请人；决定书应当载明不予受理的理由。

修改说明： 本条借鉴新《行政诉讼法》的规定，规定了行政复议立案登记制。

第一，关于引入立案登记制。立案登记制是新《行政诉讼法》解决立案难问题的重要机制，立案登记制替代立案审查制对保护公民诉权有重要意义。实行立案登记制后，2015 年 5 月 1 日至 2016 年 3 月 31 日，全国法院受理一审行政案件达到 220 259 件，同比上升 59.23%；仅 2015 年 5 月就受理一审行政案件 2.6 万件，同比上升 221%。"立案难"现象在行政复议中同样存在，为更好保障公民复议申请权，使复议渠道更为畅通，有必要将立案登记制引入复议法修改中解决复议案件立案中的问题。本条借鉴新《行政诉讼法》关于立案登记制的规定，增加规定了复议立案登记制度。

第二，立案登记制的具体规定。立案登记制并非申请即立案，只有符合受理条件的复议申请才能立案。反之，对符合受理条件的申请，复议机关应当立案，不能不予立案。本条区分复议申请的不同情形规定了不同的处理方式：对于符合受理条件的复议申请，复议机关应当当场登记予以立案；对于当场不能判定是否符合复议受理条件的，应当先收下复议申请书，再审查复议申请是否符合受理条件。对不符合受理条件的复议申请，不予立案，但是，应当说明不予受理的理由。

第三十一条（复议前置情形下的起诉衔接）　　法律、行政法规规定应当先向行政复议机关申请行政复议、对行政复议决定不服再向人民法院提起行政诉讼的，行政复议机关决定不予受理或者受理后超过行政复议期限不作答复的，公民、法人或者其他组织可以自收到不予受理决定书之日起或者行政复议期满之日起十五日内，依法向人民法院提起行政诉讼。

修改说明： 本条保留了《行政复议法》第十九条的规定，为关于复议前置情形下，复议与起诉如何进行衔接的规定。

第三十二条（告知补正）　行政复议申请材料不齐全或者表述不清楚的，行政复议机关应当给予指导和释明。行政复议机关可以自收到该行政复议申请之日起五日内书面通知申请人补正，一次性告知申请人需要补正的所有事项和合理的补正期限。申请人无正当理由逾期不补正的，视为放弃行政复议申请。补正申请材料所用时间不计入行政复议审理期限。

修改说明： 本条借鉴《实施条例》第二十九条的规定，增加规定了告知补正机制。

第一，告知申请人补正的情形。补正是对瑕疵的治愈，复议申请人递交的材料不齐全或者表述不清楚的，复议机关不能直接不予受理，应当告知申请人补正材料。材料补正完成后，再由复议机关判断申请是否符合受理条件。

第二，一次性告知申请人。复议机关应当将需要补正的事项一次性全部告知申请人，并给其留出合理的补正期限。

第三，申请人逾期不予补正的法律后果。申请人无正当理由逾期不补正的，造成瑕疵未在指定期间内得到治愈，复议机关难以判断申请是否符合受理条件，因而视为申请人放弃行政复议申请。

第三十三条（错列被申请人的处理）　申请人提出行政复议申请时错列被申请人的，行政复议机关应当告知申请人变更被申请人。行政复议机关告知申请人变更被申请人，申请人没有变更的，决定不予受理复议申请，并书面告知申请人。

修改说明： 本条为关于错列被申请人的释明机制的规定。

适格被申请人需要具备一定条件，而行政机关组织形态多样，申请人有时并不能够准确判断哪一行政机关为适格被申请人。申请人错列被申请人的，复议机关不能直接按照被申请人不符合条件不予受理，而是应当向申请人释明，告知申请人变更合适的被申请人。只有在申请人坚持不变更被申请人的情形下，才能决定不予受理复议申请。

第三十四条（不予受理的监督）　公民、法人或者其他组织依法提出行政复议申请，行政复议机关无正当理由不予受理的，上级行政机关认为行政复议机关不予受理行政复议申请的理由不成立的，可以先行督促其受理；经督促仍不受理的，应当责令其限期受理，必要时也可以直接受理；认为行政复议申请不符合法定受理条件的，应当告知申请人。

修改说明：本条综合《行政复议法》第二十条和《实施条例》第三十一条的规定，规定了上级行政机关对下级行政机关不予受理复议申请的监督机制。

复议申请符合受理条件的，复议机关应当受理。复议机关无正当理由不予受理，由上级行政机关对其不予受理的行为进行监督。本条吸收《实施条例》的规定，对《行政复议法》第二十条的规定进行了细化。上级行政机关对不予受理进行监督所采用的监督机制具有层次性：首先，督促复议机关受理；其次，经督促仍不受理的，应当责令其限期受理；最后，认为必要时，由上级行政机关直接受理。

第三十五条（复议不停止行政行为执行） 行政复议期间行政行为不停止执行；但是，有下列情形之一的，可以停止执行：

（一）被申请人认为需要停止执行的；

（二）行政复议机关认为需要停止执行的；

（三）申请人申请停止执行，行政复议机关认为其要求合理，决定停止执行的；

（四）法律规定停止执行的。

修改说明：本条保留了复议不停止行政行为执行的规定。

在《行政诉讼法》修改过程中，学者对要否修改"起诉不停止执行"制度存在不同看法，新《行政诉讼法》仍保留了起诉不停止执行的原则。《行政复议法》修改中亦存在这一争议。起诉不停止执行原则不利于保护公民、法人或其他组织的权利，特别是在有的案件中执行行政行为造成的损失不可弥补，损害无法修复。实践中，由于可以停止执行情形的规定较为宽泛，起诉停止行政行为的执行已经成为常态。以复议不停止执行为原则、停止执行为例外，还是以停止执行为原则、不停止执行为例外，在实施中的差别更多体现在是由申请人来承担申请例外负担（采取复议不停止执行原则），还是由被申请人来承担申请例外负担（采取复议停止执行原则）。当然，采复议停止执行原则对申请人的利益保护更有利一些。考虑到这个问题宜与新《行政诉讼法》的规定保持一致，《建议稿》保留了复议停止执行为原则、不执行为例外的规定。

第五章 行政复议审理

第三十六条（回避） 行政复议人员有下列情形之一的，应当自行回避。申请人、被申请人、第三人可以以书面或者口头方式申请回避：

（一）是复议申请人或者是申请人、被申请人、代理人的近亲属的；

（二）本人或者近亲属与复议事务有利害关系的；

（三）与申请人和被申请人有其他关系，可能影响复议的公正审理的。

行政复议委员会非常任委员适用本条第一款的规定。

行政复议机关收到申请人、被申请人、第三人的回避申请后，能够当场作出决定的，当场作出决定，不影响言词审理的进行。不能够当场作出决定的，应当在收到申请后三日内作出决定。

修改说明：本条增加规定了回避制度。

回避制度是裁决者中立的基本要求。英国古老的自然正义原则的要求之一即是自己不能作自己案件的法官。实行回避制度有利于保证决定者公正作出决定，将回避制度引入行政复议案件审理中，使得与案件处理有利害关系的工作人员没有参与到复议中，既有利于保护当事人的权利，也有利于让当事人和社会公众认同复议决定。《行政复议法》制定时为刻意保持与行政诉讼制度的不同，没有规定回避制度，《建议稿》增加规定了回避制度，包括：回避情形、应当回避的人员范围、回避决定作出程序等内容。

第三十七条（被申请人答复） 行政复议机关应当自行政复议申请受理之日起七日内，将行政复议申请书副本或者行政复议申请笔录复印件发送被申请人。被申请人应当自收到申请书副本或者申请笔录复印件之日起十日内，提出书面答复，并提交当初作出行政行为的证据、依据和其他有关材料。

修改说明：本条保留了《行政复议法》第二十三条第一款的规定。

第三十八条（被申请人的举证责任） 被申请人对作出的行政行为负有举证责任，应当提供作出行政行为的证据和所依据的规范性文件。

被申请人不提供或者无正当理由逾期提供证据，视为没有相应证据。但是，行政行为涉及第三人合法权益，第三人提供证据的除外。

申请人可以提供证明行政行为违法的证据。申请人提供的证据不成立的，不免除被申请人的举证责任。

修改说明：本条借鉴《行政诉讼法》第三十四条的规定，规定了被申请人举证责任。

第一，被申请人的举证责任。行政复议中由被申请人对行政行为负举证责任的原理与行政诉讼中由被告对行政行为合法性承担举证责任的原理相同。本条借鉴《行政诉讼法》相关规定，规定由被申请人对作出的行政行为负有举证责任，应当提供作出行政行为的证据和所依据的规范性文件。

第二，被申请人不提供或者逾期不提供证据的后果。根据依法行政原则，被申请人作出行政行为时应当收集证据并准确认定事实。如果在复议程序中不能提交作出行政行为时收集的证据，说明作出行政行为时证据不足，应视为相应没有证据。

第三，申请人对行政行为不负有举证责任，但可以向行政复议委员会提供证明行政行为违法的证据。举证责任的内涵在大陆法系和英美法系有不同认识，我国行政诉讼制度中将举证责任与败诉风险紧密关联。申请人对行政行为的合法性不承担举证不能的败诉风险，但是，可以向复议机构提交证明行政行为违法的证据，以争取复议机关支持自己的主张。

第三十九条（禁止被申请人收集证据） 在行政复议过程中，被申请人不得自行向申请人和其他有关组织或者个人收集证据。

申请人或者第三人提出了其在行政处理程序中没有提出的理由或者证据的，经行政复议机关准许，被申请人可以补充证据。

修改说明：本条为关于禁止被申请人收集证据的规定，第二款为新增规定。

根据依法行政原则，被申请人向复议机构提供的证据应当是作出行政行为时收集的证据。因此，在复议过程中，原则上禁止被申请人补充收集证据来证明行政行为。本条第二款增加规定了被申请人可以补充证据的例外情形，即申请人或第三人提出在行政程序中没有提出理由或者证据的，此种情形中，需要经复议机关准许，被申请人才可以补充证据。

第四十条（行政复议机构调查、调取证据） 行政复议委员会依职权调查核实证据，以查明案件事实。为查明案件事实，行政复议委员会可以采用询问、现场勘验、检验、鉴定等调查措施，可以查阅、复制、调取相关文件和证据材料。

申请人、第三人自行收集证据有困难的，可以申请行政复议委员会调查或者调取相关证据。行政复议委员会认为有必要的，应当调查或者调取相关证据。

行政复议委员会依职权或者依申请调查取得的新的证据，没有听取申请人的意见的，不能作为作出对申请人不利的复议决定的定案根据。

修改说明：本条规定复议机构负有查明案件事实的职责及为保障其履行该项职责所应配置的调查措施。

第一，复议机构负有查明案件事实的职责，依职权调查核实证据。本条规定主要基于以下考虑：其一，从实质化解行政争议的视角，复议机关作为行政行为作出机关的上一级行政机关，有制度空间和专业优势查明案件事实，为在复议决定中直接形成或者变更行政法律关系，实质化解行政争议奠定基础。其二，行政复议中申请人与被申请人的举证能力不对等，如果复议工作人员不承担一定的调查核实职责，完全交由申请人与被申请人对峙，不利于申请人权益保障。修法有必要吸收《实施条例》的规定，明确复议工作人员应当积极行使调查取证职责，依职权进行调查取证，以查明案件事实。

第二，复议机构调查、调取证据的具体措施。为查明案件事实，应当赋予复议机构调查、调取证据的权力，并明确可以采取的调查措施。复议机构查明事实的方式既可以是自行调查证据，也可以向其他机关、个人调取证据。复议机构也可以根据申请人、第三人的申请，调查或者调取相关证据。

第三，新的证据应当听取申请人的意见。复议机构经调查、调取获得新的证据，对事实作出新的认定，根据正当程序原则的要求，应当听取申请人的意见后才能对其作出不利的复议决定。

第四十一条（调查取证程序） 行政复议工作人员调查取证时应当向当事人或者有关人员出示证件。被调查单位和人员应当配合行政复议人员的工作，不得拒绝或者阻挠。

需要现场勘验的，现场勘验所用时间不计入行政复议审理期限。

行政复议期间涉及专门事项需要鉴定的，申请人可以自行委托鉴定机构进行鉴定，也可以申请行政复议委员会委托鉴定机构进行鉴定。鉴定费用由申请人承担。鉴定所用时间不计入行政复议审理期限。

修改说明：本条借鉴《实施条例》第三十四条，规定了调查取证程序。

第一，调查人员表明身份。工作人员调查取证时应当向相关人员出示工作证件，表明身份，这是被调查对象履行配合义务的前提。

第二，被调查单位和人员负有配合调查取证的义务。调查取证难是实践中常遇到的问题，本条明确被调查对象负有配合调查取证工作的义务。

第三，鉴定规则。鉴定是查明案件事实很重要的一种证据方法，本条规定鉴定可以采用两种方式：申请人自行委托鉴定机构和申请行政复议机构委托鉴定机构。鉴定费用由申请人承担。

第四十二条（申请人的举证责任） 在申请复议不履行职责的案件中，申请人应当提供其向被申请人提出申请的证据。但有下列情形之一的除外：

（一）被申请人应当依职权主动履行法定职责的；

（二）申请人因正当理由不能提供证据的。

在行政赔偿、补偿的案件中，申请人应当对行政行为造成的损害提供证据。因被申请人的原因导致申请人无法举证的，由被申请人承担举证责任。

修改说明：本条为申请人承担举证责任事项的规定。被申请人对行政行为承担举证责任，申请人对部分证明对象事项承担举证责任。

第一，不履行法定职责案件中，证明已经向被申请人提出履行申请。申请已经提出是不作为的构成要件之一，如果申请人尚未提出申请，行政机关不构成不作为。根据谁主张、谁举证的举证责任分配规则，是否已经提出申请由申请人承担举证责任，两种情形例外。

第二，行政赔偿、补偿案件中，根据谁主张、谁举证的举证责任分配规则，由申请人对自己遭受的损害承担举证责任。

第三，行政赔偿、补偿案件举证责任倒置。本条借鉴新《行政诉讼法》规定了行政赔偿、补偿案件举证责任倒置规则。一般情形由申请人对自己遭受的损害承担举证责任，但因被申请人的原因导致申请人无法举证的，如因为行政机关违法强拆，房屋已被拆除，申请人无法对房屋损失及房屋内的物品损失提供证据的，由被申请人承担举证责任。

第四十三条（申请人、第三人的查阅权） 申请人、第三人可以查阅、摘抄、复制被申请人提出的书面答复、作出行政行为的证据、依据和其他复议卷宗中的有关材料，除涉及国家秘密、商业秘密或者个人隐私外，行政复议机构不得拒绝。行政复议机构应当为申请人、第三人查阅材料提供便利条件。

修改说明：本条是关于申请人、第三人查阅权的规定。本条将《行政复议法》第二十三条第二款进行扩充，单独作为一条予以规定。

第一，申请人、第三人享有复议卷宗查阅权。阅览卷宗制度是武器平等原则在复议程序中的要求，也是申请人与第三人能够有效参与复议，更好维护自己权利的前提与基础。申请人、第三人在查阅卷宗基础上，与被申请人之间信息对称，才能形成有效对抗。

第二，查阅权的内容。完整的卷宗阅览权包括查阅、摘抄、复制三项内容，《行政复议法》规定申请人、第三人可以查阅被申请人提出的书面答复、作出具体行政行为的证据、依据和其他有关材料，除涉及国家秘密、商业秘密或者个人隐私外，行政复议机关不得拒绝。《行政复议法》仅规定了查阅权，有必要扩展至摘抄、复制。此外，《行政复议法》列举了可查阅材料的范围，本条在列举之后采用兜底表述方式规定阅览范围为复议卷宗。

第三，为申请人、第三人查阅提供便利条件。《实施条例》第三十五条规定：行政复议机关应当为申请人、第三人查阅有关材料提供必要条件。本条吸收这一规定，并将必要条件修改为便利条件。

第四十四条　（申请撤回复议决定）　行政复议决定作出前，申请人要求撤回行政复议申请的，经说明理由，可以撤回。

申请人撤回行政复议申请的，不得再以同一事实和理由提出行政复议申请。但是，申请人能够证明撤回行政复议申请违背其真实意思表示的除外。

修改说明：本条是关于撤回复议申请的规定。

第一，申请人可以撤回复议申请。撤回复议申请是申请人的权利，在复议决定作出前，申请人可以申请撤回复议申请。

第二，复议撤回后不得再次申请复议。本条在《行政复议法》第二十五条规定基础上增加规定复议申请撤回后不得再次提出申请。撤回产生终结程序的效果，如果基于同一事实和理由再次提出申请意味重新启动已经终结的程序，因此，申请撤回后，不能基于同一事实和理由再次提出复议申请。

第四十五条（行政复议中止）　行政复议期间有下列情形之一，影响行政复议案件审理的，行政复议中止：

（一）作为申请人的自然人死亡，其近亲属尚未确定是否参加行政复议的；

（二）作为申请人的自然人丧失参加行政复议的能力，尚未确定法定代理人参加行政复议的；

（三）作为申请人的法人或者其他组织终止，尚未确定权利义务承受人的；

（四）作为申请人的自然人下落不明或者被宣告失踪的；

（五）申请人、被申请人因不可抗力，不能参加行政复议的；

（六）案件涉及法律适用问题，需要有权机关作出解释或者确认的；

（七）案件审理需要以其他案件的审理结果为依据，而其他案件尚未审结的；

（八）其他需要中止行政复议的情形。

行政复议中止的原因消除后，应当及时恢复行政复议案件的审理。

行政复议机构中止、恢复行政复议案件的审理，应当告知有关当事人。

修改说明：本条参考《实施条例》第四十一条的规定，增加规定了复议中止制度。

中止为复议程序的暂时停止。中止事由消除后，复议程序继续往前推进。本条明确了复议中止的情形、后续处理等内容。《行政复议法》没有规定复议中止和复议终止制度，复议机关在复议案件办理过程中遇到需要中止程序或者终止程序的情形时，如何处理，缺乏法律依据。《建议稿》参照《实施条例》的规定，增加规定了复议中止、复议终止制度。

第四十六条（行政复议终止）　　行政复议期间有下列情形之一的，行政复议终止：

（一）申请人要求撤回行政复议申请，行政复议机关准予撤回的；

（二）作为申请人的自然人死亡，没有近亲属或者其近亲属放弃行政复议权利的；

（三）作为申请人的法人或者其他组织终止，其权利义务的承受人放弃行政复议权利的；

（四）申请人与被申请人依照本法的相关规定，达成和解或调解协议的；

（五）申请人对行政拘留或者限制人身自由的行政强制措施不服申请行政复议后，因申请人同一违法行为涉嫌犯罪，该行政拘留或者限制人身自由的行政强制措施变更为刑事拘留的。

依照本法第四十五条第一款第（一）项、第（二）项、第（三）项规定中止行政复议，满六十日行政复议中止的原因仍未消除的，行政复议终止。

修改说明： 本条是关于复议终止制度的规定。

复议终止是终结复议程序的一种形式。本条参照《实施条例》第四十二条，增加规定了行政复议终止制度，列举规定了终止复议程序的具体情形。

第四十七条（复议期间改变原行政行为） 行政复议期间被申请人改变原行政行为的，不影响行政复议案件的审理。但是，申请人依法撤回行政复议申请的除外。

修改说明： 本条为关于复议期间被申请人改变行政行为的处理的规定。

本条吸收了《实施条例》第三十九条的规定。被申请人作为行政行为的作出机关，在复议期间有权改变自己作出的行政行为，此时，新的行政行为替代了被申请复议的行政行为。但是，针对原行为的复议程序并不自动终止。如果申请人因为被申请人改变了原来的行政行为而撤回复议申请，则按照撤回复议申请终止复议程序。如果申请人不撤回复议申请，复议机关仍然要对原行政行为的合法性继续进行审查。当然，此种情形下，原行政行为违法的，作出撤销决定已经没有意义，复议机关可以作出确认违法的复议决定。

第四十八条（全面审理原则） 行政复议机关对行政行为的合法性和适当性进行全面审查，不受申请人请求限制。

修改说明： 本条是关于行政复议审理范围的规定，遵循全面审理的原则。

第一，复议机关既审查行政行为的合法性，也审查行政行为的合理性。对行政行为的合法性与合理性同时进行审查是行政复议较之行政诉讼的优势所在。复议机关作为行政行为作出机关的上级行政机关，本身也是行政机关，熟悉和了解行政管理实际情况。此外，根据《宪法》第一百零八条的规定：县级以上的地方各级人民政府领导所属各工作部门和下级人民政府的工作，有权改变或者撤销所属各工作部门和下级人民政府的不适当的决定。无论是基于二者的组织关系，还是基于其专业优势，复议机关均适合对行政行为合理性进行审查。

第二，复议机关对行政行为进行全面审查，不受申请人请求限制。行政复议制度具有双重功能，在为公民、法人或者其他组织提供权利救济的同时，监督行政机关依法行政。复议机关一方面对申请人的请求能否成立作出回应，另一方面不受申请人请求限制，对行政行为的合法性和适当性进行全面审查，体现了复议制度的客观属性。

第四十九条（开庭审理原则） 行政复议案件实行开庭审理。行政复议委员会在开庭三日前通知申请人、被申请人、第三人和其他参与复议案件审理的主体。

修改说明： 本条将书面审修改为开庭审，规定复议案件实行开庭审理。

单方书面审查模式之下，复议过程欠缺争议双方对质，被申请人提交的证据材料对复议机构影响过大，难以实质化解行政争议，具体体现为：（1）复议机构以审查被申请人提供的证据材料为主，不利于全面查明案件事实。由于承担大量非复议案件办理事务，复议工作人员欠缺充足的时间对案件事实进行调查，高度依赖被申请人提供的材料。而在复议工作人员对材料进行书面审查的过程中，申请人并没有机会针对被申请人提交的证据材料和法律依据提出自己的不同意见。被申请人实质在单方影响复议工作人员对案件事实认定和法律适用作出判断。（2）不利于复议机构把握到案件的实质争议点。案件争议点通常通过当事人双方口头陈述、争辩得以清晰呈现在纠纷裁决者面前，但在复议案件审理过程中，申请人与被申请人没有机会对质，双方诉求与意见得不到交锋。复议工作人员通常容易忽略申请人的实质诉求，不易把握到案件的实质争议点。（3）不利于复议程序终结争议。申请人缺乏参与案件审理的机会，对不利于自己的复议决定缺乏认同，通常会选择复议之后向法院提起行政诉讼，因此，复议程序很难实质性地终结行政争议。针对复议机构单方书面审查的审理模式所存在的诸多问题，《实施条例》规定部分案件适用听证制度，即重大复杂、事实争议比较大等类型案件。《建议稿》在《实施条例》规定基础上，进一步将开庭审理扩展至全部复议案件。

第五十条（公开原则） 复议案件的审理公开进行，涉及国家秘密、商业秘密、个人隐私或者法律另有规定的除外。

有条件的行政复议机关可以将行政复议决定在本机关官方网站上公开。

修改说明： 本条是关于复议案件公开审理的规定。

第一，案件审理过程公开。复议案件的审理原则上公开进行，涉及国家秘密、商业秘密、个人隐私的除外。书面审查模式之下，复议案件的审理过程不向社会公开，缺乏外部监督，复议结果难以获得社会认同。此外，不公开也造成复议工作人员缺乏提升复议案件审理质量的压力和动力。与开庭审理相对应，复议案件审理过程实行公开原则，审理公开进行，公民可以旁听。

第二，鼓励复议决定文书上网。裁判文书上网是推动司法公开、透明进程的重要举措，客观上也给法官带来了一定的压力。复议决定文书上网亦存在相同的问题。复议决定文书上网向社会公开，在增强社会对复议工作信任的同时，也会加大社会对复议工作的监督，不可避免地增加复议工作人员的工作量和加大工作压力。实践中部分省市已经试行行政复议文书网上公开，如浙江省2014年即在舟山市等四个城市开展复议文书网上公开试点。考虑到裁判文书公开实践中面临的一些问题和地区之间的差异性，本条没有采用强制性规定，鼓励有条件的行政复议机关将复议决定文书在本机关官方网站上公开。

第五十一条（简易程序） 行政复议案件的审理适用简易程序，由一名常任委员或非常任委员担任主持人组织复议案件的开庭审理。

开庭围绕案件争议焦点展开调查和辩论。主持人组织申请人、被申请人、第三人对证据进行质证。申请人、被申请人、第三人有权向主持人陈述自己对事实问题和法律问题的意见。申请人、被申请人、第三人可以互相辩论。

修改说明： 本条是关于简易程序的规定。

第一，复议案件的审理原则上适用简易程序。行政复议案件原则上适用简易程序，具备法定情形的，才适用听证程序。复议案件审理方式由书面审查为原则转型为开庭审理为原则之后，在复议资源有限的情况下，根据复议案件繁简程度实行程序分流是平衡公正与效率常用的一种方法。将简易程序定位为复议审理的一般程序，体现了复议对效率的追求。

第二，主持人。简易程序设主持人一人，常任委员或非常任委员均可担任。

第三，庭审实行职权主义模式，由主持人主导庭审过程。开庭时围绕案件争议焦点展开调查和辩论。在主持人组织下，申请人、被申请人、第三人对证据进行质证，并有权向主持人陈述自己对事实问题和法律问题的意见。

第五十二条（听证程序适用情形） 听证程序适用于下列情形：

（一）涉及申请人重大权益的；

（二）案件主要事实存在重大争议的；

（三）案件社会影响大、社会关注度高的；

（四）对规范行政机关执法有重大意义的；

（五）行政复议委员会认为有必要采用听证程序的。

修改说明： 本条是关于听证适用情形的规定。

听证程序对抗程度高，适用于特别情形的复议案件。将司法化程度最高的听证程序引入复议案件审理已有很好的实践基础。《实施条例》出台之前，部门立法和地方立法先期开启了将听证制度引入行政复议的探索。《实施条例》在部分案件审理中引入了复议听证制度。之后，地方立法持续跟进推动听证制度引入复议案件审理，特别是广东省 2015 年开展的复议程序改革，不仅仅局限于引入复议听证制度，而是对复议案件审理程序进行司法化改革。《建议稿》关于复议听证制度的规定主要参考了地方立法的规定。

听证是一种司法化程度很高的程序制度，为复议案件审理的特别程序，仅适用于重大、复杂的案件。重大、复杂体现在不同方面，包括：涉及申请人重大权益，案件主要事实认定存在重大争议，案件社会影响大、社会关注度高，对规范行政机关执法有重大意义等。本条同时采用兜底条款规定行政复议委员会认为有必要举行听证的，也可以采用听证程序。

第五十三条（听证会程序） 听证会由三名行政复议委员会委员参加，行政复议委员会主任指定一人担任听证主持人。

听证会遵循以下程序规则：

（一）申请人明确行政复议请求，陈述事实和理由；

（二）被申请人陈述意见或者答复；

（三）第三人陈述意见或者答复；

（四）听证主持人出示书证、物证、视听资料等证据材料；

（五）证人作证，听证主持人宣读未到场证人证言；

（六）听证主持人宣读鉴定结论、勘验笔录和现场笔录；

复议委员可以向申请人、被申请人、第三人、证人、鉴定人等发问。

申请人、被申请人、第三人有权就他人陈述提出反驳意见。

修改说明： 本条是关于听证会程序的具体规定。

第一，由三名复议委员会委员参加听证会，其中一人担任听证主持人。

简易程序中由一人独自组织开庭审理，听证程序中由三名委员同时参加。

第二，听证采职权主义审理模式。开庭审理过程中，由听证主持人依职权主导庭审的进行，包括出示书证、物证、视听资料等证据材料，宣读鉴定结论、勘验笔录和现场笔录等。行政复议应发挥复议机关的专业优势和层级优势，由复议机构依职权主动查明案件事实，因此，庭审采用了职权主义审理模式。

第三，听证采直接言词原则。申请人、被申请人、第三人在听证过程中，向复议委员陈述自己的意见，同时可就他人陈述提出反驳意见。

第六章 行政复议决定

第五十四条（调解） 有下列情形之一的，行政复议机关可以按照自愿、合法的原则进行调解：

（一）公民、法人或者其他组织对行政机关行使法律、法规规定的自由裁量权作出的行政行为不服申请行政复议的；

（二）行政赔偿或者行政补偿纠纷；

（三）公民、法人或者其他组织请求行政机关履行职责的；

（四）公民、法人或者其他组织不服行政机关对平等主体之间民事争议所作的裁决、确权、认定等行政行为的；

（五）行政协议纠纷；

（六）行政行为存在轻微不当情形的；

（七）存在其他适合调解的情形的。

经调解达成协议的，行政复议机关应当制作行政复议调解书。调解书应当载明行政复议请求、事实、理由和调解结果，并加盖行政复议机关印章。

行政复议调解书经申请人和被申请人签字，即具有法律效力。调解未达成协议或者调解书生效前一方反悔的，行政复议机关应当及时作出行政复议决定。

修改说明：本条为关于行政调解制度的规定。调解以寻求双方合意的方式终结复议程序，较之决定方式更有利于实质化解行政争议。《实施条例》第五十条规定部分案件可以进行调解，新《行政诉讼法》也规定了调解制度。本条规定了行政复议中的调解制度。

第一，关于调解适用范围。本条列举了六项可以调解的情形，并用兜底条款预留了其他情形。本条规定的可调解案件范围较之《行政诉讼法》和《实施条例》的规定均要宽，且没有如《行政诉讼法》第六十条那样规定原则上不适用调解。针对实践中日益复杂的行政纠纷实际状况，《山西省行政复议调解和解办法》《安徽省行政复议调解和解办法（试行）》等关于调解范围的规定均较之《实施条例》要宽泛。上海高院和安徽省高院为促进实质化解行政争议，也对行政诉讼中调解案件的范围作了扩大规定，不限于《行政诉讼法》所规定的两类案件。本条吸收了地方立法和地方高院扩大调解适用范围的做法，在《实施条例》规定的两类可以适用调解的案件范围之外，增加规定了四种情形，同时采用兜底条款对调解范围作出开放性规定。

第二，调解遵循自愿原则。调解以双方自愿为基础，调解未达成协议或者调解书生效前一方反悔的，复议机关应当及时作出复议决定。

第三，关于复议调解书的效力。经调解达成协议的，由复议机关制作调解书。调解书为具有约束力的法律文书。

第五十五条（和解）　具备本法第五十四条规定的情形，申请人与被申请人在行政复议决定作出前自愿达成和解的，应当向行政复议机关提交书面和解协议；和解协议内容不损害国家利益、社会公共利益和他人合法权益的，行政复议机关应当准许。

修改说明：本条增加规定了复议和解制度。和解是未经复议机构主持由当事人之间自行达成合意从而解决争议的方式。

第一，和解的适用情形与调解的适用情形相同，适用第五十四条关于调解范围的规定。

第二，和解在复议决定作出前达成。和解由双方当事人之间自行实施完成，和解达成后，争议获得解决，因此，和解需要在复议决定作出之前完成。

第三，和解须经复议机关准许。和解是终结复议程序的一种方式，当事人之间达成和解协议后，应当提交给行政复议机关。和解协议内容不损害国家利益、社会公共利益和他人合法权益的，行政复议机关应当准许。

第五十六条（复议决定的作出主体）　行政复议委员会应当对被申请人作出的行政行为进行审查，提出复议决定的初步意见。初步意见经行政复议机关的负责人同意或者集体讨论通过后，由行政复议机关依照本法的规定，作出复议决定。

修改说明：本条吸收了《行政复议法》第二十八条的规定，规定了作出复议决定的主体。《建议稿》对不同类型的复议决定分开规定，因此，单设一条对复议决定的作出主体进行规定。

第一，行政复议委员会提出复议决定的初步意见。行政复议权集中至一级政府行使后，行政复议委员会替代政府法制工作机构成为复议机构，相应由行政复议委员会对行政行为进行审查，提出复议决定的初步意见。

第二，行政复议机关作出复议决定。复议机关为复议决定的最终作出机关，对行政复议委员会提出的初步意见，经复议机关负责人同意或者集体讨论通过后，由复议机关作出复议决定。

第五十七条（对直接申请复议行政规范性文件的决定） 行政规范性文件具备下列情形之一的，行政复议机关撤销或者部分撤销行政规范性文件：

（一）超越制定机关的法定职权或者超越法律、法规、规章的授权范围的；

（二）与法律、法规、规章等上位法的规定相抵触的；

（三）没有法律、法规、规章依据，违法增加公民、法人或者其他组织义务或者减损公民、法人或者其他组织合法权益的；

（四）未履行法定批准程序、公开发布程序，严重违反制定程序的；

（五）其他违反法律、法规以及规章规定的情形。

修改说明：本条是关于对直接针对行政规范性文件提出的复议申请的审理和决定的规定。

第一，行政规范性文件违法的具体情形。本条参照《适用解释》关于行政规范性文件违法情形的规定，列举了四项具体违法情形，内容包括实体违法和程序违法。目前，在国家层面尚欠缺规范行政规范性文件的立法。2018年5月，国务院办公厅发布《关于加强行政规范性文件制定和监督管理工作的通知》，这份文件对行政规范性文件的制定权限、制发程序作出具体规定。如规定不得违法减损公民、法人和其他组织的合法权益或者增加其义务；重要的行政规范性文件应当遵循的制发程序包括：评估论证、公开征求意见、合法性审核、集体审议决定、向社会公开发布等程序。

第二，撤销或者部分撤销决定。撤销包括撤销行政规范性文件本身和仅撤销违法的部分条文。如果制定机关无权制定该行政规范性文件，则行政规范性文件本身应当被撤销。如果行政规范性文件仅部分条文违法减损公民、法人或者其他组织的合法权益，则撤销违法条款即可。

第五十八条（对行政规范性文件一并申请复议的处理） 申请人在申请行政复议时，一并提出对本法第七条第（一）项所列有关规定的审查申请的，行政复议机关对该规定有权处理的，应当在三十日内依法处理；无权处理的，应当在七日内按照法定程序转送有权处理的行政机关依法处理，有权处理的行政机关应当在六十日内依法处理。

修改说明：本条是关于对行政规范性文件一并申请复议的处理。

本条保留了《行政复议法》第二十六条的规定。《建议稿》将对行政规范性文件的复议分为直接申请复议和一并申请复议两种情形。前者直接以行政规范性文件为复议对象，后者以根据行政规范性文件作出的行政行为作为复议对象，同时对作为行政行为依据的行政规范性文件提出附带性审查。

第五十九条（依职权审查行政规范性文件） 行政复议机关在对被申请人作出的行政行为进行审查时，认为其依据不合法，本机关有权处理的，应当在三十日内依法处理；无权处理的，应当在七日内按照法定程序转送有权处理的国家机关依法处理。处理期间，中止对行政行为的审查。

修改说明：本条保留了《行政复议法》第二十七条的规定。

第六十条（驳回复议请求决定） 行政行为认定事实清楚，证据确凿，适用依据正确，程序合法，内容适当的，或者公民、法人或者其他组织申请被申请人履行法定职责或者给付义务理由不成立的，行政复议机关驳回申请人的复议请求。

被申请人变更、解除行政协议合法，但未依法给予申请人补偿的，行政复议机关决定被申请人给予申请人补偿。

修改说明：本条删除维持复议决定，代之以驳回复议请求决定。

第一，取消维持决定，代之以驳回复议请求决定。维持决定是指复议机关经审查，认定被诉行政行为合法、进而维持其效力的决定形式。维持决定存在逻辑上的问题，不符合争议解决原理。《行政诉讼法》修法取消了维持判决，代之以驳回诉讼请求判决，《建议稿》借鉴《行政诉讼法》的规定，以驳回复议请求决定替代维持复议决定。

第二，驳回复议请求决定适用于两种情形：第一种为行政行为合法、适当。被申请人作出的行政行为合法、合理，申请人的复议请求不能成立，复议机关对申请人的复议请求作出驳回决定。第二种为公民、法人或者其他组织申请行政机关履行法定职责理由不成立。此种情形针对行政不作为案件。《实施条例》增加规定了驳回行政复议申请决定，适用情形之一为"申请人认为行政机关不履行法定职责申请行政复议，行政复议机关受理后发现该行政机关没有相应法定职责或者在受理前已经履行法定职责的"，这一适用情形属于驳回复议请求决定的情形，而非驳回复议申请的情形，宜将之调整为适用驳回复议请求决定。

第三，变更、解除行政协议行为合法，但未依法给予申请人补偿的，复议机关可以作出补偿决定。

第六十一条（驳回复议申请决定）　行政复议机关受理行政复议申请后，发现该行政复议申请不符合行政复议法规定的受理条件的，行政复议机关决定驳回行政复议申请。

上级行政机关认为行政复议机关驳回行政复议申请的理由不成立的，应当责令其恢复审理。

修改说明：本条增加规定驳回复议申请决定。

本条吸收《实施条例》第四十八条第一款第（二）项和第二款的规定，行政复议申请不符合受理条件的，不能受理。如果已经受理该申请，则应当作出驳回其复议申请的决定。此种情形中，复议机关并不对行政行为进行审理。

第六十二条（变更决定）　行政行为具备下列情形之一的，行政复议机关应当作出变更决定：

（一）行政行为认定事实清楚，证据确凿，程序合法，但是裁量权行使不当的；

（二）行政行为认定事实清楚，证据确凿，程序合法，但是适用依据错误的；

（三）行政行为认定事实不清，证据不足，但是经行政复议机关审理查明事实清楚，证据确凿的。

行政复议机关决定变更，不得加重申请人的义务或者减损申请人的权益。

但利害关系人同为申请人，且复议请求相反的除外。

修改说明：本条是关于变更决定的规定。为回应实质性解决行政争议的修法目的，《建议稿》将直接调整行政实体法律关系的变更决定作为复议决定的核心决定。

《行政复议法》没有区分规定撤销、变更、确认违法决定的适用条件，三种决定混同在一个条文中予以规定。尽管《实施条例》对变更决定的适用情形作出非常宽泛的规定，但是，实践中，变更决定的适用比例非常低。如2010年至2018年，变更决定占复议决定的比例依次为：0.49%，0.54%，0.38%，0.20%，0.45%，0.33%，0.30%，0.24%，0.21%，大大降低了行政复议的实效性。变更决定能够直接调整行政实体法律关系，不需要再行启动行政程序，较之撤销重做决定更能实质化解行政争议，《建议稿》在复议决定类型中将变更决定作为复议决定的主要种类予以规定。形式上单设一个条文，内容吸收了《实施条例》的规定，对变更决定的适用情形作了明确规定。主要内容包括：

第一，适用情形包括三种。前面两种均为行政行为认定事实清楚，证据确凿，程序合法，但是分别存在裁量权行使不当和适用依据错误的情形。第三种情形为行政行为事实不清、证据不足，但是经行政复议机关审理查明事实清楚，证据确凿的。

第二，规定了禁止不利变更原则。《实施条例》和《行政诉讼法》均规定了禁止不利变更原则。《实施条例》第五十一条规定：行政复议机关在申请人的行政复议请求范围内，不得作出对申请人更为不利的行政复议决定。《行政诉讼法》第七十七条第二款规定：人民法院判决变更，不得加重原告的义务或者减损原告的权益。但利害关系人同为原告，且诉讼请求相反的除外。禁止不利变更原则是针对合法性原则和全面审查原则，基于保护公民、法人或者其他组织利益，确立的一项原则。合法性审查和全面审查原则强调客观法秩序的恢复，这其中包含原行政行为对原告或者复议申请人的处置偏轻的情形。为维护行政复议作为公民权益救济机制这一基本属性，有必要引入禁止不利变更原则。

第六十三条（履职决定） 行政复议机关经过审理，查明申请人请求被申请人履行法定职责的理由成立，被申请人违法拒绝履行或者无正当理由逾期不作答复的，责令被申请人在一定期限内依法履行申请人请求的法定职责。

修改说明：本条是关于履职决定及其适用条件的规定。

本条吸收了《适用解释》第九十一条关于履职判决的规定。《行政复议法》第二十八条第（二）项仅简单规定"被申请人不履行法定职责的，决定其在一定期限内履行"。本条要求复议机关在履职决定中应当明确需要被申请人履职的内容。实践中，复议决定往往只认定被申请人构成了法定职责的不履行，并责令其在一定期限内履职，而不会对被申请人的履职内容提出明确要求。行政机关履职之后，对于行政机关新作出的行政行为或决定，申请人仍有可能不满，并再次申请复议或者提起行政诉讼。因此，复议机关如果认定被申请人应当履行法定职责、兑现承诺或履行行政协议约定义务的，除在责令其履行职责外，还应在履职决定中将具体的履职内容予以明确，既要明确行政机关履职的期限，也要明确被申请人应当履行申请人请求其履行的法定职责，即由复议机关直接对行政机关课予作为义务。仅确认行政机关构成不作为，无法回应申请人的实质诉求。

第六十四条（履行协议决定） 　被申请人未依法履行、未按照约定履行行政协议，行政复议机关可以结合复议申请人的请求，决定被申请人继续履行，并明确继续履行的具体内容；被申请人无法履行或者继续履行无实际意义的，行政复议机关可以决定被申请人采取相应的补救措施；给申请人造成损失的，决定被申请人予以赔偿。

申请人要求按照约定的违约金条款或者定金条款予以赔偿的，行政复议机关应予支持。

修改说明：本条为关于履行协议决定及其适用条件的规定。

本条借鉴《最高人民法院关于审理行政协议案件若干问题的规定》第十九条的规定，规定了履行协议决定及其适用条件。行政协议案件中，有的案件是因涉及行政机关订立、履行、变更、终止协议的行为引起的争议，为行为争议；有的案件是依据协议本身提起的，为协议争议。《最高人民法院关于审理行政协议案件若干问题的规定》区分行为争议和协议争议，分别规定了不同的判决方式。《建议稿》与该规定的思路一致，区分行为争议与协议争议，行为争议案件审理和决定，与普通行政行为一致；协议争议案件的决定方式，适用不同于传统针对行政行为的决定方式。本条规定的履行协议决定属于针对协议争议作出的复议决定。

第六十五条（撤销决定） 行政行为有下列情形之一的，行政复议机关应当作出撤销或者部分撤销的决定，可以责令被申请人在一定期限内重新作出行政行为：

（一）主要事实不清、证据不足，复议机关无法查明案件事实的；

（二）违反法定程序的；

（三）超越职权的；

（四）滥用职权的；

被申请人不按照本法规定提出书面答复、提交当初作出行政行为的证据、依据和其他有关材料的，视为该行政行为没有证据、依据，决定撤销该行政行为。

行政复议机关责令被申请人重新作出行政行为的，被申请人不得以同一事实和理由作出与原行政行为相同或者基本相同的行政行为。

被申请人应当在法律、法规、规章规定的期限内重新作出行政行为；法律、法规、规章未规定期限的，重新作出行政行为的期限为六十日。

修改说明：本条是关于撤销决定及其适用条件的规定。

第一，关于撤销决定的适用情形。内部监督机制定位之下，撤销决定是行政复议决定最重要的决定类型，在实质化解行政争议目标定位之下，复议决定以变更决定和明确履职内容的履职决定为主要决定类型，撤销决定的适用情形相应发生变化。《建议稿》对撤销决定的适用情形进行修改，包括：其一，删除了"适用依据错误的"，此种情形适用变更判决，不再适用撤销判决。其二，主要事实不清、证据不足的，附加"复议机关无法查明案件事实的"这一条件，如果复议机关能够查明案件事实，则适用变更判决。

第二，被申请人不履行举证责任。被申请人对作出的行政行为承担举证责任，要向复议机关提交当初作出行政行为的证据、依据和其他有关材料，未能提交的，视为没有证据、依据。此种情形，由复议机关作出撤销决定。

第三，明确被申请人重新作出行政行为应遵守的规则。除禁止根据同一事实和理由作出相同行政行为外，《建议稿》还明确了被申请人重新作出行政行为的期限。

第六十六条（确认违法决定） 行政行为有下列情形之一的，行政复议机关确认行政行为违法，但不撤销行政行为：

（一）行政行为依法应当撤销，但撤销会给国家利益和社会公共利益造成重大损害的；

（二）行政行为程序轻微违法，但对申请人权利不产生实际影响的。

行政行为有下列情形之一，不需要撤销或者判决履行的，行政复议机关确认违法：

（一）行政行为违法，但不具有可撤销内容的；

（二）被申请人改变原违法行政行为，申请人仍要求确认原行政行为违法的；

（三）被申请人不履行或者拖延履行法定职责，责令履行没有意义的。

修改说明：本条是关于确认违法决定及其适用条件的规定。

在《行政复议法》中，确认违法决定与撤销决定、变更决定放在同一个条文予以规定，《建议稿》将之分离出来，单独一个条文予以规定。本条规定参考了《行政诉讼法》关于确认违法判决适用情形的规定。

第一，增加情况决定。这是指第一种情形，行政行为违法本应撤销，但考虑到国家利益、社会公共利益将因行政行为被撤销遭受重大损害，法益平衡之下，确认行政行为违法，但是维持行政行为的效力，不予撤销。

第二，参考《行政诉讼法》的规定，程序轻微违法且对申请人权利不产生实际影响的。《行政诉讼法》将程序违法分为轻微违法、一般违法、重大且明显违法，程序轻微违法且对原告权利不产生实际影响的，适用确认违法判决，如行政机关超过法定期限五天作出行政决定，确认其程序违法，但是不影响行政行为的效力。《行政诉讼法》采用的是程序轻微违法加对原告权利不产生实际影响的双重标准。

第六十七条（确认无效决定） 行政行为具有下列情形之一的，行政复议机关确认无效：

（一）行政行为实施主体不具有行政主体资格；

（二）行政行为没有法律依据；

（三）行政行为的内容客观上不可能实施；

（四）其他重大且明显违法的情形。

修改说明：本条为新增关于确认无效决定的规定。

《行政诉讼法》修法新增确认无效判决，不仅增加了一种判决类型，也在法律上肯定了无效作为行政行为效力的一种形态。行政复议作为与行政诉讼并行的行政争议解决机制，也需要对行政行为这一新的效力形态作出回应。

第六十八条（补救决定） 行政复议机关确认行政行为违法或者无效的，可以同时责令被申请人采取补救措施；给申请人造成损失的，依法决定被申请人承担赔偿责任。

修改说明： 本条借鉴《行政诉讼法》第七十六条关于补救判决的规定，规定了补救决定及其适用条件，适用于作出确认违法或者确认无效决定的情形。

第六十九条（赔偿决定） 申请人在申请行政复议时或者在行政复议决定作出之前可以一并提出行政赔偿请求，行政复议机关对符合国家赔偿法的有关规定应当给予赔偿的，在决定变更、撤销行政行为或者确认行政行为违法时，应当同时决定被申请人依法给予赔偿。

申请人在申请行政复议时没有提出行政赔偿请求的，行政复议机关在依法决定撤销或者变更罚款，撤销违法集资、没收财物、征收财物、摊派费用以及对财产的查封、扣押、冻结等行政行为时，应当同时责令被申请人返还财产，解除对财产的查封、扣押、冻结措施，或者赔偿相应的损失。

修改说明： 本条保留《行政复议法》第二十九条的规定。

第七十条（审理期限与决定书） 行政复议机关应当自受理申请之日起六十日内作出行政复议决定；但是法律规定的行政复议期限少于六十日的除外。适用听证程序，不能在规定期限内作出行政复议决定的，经行政复议机关的负责人批准，可以适当延长，并告知申请人和被申请人；但是延长期限最多不超过三十日。

行政复议机关作出行政复议决定，应当制作行政复议决定书，并加盖印章。

行政复议决定书送达后，申请人在法定期限内未提起行政诉讼的，起诉期限届满，行政复议决定书发生法律效力。

修改说明： 本条为关于复议案件审理期限和复议决定书生效时间的规定。

第一，案件审理期限保留《行政复议法》第三十一条六十日的一般期限规定，增加规定适用听证程序审理案件的，可以延长。考虑到适用听证程序的案件本身比较复杂，较之简易程序，需要的审理时间更长，《建议稿》规定适用听证程序审理案件的，经负责人批准，可以延长。

第二，对原规定的"行政复议决定书一经送达即发生法律效力"的规定作出修改。"行政复议决定书一经送达即发生法律效力"的规定将行政复议决定生效时间等同于普通行政决定，一经送达，即推定其合法生效。但是，行政复议决定书为争议解决的决定文书，本身可诉，从简化法律关系的角度，将复议决定书的生效等同于一审判决的生效，更为合理。即在起诉期限内，复议决定书的效力处于待定状态，如果申请人在法定起诉期限内提起行政诉讼，则行政复议决定书不产生法律效力；如果申请人在法定起诉期限内未提起行政诉讼，则行政复议决定书产生法律效力。

第七十一条（履行决定和调解书的义务） 申请人和被申请人必须履行已经生效的行政复议决定、调解书。

修改说明： 本条为新增规定。本条借鉴《行政诉讼法》第九十四条的规定，单设一条明确了申请人和被申请人均负有履行已经生效的行政复议决定、调解书的义务，必须履行已经生效的行政复议决定、调解书。在此基础上，再区分申请人和被申请人，分别规定其不履行义务时的执行方式。

第七十二条（被申请人对复议决定的履行） 被申请人不履行或者无正当理由拖延履行行政复议决定、调解书的，行政复议机关或者有关上级行政机关可以采取下列措施：

（一）对应当归还的罚款或者应当给付的款额，通知银行从被申请人的账户内划拨；

（二）约谈被申请人负责人；

（三）责令被申请人限期履行。

拒不履行行政复议决定书、调解书，社会影响恶劣的，对该行政机关直接负责的主管人员和其他直接责任人员，依照相关法律规定追究责任。

修改说明： 本条在保留《行政复议法》第三十二条规定基础上，新增两款执行方式，共计三种执行方式。其一，借鉴《行政诉讼法》第九十六条第（一）项的规定，对涉及金钱给付义务决定的，由复议机关直接通知银行从该行政机关的账户内划拨。其二，复议机关不宜采取直接强制执行措施的，约谈被申请人负责人。其三，责令被申请人限期履行。在规定三种执行方式的基础上，本条借鉴《行政诉讼法》第九十六条第（五）项的规定，新增一款，指向其他法律及规定的适用。

第七十三条（申请人对复议决定的履行） 申请人逾期不起诉又不履行行政复议决定的，或者不履行行政机关作出的最终裁决的，按照下列规定分别处理：

（一）行政复议机关作出驳回复议申请决定的，由作出行政行为的行政机关依法强制执行原行政行为，或者申请人民法院强制执行；

（二）变更行政行为的行政复议决定，由行政复议机关依法强制执行，或者申请人民法院强制执行。

修改说明： 本条是关于经复议后行政行为及复议决定的强制执行主体的规定。维持决定被驳回复议请求决定替代，与之相对应，申请人应当履行原行政行为。申请人不履行行政行为的，由作出行政行为的行政机关依法强制执行原行政行为，或者申请人民法院强制执行。关于变更决定的强制执行问题，保留了《行政复议法》的规定。

第七章　法律责任

第七十四条（行政复议机关责任） 行政复议机关违反本法规定，无正当理由不予受理依法提出的行政复议申请或者不按照规定转送行政复议申请的，或者在法定期限内不作出行政复议决定的，对直接负责的主管人员和其他直接责任人员依法给予警告、记过、记大过的行政处分；经责令受理仍不受理或者不按照规定转送行政复议申请，造成严重后果的，依法给予降级、撤职、开除的行政处分。

修改说明： 本条保留《行政复议法》第三十四条的规定。

第七十五条（行政复议机关工作人员责任） 行政复议机关工作人员在行政复议活动中，徇私舞弊或者有其他渎职、失职行为的，依法给予警告、记过、记大过的行政处分；情节严重的，依法给予降级、撤职、开除的行政处分。构成犯罪的，依法追究刑事责任。

修改说明： 本条保留《行政复议法》第三十五条的规定。

第七十六条（被申请人妨碍复议的责任） 被申请人违反本法规定，不提出书面答复或者不提交作出行政行为的证据、依据和其他有关材料，或者阻挠、变相阻挠公民、法人或者其他组织依法申请行政复议的，对直接负责的主管人员和其他直接责任人员依法给予警告、记过、记大过的行政处分；进行报复陷害的，依法给予降级、撤职、开除的行政处分；构成犯罪的，依法追究刑事责任。

修改说明：本条保留《行政复议法》第三十六条的规定。

第七十七条（被申请人不履行复议决定的责任）　被申请人不履行或者无正当理由拖延履行行政复议决定的，对直接负责的主管人员和其他直接责任人员依法给予警告、记过、记大过的行政处分；经责令履行仍拒不履行的，依法给予降级、撤职、开除的行政处分。

修改说明：本条保留《行政复议法》第三十七条的规定。

第七十八条（处理建议）　行政复议委员会发现有无正当理由不予受理行政复议申请、不按照规定期限作出行政复议决定、徇私舞弊、对申请人打击报复或者不履行行政复议决定等情形的，应当向有关行政机关提出建议，有关行政机关应当依照本法和有关法律、行政法规的规定作出处理。

修改说明：本条保留《行政复议法》第三十八条的规定。

第七十九条（妨碍复议机构调查取证的责任）　拒绝或者阻挠行政复议人员调查取证、查阅、复制、调取有关文件和资料的，对有关责任人员依法给予处分或者治安处罚；构成犯罪的，依法追究刑事责任。

修改说明：本条吸收《实施条例》第六十三条的规定。

第八章　附则

第八十条（费用）　行政复议机关受理行政复议申请，不得向申请人收取任何费用。行政复议活动所需经费，应当列入本机关的行政经费，由本级财政予以保障。

修改说明：本条保留《行政复议法》第三十九条的规定。

第八十一条（期间和送达）　行政复议期间的计算和行政复议文书的送达，依照民事诉讼法关于期间、送达的规定执行。

本法关于行政复议期间有关"五日""七日"的规定是指工作日，不含节假日。

修改说明：本条保留《行政复议法》第四十条的规定。

第八十二条（对外国人适用效力） 外国人、无国籍人、外国组织在中华人民共和国境内申请行政复议，适用本法。

修改说明：本条保留《行政复议法》第四十一条的规定。

第八十三条（与其他立法的关系） 本法施行前公布的法律有关行政复议的规定与本法的规定不一致的，以本法的规定为准。

修改说明：本条保留《行政复议法》第四十二条的规定。

第八十四条（施行日期） 本法自　　年　　月　　日起施行。

修改说明：本条保留《行政复议法》第四十三条的规定。

域外《行政程序法》规定的行政复议制度及
对我国修法的启示

复议制度具有鲜明的东亚色彩，中国大陆、日本、韩国以及我国台湾地区均制定专门的行政复议法，建构了与行政诉讼二元并立的行政救济机制。在奥地利等欧洲大陆国家，对复议制度的重视程度远不及东亚，但是在其行政程序法典中规定了行政复议制度，在行政系统中通过上级行政机关给予当事人因行政决定而遭受的权益损害以救济。梳理域外《行政程序法》关于行政复议制度的规定，[1]发现均以复议为行政行为这一行为性质为基础展开，行政复议制度呈现出较强的行政性色彩，具有比较明显的灵活性、便捷性、高效性等特点，有助于我国在完善行政复议制度时如何更好地体现复议制度的"行政性"，防止与行政诉讼制度同质。限于文献资料，本部分关于七国《行政程序法》中的行政复议制度的梳理仅停留在规范层面，不涉及学者关于相关问题的文献讨论，为纯粹的制度描述。

一、奥地利

奥地利《普通行政程序法》第四篇为"法律保护"，该篇第一章为"诉愿"，第二章"独立行政评议会之程序之特别规定"适用于行政法规所规定的诉愿活动。

（一）诉愿条件

《普通行政程序法》第六十三条规定了提起诉愿的条件，具体包括以下几项：

---

〔1〕 参见应松年主编：《外国行政程序法汇编》，中国法制出版社 2004 年版。

（1）申请人享有法定申请诉愿权。"提起诉愿及其他法律救济方法之权利及其审级，除本联邦法律别有规定外，依其他行政法规定之。"《普通行政程序法》为关于诉愿程序的规定，没有赋予公民普遍性申请诉愿的权利，公民是否享有申请诉愿的权利，根据其他行政法规定。

（2）诉愿时机成熟。当事人不能仅因裁决违反程序而对之单独提起诉愿，只能在裁决作出后针对裁决提起诉愿时对违反程序声明不服。

（3）有明确的诉愿声请。当事人提起诉愿时应指明所不服的裁决，并提出附理由的诉愿声请。

（4）当事人未明示放弃诉愿权。当事人于裁决送达或宣告后明示舍弃诉愿权的，不得提起诉愿。

（5）诉愿期限。当事人应当自裁决正本送达之时起于两周内向第一级为裁判之官署，或者向应对诉愿作出裁判的官署提起诉愿。即诉愿既可以向作出裁决的官署提出，也可以向诉愿官署提起。口头方式宣告裁决的，自宣告时起算。

（二）诉愿停止裁决执行

诉愿期限内提起的诉愿有停止执行裁决的效力。有下列情形之一的，官署可以拒绝执行：为一方当事人的利益；因急迫之危险为公共福利有及时执行的必要的。

（三）诉愿预先性决定

诉愿提出后，由原裁决作出机关先行处理，作出预先性决定。裁决作出官署在诉愿提出后 2 个月内，根据诉愿及之后的调查，依照诉愿声请，作出预先性决定，对裁决进行变更、补充或者废弃。预先性决定中应当告知当事人可以向诉愿机关提出提案申请，要求诉愿机关作出诉愿裁决。

诉愿预先性决定送达每一个当事人，当事人可以在预先性决定送达后两周内提出提案申请，要求诉愿官署作出诉愿裁决。当事人提出提案申请后，诉愿预先性决定失去效力。

（四）调查与言词审理

诉愿官署依职权对案件事实进行调查。调查分为两种方式展开：其一，委托原裁决机关进行调查。其二，为节约时间及费用，诉愿官署自行进行调查。在诉愿过程中，如果出现官署认为重要的新事实或者新证据，官署应通知诉愿相对人，并给与其机会，在不超过二周的时间内获悉相关内容，提出答辩。

裁决认定事实存在问题的，采用言词审理方式。

（五）作出诉愿裁决

诉愿官署区分以下几种情形，分别作出裁决：

第一种，驳回诉愿声请。诉愿声请不合法或者逾期提出的，驳回诉愿声请。

第二种，发回原裁决机关重新作出新裁决。裁决认定事实有欠缺的，造成必须进行言词审理或者再次言词审理的，诉愿官署可以废弃被撤销的裁决，将案件发回原裁决机关重新审理，作出新裁决。

第三种，变更裁决。诉愿官署可以针对裁决主文及理由，对被声明不服之裁决作任何变更。

二、瑞士

瑞士《行政程序法》第三章为"诉愿程序总则"，共计二十八个条文，占全部条文的三分之一，规定了诉愿的基本制度。

（一）诉愿范围

1. 对作为行为提起的诉愿

瑞士《行政程序法》第四十四条规定："对于行政处分，得提起诉愿。"据此规定，对于行政处分，原则上都可以提起诉愿。

出现下列情形之一的，不得提起诉愿：（1）经由向联邦法院或者联邦保险法院提起行政法院诉讼而撤销之行政处分。（2）得经由异议撤销之处分。（3）军方之估算机关对于土地或者财物损失估算之行政处分，其损害赔偿金额低于1000法郎者。以及对于租用或者被征收之客体所为之估算之行政处分。（4）依据其他联邦法律，已属确定之行政处分。（5）不得与终局之行政处分一并以诉愿撤销之中间处分。（6）终局行政处分作出前的程序处分行为或者中间处分。

终局行政处分作出前的程序处分或中间处分造成的不利益无法补救时，可以个别以诉愿予以撤销，具体包括以下事项：（1）管辖权。（2）回避。（3）程序之中断。（4）报告义务、作证义务或出版之义务，以及于传讯证人时排除一方当事人。（5）拒绝阅览文件。（6）拒绝提出证据。（7）先行程序之措施。（8）拒绝为无偿之法律救济。除前述列举事项外，中间处分的撤销，只能在对终局行政处分提起诉愿时进行。

2. 对不作为提起的诉愿

根据瑞士《行政程序法》第七十条的规定，当事人可以随时对不法拒绝或延迟作出行政处分的官署，以权利被拒绝或者权利被延宕为由，向监督机关提起诉愿。监督机关同意该诉愿的，将案件以有拘束力的指令发回前审机关处理。对不作为提起的诉愿没有诉愿期限的限制。

（二）主体

诉愿程序中的主体包括：

1. 诉愿机关

诉愿机关与作出行政处分机关之间通常存在上下级关系，具体分为三种类型：

（1）联邦行政委员会。根据瑞士《行政程序法》第七十二条和第七十三条的规定，联邦行政委员会负责受理下列行政处分：联邦行政委员会之各部及国会秘书处作出的行政处分；其他直接受联邦行政委员会监督的联邦官署作出的行政处分；由最终审级的联邦营造物或公企业所为，联邦法律规定得向联邦行政委员会提起诉愿的；联邦之最终审级机关所作出的瑞士《行政程序法》第七十三条规定的行政处分。

（2）瑞士《行政程序法》以外的其他联邦法规规定的诉愿机关。

（3）监督机关。联邦法律没有特别规定诉愿机关时，由监督机关作为诉愿机关。

非终局诉愿机关在个案中指定作出处分的下一级行政机关或者指示其下一级机关如何作出行政处分的，当事人针对该行政处分可以向更上级诉愿机关提出诉愿。行政机关在教示法律救济途径时，应当予以记明。

2. 诉愿申请人

瑞士《行政程序法》第四十八条规定了诉愿申请人资格，"受被撤销之行政处分影响之人，且其对该处分之撤销或变更有受保护之利益"。根据此条规定，只有自身利益受到行政处分影响的主体才具有诉愿申请人资格，可以提起诉愿。不具备诉愿申请人资格的其他之人、组织或官署，只有在联邦法律特别赋予其提起诉愿的权利时才可以提起诉愿。

（三）申请方式与期间

诉愿采用书面方式提出。当事人申请诉愿的期限为行政处分宣示后的 30 日内，对中间处分的申请期限为行政处分宣示后 10 日内。诉愿书一式二份递交给诉愿机关。

诉愿申请书中应当指出：（1）受联邦法规之侵害，包括逾越或滥用裁量。（2）重要事实认定不准确或不完整。（3）行政处分欠缺妥当性。诉愿申请书还应载明以下事项：（1）请求事项。（2）理由及证据方法之陈述。（3）申请人或代理人签名。如果申请人持有，则递交申请书的同时可以附上请求撤销之行政处分及作为证据方法的文件。诉愿不符合要件，或者欠缺请求事项，或者其理由欠缺必要的明确性且诉愿非显然不合法者，诉愿机关应当准许申请人于短时间内对之进行补正。申请人补正期间届满没有补正的，诉愿机关可以根据卷宗迳行裁决，或者对欠缺请求事项、理由或签名的申请不予受理。对合法提出的诉愿申请，如果诉愿案件范围特殊或申请人遇到特殊困难的，诉愿机关应当准许其于相当宽许期间内补充其理由。

（四）诉愿停止执行行政处分

诉愿原则上有停止执行行政处分的效力。根据其他联邦法律的规定，诉愿没有停止执行效力的，适用其他联邦法律的规定。

对于非以金钱给付为客体的行政处分，前审机关（即处分作出机关）可以于诉愿中提出排除停止执行的效力，诉愿机关或受理诉愿为合议制官署时其主席于诉愿提起后也有权决定不停止执行。诉愿机关或其主席对处分作出机关提出的不停止执行的请求应当立即作出裁决。停止执行效力被恣意排除，或者回复此项效力的请求未被处理或被延迟处理时，对因此所增加的损害应当承担赔偿责任。

为暂时维持事实上或者法律上的状态，诉愿机关在诉愿提出后，可以依职权或者根据一方当事人的请求采取预防措施。

（五）审理

1. 通知被诉愿机关和要求当事人提供文件

诉愿机关受理诉愿后应当立即通知前审机关，并要求其提送案件。前审机关在诉愿机关开始审理之前可以就被诉请撤销的处分进行重新处理。前审机关重新作出新的行政处分的，应当立即作出，并通知诉愿机关。但是，前审机关重新作出的行政处分并未使诉愿丧失标的的，诉愿机关应当继续审理诉愿案件。

诉愿机关可以在审理的任何阶段要求当事人提供文件。

2. 妨碍诉愿的处罚

诉愿机关对于不遵守秩序或影响程序的当事人或其代理人，予以警告或者处以 500 法郎以下的秩序罚。

3. 言词审理

诉愿采用言词审理的方式进行。

（六）作出决定

诉愿机关除例外情形中通过有拘束力的指示将案件发回前审机关重新处理外，应当自行作出诉愿决定。

1. 诉愿决定应当载明的事项

诉愿决定中应当载明以下事项：（1）重要事实摘要、理由考量以及决定的主文（处分）。（2）程序费用。主文中应当载明程序费用，包括裁决所需费用、文书费用、现金支出。

诉愿决定应当对当事人和前审机关宣示。

2. 诉愿决定种类

瑞士《行政程序法》没有直接规定撤销决定，但从其关于诉愿的其他规定来看，撤销诉愿是诉愿的基本类型，撤销决定应当是诉愿决定的基本类型。

行政程序法主要对变更决定的适用作出明确规定。根据瑞士《行政程序法》第六十二条的规定，诉愿机关可以为一方当事人的利益变更被撤销的行政处分。具备下列情形之一的，可以作出不利于一方当事人的变更：（1）被撤销的行政处分认定事实不正确或不完整；（2）违反联邦法律。这两种情形均属于行政处分违法的情形。对于不当的行政处分，除变更被撤销的行政处分有利于他方当事人外，不得因被撤销行政处分不当而为不利于一方当事人的变更。

诉愿决定拟对被撤销的行政处分作出不利于一方当事人的变更的，应当通知当事人，给予其陈述意见的机会。诉愿机关作出变更决定不受诉愿请求理由的拘束。

3. 费用负担、减免

（1）费用承担的一般规则。瑞士《行政程序法》对诉愿中的费用负担、减免有很详细的规定。诉愿程序费用包括裁决所需费用、文书费用、现金支出。程序费用通常由败诉一方承担。部分败诉的，减轻其费用。前审机关或声请诉愿且败诉的联邦官署不负担程序费用；联邦官署以外声请诉愿且败诉的主体，涉及法人团体或者自主之营造物财产法上利益争议的，应负担程序费用。胜诉的当事人仅负担因违反程序义务而造成的程序费用。例外情形下诉愿机关可以免除败诉方的费用。费用分配由联邦行政委员会规定。

对没有固定住所、住所在国外或以前的程序费用迟延交付的，诉愿机关可以确定适当期限命令其预缴程序费用，否则，不予受理诉愿。

（2）补偿。诉愿机关可以依职权或根据申请对全部或部分胜诉的当事人决定就其所生之必要且相当高额的费用予以补偿，补偿在决定主文中载明。补偿义务机关由以自己名义作出行政处分的前审机关承担。对于以独立之请求参与程序的败诉相对当事人，可以根据其支付能力课以补偿义务。补偿计算由联邦行政委员会规定。

（3）费用减免。诉愿机关对于贫困当事人，可以在诉愿提起后依申请免除其程序费用，诉愿声请自始无希望者除外。贫困当事人没有能力亲自出庭的，诉愿机关为其指派辩护人。当事人事后有足够资金的，应偿还法人或自主营造物为其代付的辩护费用与酬金。辩护费用与酬金的计算由联邦行政委员会规定。

4. 诉愿决定的补正、更正

诉愿机关根据当事人的请求，对决定书中主文或者主文与理由间不清楚或矛盾的诉愿决定进行补正。救济期限于补正后重新起算。

决定书中的书写错误、计算错误、文书作业疏失，对决定主文或理由的重要内容没有影响的，诉愿机关可以随时更正。

（七）再审

瑞士《行政程序法》规定了诉愿再审制度。

1. 再审情形

再审的启动分为两种情形：

第一种，诉愿机关依职权或者根据一方当事人的请求启动再审。此种情形仅限于诉愿决定受到犯罪或者违法行为影响的，诉愿机关可以依职权启动再审，也可以根据一方当事人的请求启动再审。

第二种，根据当事人的请求启动再审。包括：（1）提出新的、重要的事实或者证据。（2）证明诉愿机关忽略案卷中明显而重要的事实或特定的请求。此种情形中，如果当事人在诉愿决定先行程序中得为主张，或者可以通过再诉愿方式对诉愿决定进行主张的，不得作为再审理由。（3）证明诉愿机关违反回避、阅卷、合法听审规定的。

2. 再审期限

再审请求应当于发现上诉理由后 90 日内，至迟于诉愿决定宣告后 10 年内以书面方式提出。但是，诉愿决定宣告 10 年之后才提起的，仅限于第一种再审启动情形。

3. 审理与决定

再审请求审理适用诉愿案件审理程序规定。诉愿机关同意再审请求并认为再审请求有理由的，应当撤销诉愿决定，重新作出决定。

（八）诉愿之外的陈述制度

诉愿申请人仅能就自身合法权益受到行政处分影响时才能声请诉愿。瑞士《行政程序法》第七十一条概要性规定了陈述制度。根据该条规定，任何人于任何时候，对有关公共利益之事实，其应由某一官署依职权采取措施者，得向监督官署陈述。陈述人没有诉愿当事人的权利。

三、西班牙

西班牙《行政程序法》第七编为"关于通过行政程序进行行为审议"，其中第二章为"行政申诉"，行政申诉分为"一般申诉"和"复议申诉"。"一般申诉"适用于"对不结束行政程序及确认不可能继续某项程序或产生无自卫能力的手续行为"。"复议申诉"适用于终结行政程序的行为。

（一）复议适用情形

出现下列情形之一的，对终结行政程序的行为，或对没有在期限内提出行政申诉的行为，可以向作出上述行为的行政部门提出特别复议申诉：（1）作出行为时即已犯了由案件本身的资料引起的事实上的错误。（2）行为作出之后，出现或提供了对事务的裁决具有至关重要价值的资料，显示裁决存在错误。(3) 对裁决有根本性影响的资料或证据被法院判定为虚假的。(4) 由失职、贿赂、暴力、欺骗阴谋或其他应受惩罚的行为导致的裁决,并根据法院判决已予宣告。

(二) 复议申诉的提起

1. 复议期限

出现第一种情形提起的复议申诉应在争议裁决通知之日起 4 年内提出,其他情形的复议期限为自知道或自法院判定成为确定之后的 3 个月。

2. 提交申请

复议申诉可以向作出争议行为或有权裁决行为的部门提交。如果申诉已经向作出争议行为的部门提出,该部门必须在 10 日内,连同其报告及完整的、整理好的案件复制件一并递交给职能部门。作出被申诉行为的部门负责人直接负责此项递交工作。

(三) 裁决

复议申诉裁决部门应当对被诉行为涉及的问题的实质作出判决。复议程序自提出 3 个月期满后没有作出裁决,可视为未被受理,并应采取行政纠纷司法管辖程序。

四、葡萄牙

葡萄牙《行政程序法》第四部分"行政活动"的第二章"行政行为"的第六节"声明异议及行政上诉",规定了行政系统解决行政争议的三种机制。

(一) 行政系统解决行政争议的三种机制

1. 三种机制的具体类型

根据葡萄牙《行政程序法》第一百五十八条的规定,私人有权请求依据法典的规定废止或变更行政行为。根据处理主体的不同,具体分为三种途径:声明异议、诉愿、向无等级关系者的上诉及监督上诉。

第一种,声明异议。声明异议是向作出行为者本身提起的不服审查。

第二种,诉愿。向作出行为者的上级、向作出行为者所属的合议机关,或者向授权者、转授权者提出上诉。此种情形也被称为诉愿。诉愿机关与行为机关之间存在上下级关系。诉愿类似于我国的行政复议。

第三种,向无等级关系者的上诉及监督上诉。指向对作出行为者行使监督权或监管权的机关提起上诉。

2. 适用范围

葡萄牙《行政程序法》从两个方面确定了声明异议及行政上诉的范围。

（1）行政行为均可提起。根据第一百五十八条的规定，私人有权请求依据《行政程序法》的规定废止或变更行政行为，即行政行为均属于可声明异议及行政上诉范围。

（2）合法性与适当性均可提起。声明异议及行政上诉可以针对行政行为的合法性与适当性提起。

3. 声请人资格

有权提出声明异议及行政上诉的主体为"有权利及有受法律保护利益的人，认为受行政行为侵害"。除行政行为直接针对的对象之外，下列主体也具有提起声明异议及行政上诉的正当性：（1）市民因行政活动造成或将造成诸如公共卫生、住所、教育、文化财产、环境、领土整治以及生活质量等基本权益严重受损。（2）居民因位于其所在区域的某些公产受行政活动的损害。（3）为维护居住于特定区域的居民的分散利益，致力于保护该利益的社团以及在相关区域的地方自治团体均具有正当性。

行政行为作出后，在毫无保留下明示或默示接受该行为的主体，不得提出声明异议及上诉。

（二）声明异议

1. 适用范围与提起期间

私人可对任何行政行为提出声明异议。声明异议自下列时间起 15 日内提出：（1）有关行为必须公布于《共和国公报》或官方期刊者，自公布时起算。（2）有关行为无需公布而就该行为已经作出通知的，自通知时起算。（3）其他情形，自利害关系人知悉行为之日起算。

2. 声明异议的效力

声明异议提起后，区分行政行为是否可诉产生不同的效力，包括两种情形：

第一种，具有中止行政行为的效力。此种情形针对不可提起行政诉讼的行为所提出的声明异议。但是如果法律另有规定，作出行为的机关认为不立即执行该行为将严重损害公共利益的，不受此限制。

第二种，不具有中止行政行为的效力。此种情形针对可提起行政诉讼的行政行为提起的声明异议。但是，法律另有规定，或者作出行政行为机关依职权或根据利害关系人的请求，认为立即执行该行为将对相对人造成不可弥补或难以弥补的损害的，不在此限。

利害关系人请求中止执行的，应自将有关卷宗呈交有权作出决定机关之日起 5 日内，向该机关提出申请。机关在审查请求时，应核查是否有证据显示利害关系人所陈述的事实极有可能属于真实。如果属于，则应命令中止执行行政行为。

3. 决定期间

葡萄牙《行政程序法》没有规定收到声明异议后如何作出决定，仅规定对声明异议作出审查及决定的期间为 30 日。

（三）诉愿

诉愿是向与行为机关具有上下级关系的机关提起的行政上诉。

1. 适用范围及案件种类

所有行政行为都可以成为诉愿的对象，除非法律有特别排除规定。根据对争议行政行为是否可以提起行政诉讼，诉愿分为任意诉愿与必要诉愿。针对可诉行政行为提起的诉愿为任意诉愿，针对不可诉行政行为提起的诉愿为必要诉愿。

2. 诉愿的提出

（1）期间。提起必要诉愿的期间为 30 日，法律有特别规定的除外。任意诉愿的提起期间适用针对该行为提起行政诉讼的期间。

（2）方式。诉愿以书面方式提出。申请书内应当陈述诉愿的法律依据，并将申请人认为适当的文件附在申请书内。诉愿向作出行政行为机关的最高上级提出，作出决定的权限已授予或转授予另一机关的除外。

申请书既可以向作出被诉愿行为的机关递交，也可以向受理诉愿的机关递交。

3. 拒绝受理的情形

出现下列情形，诉愿不能受理：（1）诉愿向无权限机关提出。（2）被诉愿的行为属于不可申诉的。（3）诉愿申请人不具有诉愿资格的。（4）诉愿未在法定期间内提出的。（5）出现其他阻碍诉愿审理事由的。

4. 诉愿对行为效力的影响

任意诉愿不具有中止行政行为的效力。

必要诉愿具有中止行政行为的效力，法律另有规定，或作出行政行为的机关认为不立即执行该行为将严重损害公共利益的，不在此限。对行为机关作出的立即执行决定，诉愿机关有权废止。行为机关应当作出立即执行决定而没有作出的，有权限的机关应当作出立即停止执行的决定。

5. 审理

（1）通知对立利害关系人。诉愿机关应当通知因诉愿理由成立而可能受损害的对立利害关系人。对立利害关系人在 15 日期间内，就诉愿请求及请求依据陈述其认为适当的事宜。

（2）行政行为作出机关的参与。行政行为作出机关应当对诉愿表明立场，并送交有权审理诉愿的机关。

对立利害关系人未提出反对，且程序内所提交的资料能充分证明诉愿理由成立的，被诉愿行为作出机关可以按照诉愿人的请求，废止或变更该行为，或者以其他行为替代该行为，并将相关决定通知诉愿机关。

6. 决定

诉愿机关可以不受诉愿人的请求拘束而确认或废止被诉愿行政行为，法律有特别规定的除外。如果被诉愿行为作出机关的权限并非专属权限，诉愿机关也可以直接作出变更决定。

诉愿机关应当自将有关程序送交有权限审理诉愿机关之日起 30 日内作出诉愿决定，法律另有规定的除外。如果需要重新进行调查或采取补足措施，诉愿审理期间最长可以延长至 90 日。

法定期间内未作出诉愿决定的，诉愿视为被默示驳回。

（四）向无等级关系者的上诉及监督上诉

1. 向无等级关系者的上诉

"向无等级关系者的上诉"发生的情形为：一机关对同属同一法人的另一机关行使监管权，两者间不存在行政等级关系时，向该行使监督权机关所提出的诉愿，视为向无等级关系者的上诉。规范诉愿的规定，经作出必需的配合后，适用于向无等级关系者的上诉。

2. 监督上诉

（1）案件范围。受监督或监管的公法人所作出的行政行为，属于监督上诉案件范围。

（2）申请的法定性。仅在法律明文规定的情况下才可以提起监督上诉。如果法律仅对行政行为的适当性设立监督，则仅能针对行为的不适当性提出监督上诉。

（3）决定的法定性。只有在法律赋予监督机关代替权时，监督机关才可以在法定授权范围内变更或代替被上诉的行政行为。

（4）诉愿规定的适用。规范诉愿的规定与监督上诉本身的性质无抵触，且与被监督实体的自主应受尊重无抵触时，适用于监督上诉。

五、挪威

挪威《公共行政法》第六章为"行政决定的复议与撤销"，其中撤销是关于未经复议而撤销行政决定的规定。

（一）可复议决定范围限于"个别决定"

挪威《公共行政法》第二十八条规定：个别决定的当事人或者其他在复议案件中有法律利益的人，可以向作出行政决定的行政机关的上一级行政机关针对个别决定提出复议。复议实行一级复议制度，对复议决定不得再提起复议。

根据《公共行政法》第二条的规定，"个别决定"为"行政决定"的一种，"行政决定"是指行政机关行使公共权力作出的决定一般公众或者特定私人（个人、私法人）的权利义务的决定。行政决定分"规章"与"个别决定"，"个别决定"是指与一个或者多个特定人的权利义务相关的行政决定。

（二）复议机关

复议机关原则上由作出个别决定机关的上一级行政机关担任。根据决定机关的性质不同，具体分为以下几种情形：

第一种，市议会、县议会担任复议机关。个别决定由依据市政当局与县政当局方面法律所建立的行政机关作出的，复议机关为市议会、县议会。经市议会、县议会决定，可由市执行机构、县执行机构或者市议会、县议会任命的一个、多个特别复议机构担任复议机关。

第二种，部担任复议机关。行政决定由市议会、县议会作出的，复议机关为部。

第三种，中央政府机关担任复议机关。行政决定由中央政府行政机关授权的机关作出的，该中央政府机关为复议机关。

（三）复议申请的提出

1. 申请期限

复议应当自行政决定的通知送达当事人之日起 3 周内提起。通知以公开宣布的方式作出的，复议期限自行政决定首次公布之日起计算。对没有收到通知的当事人，复议期限自行政决定首次公布之日起计算。但对赋予个人权利的行政决定，其他人的复议申请自行政决定作出之日起 3 个月内提起。

如果当事人对批准申请的决定要求获知理由，复议期限中断。复议期限自决定理由的通知送达当事人或者决定理由已经通知当事人之日起重新计算。作出决定的机关、复议机关可以在特定情形中在复议期限届满前延长复议期限。

出现下列情形之一的，即使复议申请人超过了复议期限，行政机关仍然应当受理复议申请：（1）超过法定期限不能归责于当事人或其代理人，或者并非当事人或其代理人拖拉造成。（2）特定情形表明有审理复议申请必要的。在决定是否审理复议申请时，要对改变行政决定是否有害于他人或给他人带来不便予以正当考虑。

复议申请的绝对期限为 1 年，即自行政决定作出之日起逾期 1 年的，复议申请不得作为复议案件审理。

2. 申请方式

复议申请既可以书面方式提出，也可以口头方式提出。允许以口头方式提出的，行政机关应当作出书面记录。复议申请书需要载明以下事项：（1）复议针对的行政决定。如果必要，提供有关申请人的复议权及是否遵循了法定期限的信息。（2）具体请求。指出希望对行政决定作出何种变更。（3）申请复议的理由。（4）复议申请人或其代理人签名。复议申请有错误、缺陷的，行政机关应当让当事人在短期内修改、补充。电传复议申请必须以书面方式确认，并不得有不正当迟延。

3. 作出决定机关先行处理

复议申请向作出决定的行政机关提出，而非向复议机关提出。作出决定机关收到复议申请后对复议申请先行进行处理。包括：首先，作出决定的机关应当进行复议所需要的调查。如果认为复议理由正当，可以撤销或者变更原行政决定；如果认为案件不具备复议条件，应当驳回复议申请。其次，通知尚未陈述意见的答辩人。通知中应当明确陈述意见的期限。如果以信件方式通知答辩人，应当附加一份复议申请的复印件。最后，案件准备充分后，将卷宗尽快移送复议机关。复议机关应当确保决定作出前尽可能彻底查清案件，为此，复议机关可以要求作出决定机关展开进一步调查。

4. 复议机关作出决定

如果案件不具备复议条件，复议机关应当驳回复议申请。复议机关不受作出决定机关关于复议申请具备条件的认定的拘束。

（1）全面审理原则。复议案件的审理可以采用听证的方式，如果举行听证，复议机关应当审理案件的全部事实，并考虑新的事项。复议机关既要考虑申请人提出的意见，也要考虑申请人没有提出的事项。如果国家机构担任针对市政当局、县政当局所作决定的复议机关的，复议机关在审理自由裁量事项时，应当把地方自治政府的利益置于正当重要位置。

（2）变更决定与禁止不利变更。复议机关可以直接作出变更决定，但是，复议机关不得对行政决定作出不利于申请人的变更，除非认为申请人的利益必须让位于其他私人利益或者公共利益。变更决定必须自决定机关收到复议申请之日起3个月内送达申请人。

（3）撤销并发回原决定机关。复议机关可以撤销原行政决定并将案件发回作出决定的机关，作出决定的机关全部或者部分重新举行听证。

六、瑞典

瑞典针对决定的复议向普通行政法院提起，有关内部行政管理事务的决定除外。但是，申请书的接收由决定机关负责。《行政程序法》主要规定了复议申请的提出与受理。

（一）申请复议的条件

第一，申请人资格。受决定不利影响的决定涉及之人有权申请复议。申请人不限于决定直接针对的当事人，只要决定对其有不利影响，均可申请复议。

第二，决定属于复议范围。规章和针对个人作出的决定均属于复议案件范围。

第三，复议期限。复议申请应当在申请人收到决定通知之日起3周内递交。针对《政府文件法》第八章规定的决定提起复议，期限自决定公布之日起算。如果决定于数地公布，自最后一次公布之日起算。如果申请人为代表公众的当事人且复议向县行政法院或行政上诉法院提起，复议必须自决定作出之日起3周内提出。

第四，以书面方式提出申请。复议以书面方式提起，申请人应当在申请书中指明申请复议的决定和变更决定的请求。

（二）申请的递交与受理

复议申请书自申请人收到决定通知之日起3周内递交至作出决定的机关。作出决定机关对申请书是否在法定期限内到达进行审查。如果申请书延迟到达，机关应当即时驳回其申请。出现下列情形时除外：如果延迟是由于机关没有准确告知申请人如何申请复议造成的，不能即时驳回复议申请；如果申请书在法定期限内到达复议机关，不能即时驳回复议申请，复议机关应当将申请书移交作出决定的机关，同时告知其申请书到达复议机关的日期。

如果复议申请没有因为超过法定期限提出，作出决定的机关应当将申请书及其他案件材料移交至复议机关。在将卷宗移交至复议机关之前，因为新的情形或者其他原因发现其最初作出的决定存在明显错误的，只要可以迅速、简便变更决定且不会损害任何私人当事人，决定机关可以变更决定。决定机关将卷宗移交至复议机关后，不得再变更决定。

如果决定机关根据申请人的请求变更了决定，复议程序终止。如果决定机关因为其他原因而非申请人的请求变更了决定，应当认定复议包括新的决定。

复议机关可以决定中止执行决定。

七、希腊

希腊《行政程序法》第五章为"行政复议与申诉"。利害关系人由于行政机关的行为或者疏忽遭受物质损害或精神损害，如果不能提起行政复议，则可以向复议机关提出申诉，请求赔偿或者消除损害。

希腊根据提起复议的法律基础不同，规定了不同类型的复议，《行政程序法》对不同类型的行政复议分别作出概括性规定。

（一）救济申请与层级复议

救济申请与层级复议同属于根据《行政程序法》提起的行政复议。为了赔偿利害关系人由于个别行政决定受到的物质损害和精神损害，利害关系人可以基于任何理由向作出行政决定的行政机关申请撤回、变更行政决定，称为救济申请；或者向作出决定机关的上级机关申请撤销行政决定，称为层级复议。

收到救济申请或层级复议申请的行政机关没有管辖权的，应当在5日内将申请移送至有管辖权的机关。

复议机关在收到复议申请之日起30日内作出决定，并将决定通知利害关系人。如果行政决定被撤销，退回决定机关重新处理，相关规则规定上级行政机关有权直接作出决定的除外。

（二）特别行政复议与救济复议

特别行政复议与救济复议同属于根据单行法的规定提起的复议。为了赔偿利害关系人由于个别行政决定受到的物质损害和精神损害，利害关系人可以根据单行法律的规定，在单行法规定的时限内向单行法规定的机关请求撤销、变更行政决定。根据单行法，行政机关仅审查行政决定合法性，部分或全部撤销行政决定，或者驳回复议申请的，称为特别行政复议。根据单行法，行政机关对行政决定的合法性、合理性同时进行审查，部分、全部撤销行政决定，或者变更行政决定，或者驳回复议申请的，称为救济复议。特别行政复议与救济复议均根据单行法的特别规定而提出，前者仅限于合法性审查，后者对合法性、合理性同时进行审查，救济范围更为宽泛。

收到特别行政复议申请或者救济复议申请的机关没有管辖权的，应当在5日内将申请移送有管辖权的机关。

复议机关在单行法规定的期限内作出决定。单行法没有规定决定期限的，特别行政复议的决定期限为30日，救济复议的决定期限为3个月。

（三）复议不停止行政决定的执行

根据希腊《行政程序法》第二十六条的规定，复议不停止行政决定的执行。复议申请提出后，复议机关可以根据利害关系人的请求或者依职权停止执行被复议的行政决定，直至作出复议决定，但最长不得超过作出复议决定的期限。

八、域外复议制度"行政性"特点对完善我国行政复议制度的启示

我国学界一直认为复议制度相较于行政诉讼制度具有程序便捷、高效的特点，主张复议程序制度不应完全司法化。但是，制度层面如何在复议程序高效与程序公正之间保持平衡、复议程序的行政性具体如何体现等问题上缺乏清晰的结论。而七个国家行政程序法关于复议制度的规定尽管制度化程度差异较大，但是，均以复议为行政行为这一行为性质为基础展开，行政复议制度呈现出较强的行政性色彩，具有灵活性、便捷性、高效性的特点，对完善我国复议制度、实质化解行政争议、防止与行政诉讼制度同质进而与行政诉讼之间形成合理的救济结构，具有很大启示意义。

（一）复议中的行为期限普遍较短

期限制度是效率得以实现的重要制度保障，七个国家关于复议中各方主体行为期限的规定普遍较短。无论是当事人申请复议的期限，还是复议机关作出决定的决定期限，较之我国复议制度的规定，普遍偏短。如挪威和瑞典，提起复议的期限均为 3 周内；奥地利为 2 周，瑞士为 30 日。在葡萄牙，诉愿机关应当自将有关程序送交有权限审理诉愿机关之日起 30 日内作出诉愿决定。

（二）行政行为作出机关具有多重角色

在我国行政复议制度程序构造中，决定机关为复议一方当事人，与申请人之间形成对抗关系，复议机关作为第三方进行审理。这是一种完全类似诉讼程序构造的主体关系架构。而在域外行政程序法规定的复议程序构造中，决定机关的角色具有多重性，并不为纯粹的一方当事人，要参与复议程序行为的实施。如在葡萄牙，复议申请既可以向决定机关提出，也可以向复议机关提出。在挪威，决定机关在复议程序中行使多项职能，与复议机关之间在复议案件处理上进行职责分工，调查等程序性行为由决定机关完成后将卷宗

移交复议机关作出决定，决定机关在先行处理中认为复议理由正当的，可以撤销或变更原行政决定。此种程序构造不同于我国类似诉讼程序的三方程序构造，更强调复议机关与决定机关之间的行政一体性，其优势是使得复议纠错效率更高。

（三）复议机关依职权查清案件事实

查明案件事实是作出复议决定的基础。如果原决定认定事实不清，奥地利规定诉愿官署依职权对案件事实进行调查。调查分为两种方式展开：其一，委托原裁决机关进行调查。其二，为节约时间及费用，诉愿官署自行进行调查。在挪威，由决定作出机关进行复议所需要的调查。如果认为复议理由正当，可以撤销或者变更原行政决定。复议机关应当确保决定作出前尽可能彻底查清案件，为此，复议机关可以要求作出决定机关展开进一步调查。从中可以看到，复议程序中不管是由决定机关还是复议机关负责，均需要依职权查明案件事实。

在复议程序中直接查明案件事实有助于实质化解行政争议，复议机关在查明案件事实基础上对原决定直接进行处理。复议机关作为决定作出机关的上一级行政机关，与决定作出机关一样具有行政经验，能够对事实问题作出专业性判断，这是行政复议较之行政诉讼的优势所在，而这一优势的发挥需要赋予复议机关查明案件事实的职责。我国行政复议制度被定性为监督机制，以对具体行政行为进行合法性审查为审理中心，如果具体行政行为认定事实不清，则由复议机关予以撤销并责令重做。行政是一种积极的国家作用，在复议中应当发挥复议机关的能动性，因此，可以考虑借鉴域外行政程序法的规定，明确复议机关应当积极履职，依职权查明案件事实，而非简单根据举证责任分配规则，认定行政行为违法后予以撤销，这样更有利于在复议程序中实质化解争议。

（四）遵循正当程序原则

域外行政程序法在强调复议制度的灵活性、高效性的同时坚持程序正义的最低限度要求，正当程序原则是审理活动遵循的基本原则。包括通知对立利害关系人参与到复议程序中，发现新的案件事实要听取当事人的陈述，言词审理是审理复议案件的主要方式，等等。复议是由行政机关的上一级机关对已经作出的行政决定的再次决定，在裁决者的中立性天然欠缺情况下，程序的正当性对复议结果得到申请人的认同就更为重要。我国《行政复议法》对复议程序的规定过于简单，且以书面审为原则，程序正当性要素的缺失使得复议决定难以得到当事人的认同。域外行政程序法关于复议制度的规定尽管简单，追求高效，但是仍然遵循了正当程序原则，这一点对于完善我国行政复议程序制度亦具有借鉴意义。

（五）复议决定以变更决定为主要类型

与我国以撤销决定为核心建构的复议决定种类体系不同，域外行政程序法关于复议决定的规定以变更决定为主要决定类型，这一点值得我国在完善复议决定种类时予以借鉴。变更决定直接调整行政法律关系，与撤销并责令重做决定相比较，直接在复议程序中调整了行政法律关系，不需要复议程序终结后再行重新调查启动行政程序再次作出行政决定。行政复议作为来自行政系统的争议解决机制，与行政行为作出机关为行政的整体，复议制度建构应当强调复议完成对行政法律关系的确定，而非如行政诉讼制度那样，突显司法对行政的监督。因此，在复议决定种类中，从实质化解行政争议的角度，我国可以借鉴域外行政程序法以变更决定为主的规定方式，以变更决定替代撤销决定成为复议决定的主要类型。